Hueber Sprachführer

Juliane Forßmann / Nicoletta Colonna

Mit Italienisch unterwegs

Hueber Verlag

Bildnachweis

Umschlagfotos: © iStockphoto/milosluz; © iStockphoto/danleap; © iStockphoto/rustycloud | Seite 1: © iStockphoto/milosluz; © iStockphoto/danleap; | Seite 10: © iStockphoto/Aleksandar Jocic | Seite 19: © panthermedia.net/Dietmar Plotka | Seite 21: © istockphoto/Suzi McGregor | Seite 28: © iStockphoto/lillisphotography | Seite 30: © fotolia/axeldrosta | Seite 31: © fotolia/Tupungato | Seite 34: © panthermedia.net/Wolfgang Ise | Seite 35: © fotolia/Geoff Campbell | Seite 37: © panthermedia.net/Erwin Wodicka | Seite 39: © irisblende.de | Seite 42: © fotolia/Ilan Amith | Seite 45: © iStockphoto/pixdeluxe | Seite 53: © iStockphoto/alehnia | Seite 60: © iStockphoto/Romaoslo | Seite 62: © iStockphoto/Josef Philipp | Seite 66: © iStockphoto/spooh | Seite 67: © fotolia/javarman | Seite 71: © fotolia/Moreno Novello | Seite 72: © iStockphoto/dima266f | Seite 74: © fotolia/Kasienka | Seite 76: © iStockphoto/Isantilli | Seite 80: © iStockphoto/hbbolten | Seite 86: © iStockphoto/starush | Seite 88: © fotolia/effe45 | Seite 92: © panthermedia.net/Rainer Junker | Seite 95: © iStockphoto/iwfrazer | Seite 98: © fotolia/arthurdent | Seite 104: © panthermedia.net/PaulR. | Seite 114: © iStockphoto/Alex Timaios | Seite 119: © fotolia/alexmarchese.it | Seite 122: © iStockphoto/matteo_parma | Seite 125: © iStockphoto/Guenter Guni | Seite 128: © iStockphoto/rotofrank | Seite 130: © iStockphoto/Ramberg | Seite 133: © iStockphoto/ilfede | Seite 135: © panthermedia.net/Markus Hoetzel | Seite 138: © fotolia/T.A.GLASS | Zeichnungen: © Gisela Specht

Ein kostenloser MP3-Download zum Buch ist unter www.hueber.de/audioservice erhältlich.

3. 2. 1. | Die letzten Ziffern
2015 14 13 12 11 | bezeichnen Zahl und Jahr des Druckes.
Alle Drucke dieser Auflage können, da unverändert, nebeneinander benutzt werden.
1. Auflage

Redaktion: Stephanie Pfeiffer und Juliane Forßmann, Hueber Verlag, Ismaning
Layout: Holger Latzel und Sarah-Vanessa Schäfer, Hueber Verlag, Ismaning
Umschlaggestaltung: wentzlaff | pfaff | güldenpfennig kommunikation gmbh
Satz: Memminger MedienCentrum AG, Memmingen
Druck und Bindung: Himmer AG, Augsburg
Printed in Germany
ISBN 978-3-19-009712-8

A23	Wo ist die Toilette?	Scusi, dov'è la toilette? ['ßkusi do'wä la toa'lät]
A24	Wo ist die nächste Tankstelle?	Scusi, il distributore più vicino? ['ßkusi il dißtribu'tore pju wi'tschino]
A25	Wo ist das deutsche Konsulat?	Scusi, il consolato tedesco? ['ßkusi il konßo'lato te'deßko]
A26	Haben Sie noch ein Zimmer frei?	Avete una camera libera? [a'wete 'una 'kamera 'libera]
A27	Lassen Sie mich in Ruhe!	Mi lasci in pace! [mi 'laschi in 'paːtsche]
A28	Ich habe mich verlaufen.	Mi sono (m.) perso/(f.) persa. [mi 'ßono 'pärßo/'pärßa]
A29	Wie komme ich *zum Bahnhof/zur U-Bahn*?	Scusi, per la *stazione/metropolitana*? ['ßkusi per la ßta'zjone/metropoli'tana]
A30	Hilfe!	Aiuto! [a'juto]
A31	Feuer!	Al fuoco! [al 'fuɔko]
A32	Rufen Sie *einen Arzt/einen Krankenwagen*!	Chiamate *un medico/un'ambulanza!* [kia'mate un 'mädiko/unambu'lanza]
A33	Rufen Sie *die Polizei/die Feuerwehr*!	Chiamate *la polizia/i vigili del fuoco*! [kia'mate la poli'zia/i 'widschili del 'fuɔko]
A34	Ich rufe gleich die Polizei!	Chiamo subito la polizia! ['kiamo 'ßubito la poli'zia]
A35	Was?	Cosa? ['kɔsa]
A36	Wer?	Chi? [ki]
A37	Wann?	Quando? ['kuando]
A38	Wie?	Come? ['kome]
A39	Warum?	Perché? [per'ke]
A40	Wo?	Dove? ['dowe]
A41	Wessen?	Di chi? [di ki]

A42	Millimeter	millimetro [mil'limetro]
A43	Zentimeter	centimetro [tschen'timetro]
A44	Meter	metro ['mätro]
A45	1,92 m	un metro e novantadue [un 'mätro e nowanta'due]
A46	Kilometer	chilometro [ki'lɔmetro]
A47	50 Kilometer pro Stunde	50 chilometri all'ora [tschin'ku̯anta ki'lɔmetri al'lora]

A48	Gramm	grammo ['grammo]
A49	100 Gramm	un etto [un'ätto]
A50	Pfund	mezzo chilo ['mäzzo 'kilo]
A51	Kilogramm	chilo(grammo) [kilo'grammo]
A52	1 Zentner (50 kg)	mezzo quintale ['mäzzo ku̯in'tale]
A53	Tonne	tonnellata [tonnel'lata]
A54	Liter	litro ['litro]

Das Wichtigste auf einen Blick

Einführung 6

Die richtige Aussprache 8

Reisevorbereitungen 10

Eine Unterkunft buchen 11
Ein Ticket buchen 13
Am Telefon 14
Per E-Mail, Fax oder Brief 16
Angaben zur Person machen 17

Auf der Reise 19

An der Grenze 20
Wo geht's lang? 20
Tanken und Rasten 23
Panne und Unfall 24
Verkehrskontrolle 26
Unterwegs mit Bus, U-Bahn und Zug 27
Rund ums Gepäck 30
Am Flughafen 31
Mit dem Schiff 33
Ein Fahrzeug mieten 33
Ein Taxi nehmen 34

Endlich da: die Unterkunft 35

Beim Ankommen 36
Sich nach dem Wichtigsten erkundigen 36
Um etwas bitten 37
Sich beschweren 38

Mit Kindern reisen 39

Ganz allgemein 40
Sicherheit 40
Unterhaltung 41
Beim Essen 41

Besondere Bedürfnisse 42

Nützliches für behinderte Reisende 43

Miteinander sprechen 45

Bitten und danken 46
Begrüßung und Verabschiedung 46
Sich vorstellen und von sich erzählen 47
Etwas über den anderen herausfinden 48
Sich verabreden und jemanden einladen 49
Komplimente und wie man darauf reagiert 50
Zustimmen und ablehnen 51
Bedauern ausdrücken und sich entschuldigen 52

Rund um die Zeit 53

Die Uhrzeit 54
Die Tageszeiten 56
Die Woche 57

Die Monate 58
Die Jahreszeiten 59
Das Datum 59
Feiertage 60

Gastronomisches und Kulinarisches 62

Ein internationales Frühstück 63
Zum Essen ausgehen 65
Den richtigen Tisch bekommen 67
Bestellen 68
Getränke zuerst 69
Zeit für das Essen 72
Die Speisekarte: Antipasti 74
Suppen 75
Kleine Gerichte und Imbisse 75
Pasta und Reis 76
Fleisch 78
Geflügel 79
Fisch und Meeresfrüchte 79
Eierspeisen 81
Gemüse und Pilze 81
Zubereitungsarten 82
Beilagen 83
Kräuter und Gewürze 84
Nachspeisen 85
Eis 86
Käse 87
Sonderwünsche 89
Beanstanden und loben 89
Bezahlen 90

Zeit für den Einkauf 92

Ganz allgemein 93
Lebensmittel 96
Wo im Supermarkt ...? 100
Wie viel darf es sein? 100
Drogerieprodukte 101
In der Apotheke 103
Beim Optiker 103
Kleidung und Mode 104
In der Reinigung 109
Beim Friseur 109
Im Fotogeschäft 110
Musik 111
Elektrische und elektronische Produkte 111
Etwas zum Lesen 112
Etwas zum Schreiben 113
Souvenirs und Geschenke 114
Etwas bezahlen 115
Um den Preis handeln 117
Gekauftes umtauschen oder zurückgeben 117

Bank und Post 119

Geld besorgen 120
In der Post 121

Freizeitaktivitäten 122

Ganz allgemein 123
Sport 124
Wassersport 125
Wintersport 127
Am Strand 128
Wellness 129
Museen und Ausstellungen 130
Nachtleben 132
Kino, Theater, Konzert 132

Notfälle 135

Notruf 136
Auf der Polizeiwache 136

Beim Arzt und im Krankenhaus 137
Beim Zahnarzt 143
Gefährliche Tiere und giftige Pflanzen 144

Ein wenig Grammatik 146

Nomen 146
Genus und Plural 146
Artikel 147
Bestimmter Artikel 147
Unbestimmter Artikel 148
Unbestimmte Mengenangaben 149
Adjektiv 150
Adverb 151
Steigerung und Vergleich 153
Gleichheit 153
Ungleichheit (Komparativ) 153
Superlativ (höchste Steigerungsform) 154
Wichtige unregelmäßige Steigerungsformen 155
Pronomen 155
Personalpronomen 155
Ci und ne (Pronominaladverbien) 157
Demonstrativbegleiter und -pronomen 157
Possessivbegleiter 158
Verb 160
Regelmäßige und unregelmäßige Verben in der Gegenwart 160
C'è und ci sono 164
Perfekt 164
Imperfetto 166
Zukunft 167
Konditional 169
Si-Konstruktion 170
Befehlsform 171
Verneinung 173
Präpositionen 174

Bildtafeln 178

Von A bis Z 182

Deutsch-Italienisch 182
Italienisch-Deutsch 224

Alles gepackt? 256

Zahlen

Introduzione
Einführung

Gute Reise mit dem Hueber Sprachführer Italienisch!

Wenn Sie nach Italien reisen, ist dieser Sprachführer das Richtige für Sie, denn alle Übersetzungen richten sich nach dem Standarditalienisch, das überall dort und in Teilen der Schweiz, überwiegend im Tessin (Canton Ticino), gesprochen wird. Auf regionaler Ebene lassen sich leichte Aussprachevarianten wahrnehmen, an die man sich jedoch sehr schnell gewöhnt. In Südtirol (Alto Adige / Provinz Bozen) wird Deutsch als offizielle Sprache neben Italienisch gesprochen, wie das im Aostatal (Valle d'Aosta) für Französisch der Fall ist.

Der Sprachführer setzt sich aus vier hilfreichen Komponenten zusammen: Die kompakte Einführung in die Aussprache macht Sie mit der vereinfachten Lautschrift vertraut; mit deren Hilfe können Sie alle Wörter und Sätze problemlos aussprechen. Die darauffolgenden Kapitel bieten Ihnen nützliche Formulierungen für alle typischen Reisesituationen. In der Kurzgrammatik können Sie die Sprache besser kennenlernen, um Sie noch effizienter zu nutzen. Das Wörterbuch für Reisende, in dem Sie Wörter von A bis Z nachschlagen können, vervollständigt Ihre „Sprachausrüstung".

Aber es gibt noch mehr: Die zum Sprachführer passende Audiodatei können Sie sich auf www.hueber.de/audioservice herunterladen und die wichtigsten Laute und Sätze anhören und üben. Die Audiodatei enthält eine Vertonung aller Wörter und Sätze, die mit dem Symbol E05 markiert sind.

Folgende Abkürzungen werden im Sprachführer verwendet, um Ihnen die Verwendung zu erleichtern:

etw. (etwas)	qc. (qualcosa)
jd, jdn, jdm (jemand, jemanden, jemandem)	qn. (qualcuno)
f.	feminin = weiblich
m.	maskulin = männlich
Pl.	Plural = Mehrzahl
Sing.	Singular = Einzahl
[f.]	Wenn Sie als Frau diesen Satz sagen möchten, wählen Sie diese Variante.
[m.]	Wenn Sie als Mann diesen Satz sagen möchten, wählen Sie diese Variante.
♀	Ist Ihre Gesprächspartnerin eine Frau oder handelt es sich um ein weibliches Adjektiv, wählen Sie diese Variante.
♂	Ist Ihr Gesprächspartner ein Mann oder handelt es sich um ein männliches Adjektiv, wählen Sie diese Variante.
🔊 E05	Tracknummer, mit der Sie eine bestimmte Aufnahme in den Audiodateien finden.
?	Lücke, in die Sie die darunter folgenden Alternativen einsetzen können.
☑	Wort / Wörter, die Sie in den Lückensatz einsetzen können.

Nun wünschen wir Ihnen eine gute Reise mit Ihrem Sprachführer!

La pronuncia corretta

Die richtige Aussprache

In den meisten Fällen wird das Italienische so ausgesprochen, wie man es schreibt. Die Aussprache einiger Buchstabenkombinationen unterscheidet sich jedoch vom Deutschen: Beispielsweise wird sch wie *sk* ausgesprochen. Deshalb finden Sie nach jedem italienischen Wort und Satz eine leicht ablesbare Umschreibung der Aussprache, die so weit wie möglich auf der deutschen Aussprache der Buchstaben beruht. Im Folgenden werden die wichtigsten Buchstaben und Buchstabenkombinationen sowie deren Aussprache kurz erläutert.

Bei den Buchstabenkombinationen ce und ci wird c wie *tsch* in ***tsch**üß* ausgesprochen, bei ca, co, cu wie *k* (auch bei che und chi).

Bei ge und gi wird g wie *dsch* in ***Dsch**ungel* ausgesprochen, bei ga, go, gu wie *g* in *Garten* (auch bei ghe und ghi).

Die Kombination gli wird wie *lj* – etwa in *Mi**lli**on* – ausgesprochen. Gn wird wie *nj* in *Ko**gn**ak* ausgesprochen.

Das H ist stumm, d. h. es wird im Italienischen nicht ausgesprochen. In der Aussprache gibt es also keinen Unterschied zwischen anno (*Jahr*) und hanno (*sie haben*).

Das italienische R wird, anders als im Deutschen, mit der Zungenspitze gerollt.

Die Konsonanten sc vor e und i klingen wie das Deutsche *sch* in dem Wort ***Sch**atz*. In den Kombinationen sc + a, o, u bzw. sche, schi wird sc wie *sk* ausgesprochen.

Das italienische V spricht man immer wie *w* z. B. in ***W**ein* aus.

Zwei aufeinanderfolgende Vokale (ae, au, ei, eu, ie, usw.) werden getrennt ausgesprochen. Beispiel: *E-uropa* statt wie im Deutschen Europa.

Bei Doppelkonsonanten wird der vorangehende Vokal kurz ausgesprochen.

In der folgenden Tabelle erklären wir Ihnen die wichtigsten Besonderheiten und Zeichen der vereinfachten Lautschrift nochmals überblicksartig, zum besseren Verständnis zusammen mit den entsprechenden Beispielen.

Laden Sie sich auf unserer Webseite unter www.hueber.de/audioservice die zu Ihrem Sprachführer passenden Audiodateien herunter; dann können Sie sich die Aussprache der italienischen Laute und die wichtigsten Sätze auch anhören.

B01	'	steht immer vor der Wortsilbe, die betont wird	**scusi** ['ßkusi] entschuldigen Sie
B02	ː	zeigt an, dass der Vokal, der diesem Symbol vorausgeht, lang gesprochen werden muss	**pace** ['paːtsche] Frieden
B03	|	gibt an, dass zwei aufeinanderfolgende Vokale getrennt gesprochen werden	**paura** [pa|ura] Angst
B04	‿	verbindet Laute, die hintereinander gesprochen werden und fast zu einem Laut verschmelzen	**quando** ['ku‿ando] wann
B05	ä	ein offenes E wie in *Faserung*	**medico** ['mädiko] Arzt
B06	dsch	wird wie *dsch* in ***Dsch**ungel* ausgesprochen	**gelato** [dsche'lato] (Speise)eis
B07	ɔ	ein offen gesprochenes O wie in *Koffer*	**colla** ['kɔlla] Leim
B08	qu	wird wie in ***Ku**h* ausgesprochen	**quattro** ['ku‿attro] vier
B09	ß	ein stimmloses S wie in *Stra**ß**e* oder *Verlust*	**sera** ['ßera] Abend
B10	ßß	wird wie in *Rassel* ausgesprochen	**assolutamente** [aßßoluta'mente] unbedingt
B11	tsch	wird wie *tsch* in ***tsch**üß* ausgesprochen	**ciao** ['tschao] tschüß

I preparativi per il viaggio
Reisevorbereitungen

Eine Unterkunft buchen

Prenotare un alloggio

Eine hilfreiche Anlaufstelle im Internet für die Suche nach einer Unterkunft ist die Homepage der Italienischen Zentrale für Tourismus ENIT (ente nazionale del turismo in Italia): www.enit.it (dieser Service ist auch auf Deutsch erhältlich). Sie finden dort viele nützliche Informationen wie z. B. nach Preisklassen oder Regionen geordnete Verzeichnisse von Hotels, bed & breakfast und sogenannten aziende agrituristiche (Ferien auf dem Bauernhof). Außerdem finden Sie dort Links zu Flughäfen und den wichtigsten öffentlichen Nahverkehrsunternehmen.

	Ich möchte gern ☐ buchen.	Vorrei prenotare ☐. [wor'räi preno'tare]
C01	☑ eine Übernachtung mit *Frühstück/Halbpension/Vollpension*	☑ un pernottamento con *colazione/mezza pensione/pensione completa* [un pernotta'mento con kola'zjone/'mäddsa pen'ßjone/pen'ßjone kom'pläta]
C02	☑ ein *Einzelzimmer/Doppelzimmer*	☑ una camera *singola/doppia* ['una 'kamera 'ßingola/'doppja]
C03	☑ sieben Nächte *Halbpension/Vollpension*	☑ sette notti in *mezza pensione/pensione completa* ['ßätte 'nɔtti in 'meddsa pen'ßjone/pen'ßjone kom'pläta]
C04	☑ eine Ferienwohnung für *zwei/drei/vier* Personen	☑ un appartamento per *due/tre/quattro* persone [un apparta'mento per 'due/tre/'ku̯attro per'ßone]
C05	☑ ein Ferienhaus	☑ una casa per le vacanze ['una 'kaßa per le wa'kanze]

In Italien unterscheidet man zwischen einer camera doppia (für zwei Personen mit zwei separaten Betten) und einer camera matrimoniale (für zwei Personen mit einem Ehebett).

C06	mit einem Kinderbett	con un lettino aggiunto [kon un let'tino ad'dschunto]
C07	für zwei Erwachsene und *ein Kind/zwei Kinder*	per due adulti e *un bambino/due bambini* [per 'due a'dulti e un bam'bino/'due bam'bini]
C08	mit *Bad/Dusche*	con *bagno/doccia* [kon 'banjo/'dottscha]
C09	für *eine Woche/zwei Wochen*	per *una settimana/due settimane* [per 'una ßetti'mana/'due ßetti'mane]
	(für die Zeit) vom ... bis zum ...	(per il periodo) dal ... al ... [(per il pe'riodo) dal ... al]
C10	in *ruhiger/zentraler* Lage	in posizione *tranquilla/centrale* [in posi'zjone tran'kuilla/tschen'trale]
C11	in Strandnähe	vicino alla spiaggia [wi'tschino 'alla 'spjaddscha]
C12	Sind Haustiere erlaubt?	Sono ammessi animali domestici? ['ßono am'meßßi ani'mali do'mäßtitschi]
C13	Können wir unseren Hund mitbringen?	Possiamo portare con noi il cane? [poß'ßjamo por'tare con noi il 'kane]
C14	Müssen wir Bettzeug und Handtücher selbst mitbringen?	Dobbiamo portarci biancheria e asciugamani? [dob'bjamo por'tartschi bjanke'ria e aschuga'mani]
	Ich reise am ... um ca. ... Uhr an.	Arrivo il ... alle ... circa. [ar'riwo il ... 'alle ... 'tschirka]
C15	Wir reisen am ... ab.	Partiamo il ... . [par'tjamo il]

Für **Reisen mit Hunden** gelten in der EU einheitliche Regelungen. Mitgeführt werden muss der europäische Heimtierausweis, der neben den Angaben zu Tier und Besitzer auch die für die Einreise nötige gültige Tollwutimpfung tierärztlich bescheinigt. Außerdem müssen Hunde mit einem Mikrochip gekennzeichnet werden, dessen Nummer ebenfalls im Heimtierausweis eingetragen sein muss. In Italien müssen Hunde an der Leine (nicht länger als 1,5 Meter) geführt werden; ein Maulkorb ist ebenfalls mitzunehmen.

Ein Ticket buchen

Prenotare un biglietto

Die offizielle Homepage der italienischen Eisenbahngesellschaft ist www.ferroviedellostato.it (auch auf Englisch verfügbar). Dort können Sie Fahrpläne einsehen und Tickets online erwerben. In Italien verkehren folgende Züge: Hochgeschwindigkeitszüge (Eurostar), die zwischen den größten italienischen Städten fahren, Expresszüge (Intercity), die in den großen und mittelgroßen Städten halten sowie Züge des lokalen (treni per il trasporto locale) oder regionalen (treni regionali) Verkehrs, die auch kleinere Orte verbinden.

	Ich möchte gern ☐ buchen.	Vorrei prenotare ☐. [wor'räi preno'tare]
C16	☑ einen Flug	☑ un volo [un 'wolo]
C17	☑ eine Fähre	☑ un traghetto [un tra'getto]
C18	☑ eine Reise	☑ un viaggio [un 'wjaddscho]
C19	Hin- und Rückfahrt, bitte.	Andata e ritorno, per favore. [an'data e ri'torno per fa'wore]

C20	Die *Hinreise/Rückreise* ist am ...	*La partenza/Il ritorno* è il ... [la par'tänza/il ri'torno ä il]
C21	Ich würde gern einen Sitzplatz reservieren.	Vorrei prenotare un posto. [wor'räi preno'tare un 'poßto]
C22	Ich möchte erster Klasse reisen.	Vorrei viaggiare in prima classe. [wor'räi wjad'dschare in 'prima 'klaßße]
	Um wie viel Uhr geht ⍰ nach ...?	A che ora parte ⍰ per ...? [a ke 'ora 'parte ... per]
C23	☑ die Fähre	☑ il traghetto [il tra'getto]
C24	☑ der nächste Flug	☑ il prossimo volo [il 'prɔßßimo 'wolo]
C25	☑ der nächste Zug	☑ il prossimo treno [il 'prɔßßimo 'träno]
C26	Wann kommt der Zug an?	Quando arriva il treno? ['ku̯ando ar'riwa il 'träno]
C27	Wann fährt der Bus ab?	Quando parte l'autobus? ['ku̯ando 'parte 'lau̯tobuß]
C28	Wie viel kostet das Ticket?	Quanto costa il biglietto? ['ku̯anto 'kɔsta il bi'ljetto]
C29	Bitte bestätigen Sie mir die Buchung schriftlich.	Per favore, mi mandi una conferma scritta della prenotazione. [per fa'wore mi 'mandi una kon'ferma 'ßkritta 'della prenota'zjone]
C30	Ich möchte die Reservierung stornieren.	Vorrei cancellare la prenotazione. [wor'räi kantschel'lare la prenota'zjone]

Am Telefon

Al telefono

Sono ... . Cosa posso fare per Lei? ['ßono ... 'kɔßa 'pɔßßo 'fare per läi]	... am Apparat. Wie kann ich Ihnen helfen?

	Hier ist	Sono ... . ['ßono]
C31	Bin ich hier richtig beim Hotel ...?	Parlo con l'hotel ...? ['parlo kon lo'täl]

C32	Ich würde gern mit ... sprechen.	Vorrei parlare con ... [wor'räi par'lare kon]

Telefongespräche werden in Italien gewöhnlich mit Pronto. (frei übersetzt: *Hallo, bitteschön?*) angenommen. Wenn Sie bei Firmen, in Büros oder Hotels anrufen, meldet sich der/die Angerufene förmlicher, beispielsweise mit: Buongiorno, Hotel Trieste, mi dica. (*Guten Tag, Hotel Trieste, was kann ich für Sie tun?*)

Mi dispiace, non c'è. [mi diß'pjaːtsche, non tschä]	Er/Sie ist leider nicht da.
Vuole lasciare un messaggio? ['wu̯ɔle la'schare un meß'ßaddscho]	Möchten Sie eine Nachricht hinterlassen?

C33	Könnten Sie *ihm/ihr* ausrichten, dass ...	Potrebbe *riferirgli/riferirle* che ... [po'träbbe rife'rirlji/rife'rirle ke]
C34	Könnte er/sie mich zurückrufen?	Potrebbe farmi richiamare? [po'träbbe 'farmi rikja'mare]
C35	Meine Nummer ist 00 49 89 9602 474.	Il mio numero è 0049 89 9602474. [il 'mio 'numero ä 'zäro 'zäro 'ku̯attro 'nɔwe 'ɔtto 'nɔwe 'nɔwe 'säi 'zäro 'due 'ku̯attro 'ßätte 'ku̯attro.]

Un momento, per favore. [un mo'mento, per fa'wore]	Einen Moment, bitte.
Le passo ... . [le 'paßßo]	Ich verbinde Sie mit ... .

C36	Könnten Sie mir die Nummer von ... geben?	Potrebbe darmi il numero di ... ? [po'träbbe 'darmi il 'numero di]

Il numero è ... [il 'numero ä]	Die Nummer ist ...

C37	Auf Wiederhören!	A risentirci! [a rißen'tirtschi]

Die internationale Vorwahl für Italien lautet **0039**. Beachten Sie bitte die folgenden Besonderheiten für Anrufe aus dem Ausland nach Italien.
Aus dem Festnetz: Die Null am Anfang des Festnetzanschlusses muss mitgewählt werden (z. B. 0039-**0**55-476644).
Mit dem Mobiltelefon: Es gibt keine Null am Anfang der Mobilfunknummer (z. B. 0039-338-3248507).
Auch bei Ortsgesprächen innerhalb Italiens muss die Ortsvorwahl stets mitgewählt werden.
Wichtige internationale Vorwahlen für Telefonverbindungen von Italien aus: 0049 für Telefonate nach Deutschland, 0043 nach Österreich und 0041 in die Schweiz.
In Italien gibt es öffentliche Telefonzellen, allerdings in immer geringer werdender Anzahl. Von den Telefonzellen aus ist es auch möglich ins Ausland zu telefonieren. Die Telefonzellen funktionieren mit Münzen oder einer speziellen Telefonkarte (scheda telefonica), die in Bars, an Kiosken oder in Tabakläden (die sogenannten tabaccherie) verkauft wird.

Per E-Mail, Fax oder Brief

Per e-mail, fax o lettera

Sehr geehrter Herr .../geehrte Frau ...,	Egregio Sig. .../Gentile Sig.ra ... [e'gredscho ßi'njor/dschen'tile ßi'njora]
Sehr geehrte Damen und Herren,	Egregi Signori, [e'gredschi ßi'njori]
Bitte lassen Sie mich wissen, ⍰.	Vi prego di informarmi ⍰. [wi 'prägo di infor'marmi]

☑ ob die Unterkunft noch frei ist	☑ se l'alloggio è ancora disponibile [ße lal'lɔddscho ä an'kora dißpo'nibile]
☑ wie viel das kostet und was der Preis mit einschließt	☑ quanto costa e cos'è compreso nel prezzo ['ku̯anto 'kɔsta e kɔ'sä kom'preßo nel 'präzzo]
☑ ob eine Anzahlung erforderlich ist	☑ se è necessario un acconto [ße ä netscheß'ßarjo un ak'konto]
☑ ob für die Reservierung die Kreditkartenangaben erforderlich sind	☑ se per la prenotazione è necessario comunicare i dati della carta di credito [ße per la prenota'zjone ä netscheß'ßarjo komuni'kare i 'dati 'della 'karta di 'kredito]
Mit freundlichen Grüßen	Cordiali saluti [kor'djali ßa'luti]
Mit freundlichen Grüßen *(Geschäftskorrespondenz)*	Distinti saluti [diß'tinti ßa'luti]

Angaben zur Person machen

Dare i propri dati

Com'è ☐? [ko'mä]	Wie lautet ☐?
☑ il Suo nome [il 'ßuo 'nome]	☑ Ihr Vorname
☑ il Suo cognome [il 'ßuo ko'njome]	☑ Ihr Nachname
☑ il Suo indirizzo [il 'ßuo indi'rizzo]	☑ Ihre Adresse
☑ il Suo numero *di telefono/di cellulare* [il 'ßuo 'numero di te'läfono/di tschellu'lare]	☑ Ihre *Telefonnummer/Handynummer*
☑ il Suo indirizzo di posta elettronica [il 'ßuo indi'rizzo di 'pɔßta elet'trɔnika]	☑ Ihre E-Mail-Adresse

C38	Ich heiße...	Mi chiamo ... [mi 'kjamo]
C39	Meine *Telefonnummer/Handynummer* ist ...	Il mio numero *di telefono/di cellulare* è ... [il 'mio 'numero di te'läfono/di tschellu'lare ä]

C40	Meine (E-Mail-) Adresse lautet ...	Il mio indirizzo (e-mail) è ... [il 'mio indi'rizzo (i'mäil) ä]

Wenn Sie Ihre E-Mail-Adresse angeben, sprechen Sie @ als chiocciola ['kjɔttschola] und .de, .at oder .ch als punto de ['punto di ä], punto at ['punto a ti] bzw. punto ch ['punto tschi 'akka] aus.

Qual è la Sua nazionalità? [kual ä la 'ßua nazjonali'ta]	Welche Nationalität haben Sie?

C41	Ich bin *Deutscher/ Österreicher/Schweizer.*	Sono *tedesco/austriaco/svizzero.* ['ßono te'deßko/außtri:ako/'swizzero]
C42	Ich bin *Deutsche/ Österreicherin/ Schweizerin.*	Sono *tedesca/austriaca/svizzera.* ['ßono te'deßka/außtri:aka/'swizzera]

In viaggio
Auf der Reise

An der Grenze

Al confine

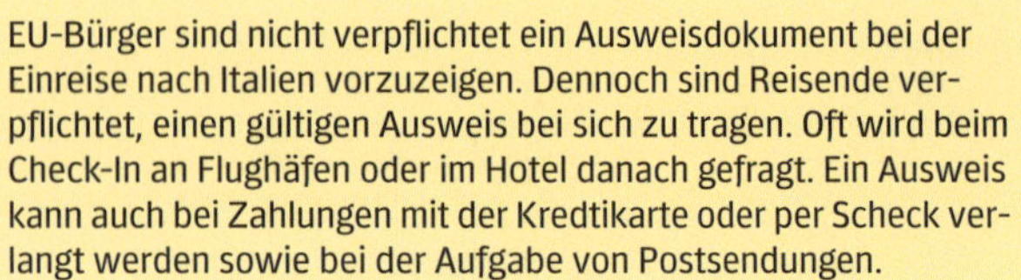

EU-Bürger sind nicht verpflichtet ein Ausweisdokument bei der Einreise nach Italien vorzuzeigen. Dennoch sind Reisende verpflichtet, einen gültigen Ausweis bei sich zu tragen. Oft wird beim Check-In an Flughäfen oder im Hotel danach gefragt. Ein Ausweis kann auch bei Zahlungen mit der Kredtikarte oder per Scheck verlangt werden sowie bei der Aufgabe von Postsendungen.

Passaporto/Documento d'identità, per favore! [paßßa'pɔrto/doku'mento didenti'ta per fa'wore]	Die Pässe, bitte!
Tenete pronti i passaporti! [te'nete 'pronti i paßßa'pɔrti]	Bitte halten Sie die Pässe bereit!

	Bitte sehr.	Prego. ['prägo]
D01	Ich kann meinen Pass nicht finden.	Non trovo il mio passaporto. [non 'trɔwo il 'mio paßßa'pɔrto]

Per favore, si faccia da parte. [per fa'wore ßi 'fattscha da 'parte]	Bitte treten Sie an die Seite.
Apra il bagagliaio, per favore. ['apra il baga'ljajo per fa'wore]	Bitte öffnen Sie den Kofferraum.

Wo geht's lang?

Chiedere indicazioni stradali

D02	Ich habe mich verfahren/verlaufen.	Mi sono (m.) perso/(f.) persa. [mi 'ßono 'pärßo/'pärßa]
	Wie komme ich ⍰?	Come arrivo ⍰? ['kome ar'riwo]
D03	☑ zur Autobahn	☑ all'autostrada [allauto'ßtrada]

D04	☑ zum Bahnhof	☑ alla stazione ['alla ßta'zjone]
D05	☑ zum Fährhafen	☑ al porto [al 'pɔrto]
D06	☑ zum Flughafen	☑ all'aeroporto [alla|äro'pɔrto]

Die italienischen Autobahnen sind kostenpflichtig. Bei der Auffahrt zur Autobahn muss man an einer Mautstation ein Ticket ziehen und dieses bis zum Verlassen der Autobahn aufbewahren. An der Autobahnausfahrt befindet sich ebenfalls eine Mautstation, an der anhand des Tickets die Gebühr für die zurückgelegte Strecke ermittelt und bezahlt wird. Die einzelnen Zufahrtsspuren der Zahlstellen sind nach Zahlungsweise unterschieden (erkannbar an Schildern über der jeweiligen Zufahrt): Barzahlung (in contanti), mit Kreditkarte (con carta di credito) oder mit Viacard (eine Prepaid-Karte, die an Maut- oder Servicestationen in Italien bzw. im Ausland über Automobilclubs wie den ADAC erworben werden kann). Gerade bei hohem Verkehrsaufkommen lohnt sich die Kartenzahlung.
Achtung: Bei den Mautstationen ganz rechts befinden sich meist die Telepass-Spuren. Diese sind Abo-Inhabern vorbehalten, die mit einer Erkennungsvorrichtung ausgestattet sind und die die Mautstation ohne anzuhalten in verlangsamtem Tempo passieren können. Vermeiden Sie unbedingt, sich ohne Abo in diesen Spuren einzuordnen.

Vada avanti/Prosegua ⍰. ['wada a'wanti/ pro'ßegu̯a]	Fahren Sie weiter ⍰.
☑ fino al prossimo semaforo ['fino al 'prɔßßimo ße'maforo]	☑ bis zur nächsten Ampel
☑ fino alla fine della strada ['fino 'alla 'fine 'della 'ßtrada]	☑ bis Sie zum Ende der Straße kommen
☑ fino al secondo incrocio ['fino al ße'kondo in'krotscho]	☑ bis zur zweiten Kreuzung
☑ fino al centro della città ['fino al 'tschäntro 'della tschit'ta]	☑ bis ins Stadtzentrum
Giri a *sinistra/destra*. ['dschiri a ßi'nißtra/ 'däßtra]	Biegen Sie *links/ rechts* ab.
Prenda la seconda strada/traversa a *sinistra/destra*. ['prända la ße'konda 'ßtrada/ tra'wärßa a ßi'nißtra/'däßtra]	Nehmen Sie die zweite Straße *links/ rechts*.
Faccia inversione di marcia. ['fattscha inwer'ßjone di 'martscha]	Drehen Sie um.
Vada sempre dritto. ['wada 'ßämpre 'dritto]	Fahren Sie immer geradeaus.
Prosegua lungo la strada. [pro'ßegu̯a 'lungo la 'ßtrada]	Folgen Sie dem Straßenverlauf.

D07	Wie weit ist es noch bis …?	Quanto manca per …? ['ku̯anto 'manka per]
D08	Wie viele Kilometer …?	Quanti chilometri …? ['ku̯anti ki'lɔmetri]

La strada è chiusa. [la 'ßtrada ä 'kjusa]	Die Straße ist gesperrt.
Prenda la deviazione. ['prända la dewja'zjone]	Nehmen Sie die Umleitung.

D09	Gibt es eine alternative Route?	C'è un percorso alternativo? [tschä un per'korßo alterna'tiwo]

D10	Darf ich hier parken?	Posso parcheggiare qui? ['pɔßßo parked'dschare kui]

In Italien sind gebührenpflichtige Parkplätze blau gekennzeichnet (meist direkt auf dem Asphalt). Man zahlt an Parkscheinautomaten in der Nähe oder kauft in einer tabaccheria spezielle Parkscheine, auf denen die Uhrzeit und das Datum der Ankunft mit Hilfe einer Münze freigerubbelt werden. An weiß gekennzeichneten Parkplätzen ist das Parken mit Parkscheibe gebührenfrei. Eine gelbe oder schwarz-gelbe Markierung bedeutet, dass das Parken verboten ist.

Tanken und Rasten

Fare rifornimento e una sosta

	Wo ist ☒?	Dov'è ☒? [do'wä]
D11	☑ die nächste Tankstelle	☑ il distributore più vicino [il dißtribu'tore pju wi'tschino]
D12	☑ die nächste Tankstelle *(an der Autobahn)*	☑ la prossima stazione di servizio [la 'prɔßßima ßta'zjone di ßer'wizjo]
D13	☑ die nächste Raststätte	☑ il prossimo posto di ristoro [il 'prɔßßimo 'poßto di ri'ßtɔro]

Für alle Rast- und Servicestationen mit angeschlossenem Gastronomiebetrieb hat sich in Italien der Name Autogrill eingebürgert, benannt nach der größten Autobahngastronomiekette Italiens. Autobahnhotels werden motel genannt.

D14	Bitte volltanken.	Il pieno, per favore. [il 'pjäno, per fa'wore]

D15	Ich tanke *Diesel/Benzin/Super.*	Metto *diesel/benzina/super.* ['metto 'disel/ben'zina/'ßuper]
	Könnten Sie bitte ☐?	Potrebbe ☐, per favore? [po'träbbe ... per fa'wore]
D16	☑ das *Öl/Wasser* nachsehen	☑ controllare *l'olio/l'acqua* [kontrol'lare 'lɔljo/'lakku̯a]
D17	☑ Öl nachfüllen	☑ rabboccare l'olio [rabbok'kare 'lɔljo]
D18	☑ den Reifendruck prüfen	☑ controllare la pressione delle gomme [kontrol'lare la preß'ßjone 'delle 'gomme]
D19	Ich habe aus Versehen *Diesel/Benzin* getankt!	Per errore ho messo *diesel/benzina*! [per er'rore ɔ 'meßßo 'disel/ben'zina]

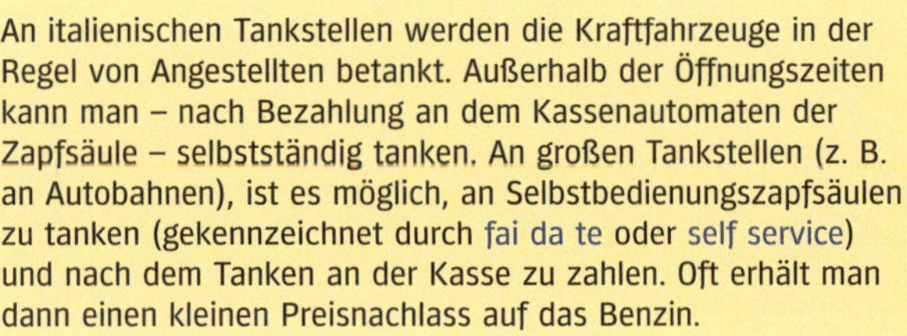

An italienischen Tankstellen werden die Kraftfahrzeuge in der Regel von Angestellten betankt. Außerhalb der Öffnungszeiten kann man – nach Bezahlung an dem Kassenautomaten der Zapfsäule – selbstständig tanken. An großen Tankstellen (z. B. an Autobahnen), ist es möglich, an Selbstbedienungszapfsäulen zu tanken (gekennzeichnet durch fai da te oder self service) und nach dem Tanken an der Kasse zu zahlen. Oft erhält man dann einen kleinen Preisnachlass auf das Benzin.

Panne und Unfall

Panne e incidente

D20	Ich habe eine Panne.	Ho una panne. [ɔ 'una 'panne]
D21	Ich habe einen Platten.	Ho una gomma a terra. [ɔ 'una 'gomma a 'tärra]
D22	Könnten Sie bitte den Reifen wechseln?	Può cambiarmi lo pneumatico? [pu̯ɔ kam'bjarmi lo pne|u'matiko]

	Ich brauche ⍰.	Ho bisogno di ⍰. [ɔ bi'sonjo di]
D23	☑ einen Abschlepp-dienst	☑ un carro attrezzi [un 'karro at'träzzi]
D24	☑ eine VW®-/BMW®-Vertragswerkstatt	☑ un'officina autorizzata VW®/BMW® [unoffi'tschina au̯toriz'zata folkswagen/bi 'emme wu]
D25	Bitte schleppen Sie den Wagen bis zur nächsten Werkstatt.	Per favore, rimorchiate l'auto fino all'officina più vicina. [per fa'wore rimor'kjate 'lau̯to 'fino alloffi'tschina pju wi'tschina]
D26	Der Motor springt nicht an.	Il motore non si avvia. [il mo'tore non ßi aw'wia]
D27	Die Kupplung ist kaputt.	La frizione è rotta. [la fri'zjone ä 'rotta]
D28	Der Tank ist leer.	Il serbatoio è vuoto. [il serba'tojo ä 'wu̯ɔto]
D29	Bis wann können Sie es reparieren?	Per quando la può riparare? [per 'ku̯ando la pu̯ɔ ripa'rare]
D30	Es gab einen Unfall.	C'è stato un incidente. [tschä 'ßtato un intschi'dänte]
D31	Bitte geben Sie mir die Anschrift Ihrer Versicherung.	Mi dia i dati della Sua assicurazione, per favore. [mi 'dia i 'dati 'della 'ßua aßßikura'zjone per fa'wore]
D32	Rufen Sie bitte *die Polizei/einen Krankenwagen*!	Chiamate *la polizia/un'ambulanza*! [kja'mate la poli'zia/unambu'lanza]
D33	... Personen sind (schwer) verletzt.	... persone sono ferite (gravemente). [per'ßone 'ßono fe'rite (grawe'mente)]
D34	Haben Sie den Unfall gesehen?	Ha assistito all'incidente? [a aßßi'ßtito allintschi'dänte]
D35	Bitte geben Sie mir Ihre Anschrift.	Mi dia i Suoi dati, per favore. [mi 'dia i 'ßu̯ɔi 'dati per fa'wore]

Verkehrskontrolle

Controllo di polizia

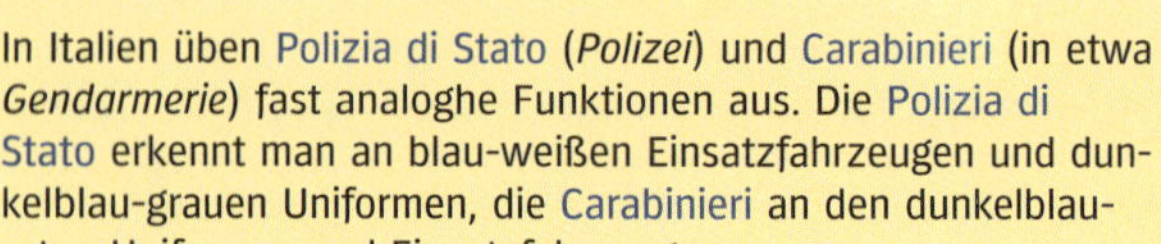

In Italien üben Polizia di Stato (*Polizei*) und Carabinieri (in etwa *Gendarmerie*) fast analoghe Funktionen aus. Die Polizia di Stato erkennt man an blau-weißen Einsatzfahrzeugen und dunkelblau-grauen Uniformen, die Carabinieri an den dunkelblau-roten Uniformen und Einsatzfahrzeugen.

Mi mostri la Sua patente, per favore! [mi 'moßtri la 'ßua pa'tänte per fa'wore]	Kann ich bitte Ihren Führerschein sehen?
Favorisca/Mi mostri i documenti della sua auto a noleggio. [fawo'rißka/mi 'moßtri i doku'menti 'della 'ßua 'auto a no'leddscho]	Kann ich bitte Ihren Mietwagenvertrag sehen?

Bitte sehr.	Prego. ['prägo]

Grazie, *signore/signora*. ['grazje, si'njore/si'njora]	Vielen Dank, (*der Herr/die Dame*).

D36	Es tut mir sehr leid – ich habe meine Papiere leider nicht dabei.	Mi dispiace molto – purtroppo non ho con me i documenti. [mi diß'pja:tsche 'molto pur'trɔppo non ɔ kon me i doku'menti]

Scenda dall'auto. ['schenda dal'lauto]	Bitte steigen Sie aus.
Devo multarLa per eccesso di velocità. ['dewo mul'tarla per et'tschäßßo di welotschi'ta]	Ich muss Sie für Geschwindigkeitsübertretung mit einem Bußgeld belangen.

37	Ich möchte das Bußgeld gleich zahlen.	Vorrei pagare subito la multa. [wor'räi pa'gare 'ßubito la 'multa]
38	Ich habe nicht genug Bargeld dabei.	Non ho abbastanza denaro contante. [non ɔ abba'ßtanza de'naro kon'tante]

Auf italienischen Autobahnen (autostrade, grünes Autobahnschild) beträgt die Höchstgeschwindigkeit 130 km/h, auf Schnellstraßen (superstrade, blaues Autobahnschild) 110 km/h und auf Landstraßen 90 km/h. Innerorts gilt (sofern nicht anders angegeben) ein Tempolimit von 50 km/h.
In Italien muss außerhalb geschlossener Ortschaften tagsüber das Abblendlicht eingeschaltet sein. Beim Verlassen des Fahrzeugs bei Unfällen oder Pannen muss außerhalb von geschlossenen Ortschaften eine Warnweste getragen werden.

Unterwegs mit Bus, U-Bahn und Zug

In viaggio con autobus, metropolitana e treno

In Italien werden Fahrkarten für den Nahverkehr an Kiosken, in Tabakläden und einigen Bars verkauft. In den öffentlichen Verkehrsmitteln der großen Städte ist der Erwerb der Fahrscheine teilweise auch an Bord selbst möglich. Die Tickets für die Motorschiffe (vaporetti) in Venedig werden an Schaltern direkt bei den Einstiegstellen verkauft.

39	Ich möchte nach ... fahren.	Vorrei andare a ... . [wor'räi an'dare a]
40	Welcher Zug fährt nach/zu ...?	Quale treno va a ...? ['ku̯ale 'träno wa a]

	Deutsch	Italienisch
D41	Fährt dieser Bus nach …?	Questo autobus va a …? ['kue͜ßto 'a͜utobuß wa a]
D42	An welcher Haltestelle muss ich aussteigen?	A quale fermata devo scendere? [a 'ku͜ale fer'mata 'dewo 'schendere]
D43	Können Sie mir Bescheid sagen, wenn ich aussteigen muss?	Potrebbe avvisarmi quando devo scendere? [po'träbbe awwi'sarmi 'ku͜ando 'dewo 'schendere]
D44	Muss ich hier umsteigen?	Devo cambiare qui? ['dewo 'kambjare ku͜i]
D45	Wann kommt *der nächste Bus/die nächste U-Bahn/der nächste Zug* nach …?	Quando arriva *il prossimo autobus/la prossima metropolitana/il prossimo treno* per …? ['ku͜ando ar'riwa il 'prɔßßimo 'a͜utobuß/ la 'prɔßßima metropoli'tana/ il 'prɔßßimo 'träno per]

046	Eine einfache Fahrt nach ..., bitte.	Un biglietto di corsa semplice per ..., per favore. [un bi'ljetto di 'korßa 'ßemplitsche per ... per fa'wore]
047	Hin- und zurück nach ...	Andata e ritorno per ... [an'data e ri'torno per]
048	eine Tageskarte	un abbonamento giornaliero [un abbona'mento dschorna'ljäro]
049	Gilt diese Karte auch für ...?	Questo biglietto è valido anche per ...? ['kueßto bi'ljetto ä 'wa:lido 'anke per]
	Wo ist ⍰?	Dov'è ⍰? [do'wä]
050	☑ die nächste *U-Bahnhaltestelle/ Bushaltestelle*	☑ la fermata *della metropolitana/dell'autobus* più vicina [la fer'mata 'della metropoli'tana/dell'autobuß pju wi'tschina]
051	☑ der Busbahnhof	☑ la stazione degli autobus [la ßta'zjone 'delji 'autobuß]
052	☑ der Busbahnhof *(für Reisebusse)*	☑ la stazione delle autocorriere [la ßta'zjone 'delle autokor'rjäre]
053	☑ der Bahnhof	☑ la stazione [la ßta'zjone]
054	Von welchem Gleis geht der Zug nach ...?	Da quale binario parte il treno per ... ? [da 'kuale bi'narjo 'parte il 'träno per]

Die sogenannten autocorriere oder autobus extraurbani sind Überlandbusse, die das gesamte Landesgebiet bereisen. In jeder Stadt gibt es einen Busbahnhof mit Ticket- und Informationsschalter sowie einer Fahrplananzeige. Auch für diese Busse erhalten Sie die Fahrkarten in autorisierten Tabakläden oder Kiosken. Weiterführende Informationen zu den Überlandbussen erhalten Sie auf der Homepage des italienischen Fremdenverkehrsamtes www.enit.it (auch auf Deutsch).

Rund ums Gepäck

Bagagli

Avete bagaglio da spedire? [a'wete ba'galjo da ßpe'dire]	Haben Sie Gepäck zum Einchecken?
Il Suo bagaglio è troppo pesante. [il 'ßuo ba'galjo ä 'trɔppo pe'sante]	Ihr Gepäck hat Übergewicht.

D55	Ich möchte mein Gepäck aufgeben.	Vorrei spedire il mio bagaglio. [wor'räi ßpe'dire il 'mio ba'galjo]
D56	Ich habe nur Handgepäck.	Ho solo bagaglio a mano. [ɔ 'ßolo ba'galjo a 'mano]
D57	Wo kann ich meinen Koffer abholen?	Dove posso ritirare il mio bagaglio? ['dowe 'pɔßßo riti'rare il 'mio ba'galjo]
D58	Sperrgepäck	bagaglio ingombrante [ba'galjo ingom'brante]
	Mein Gepäck ☒.	Il mio bagaglio ☒. [il 'mio ba'galjo]

59	☑ ist nicht angekommen	☑ non è arrivato [non ä arri'wato]
60	☑ ist beschädigt	☑ è danneggiato [ä danned'dschato]
61	☑ ist nicht vollständig	☑ non è completo [non ä kom'pläto]
62	Wo gibt es hier Schließfächer?	Dov'è il deposito bagagli? [do'wä il de'pɔsito ba'galji]

Am Flughafen

All'aeroporto

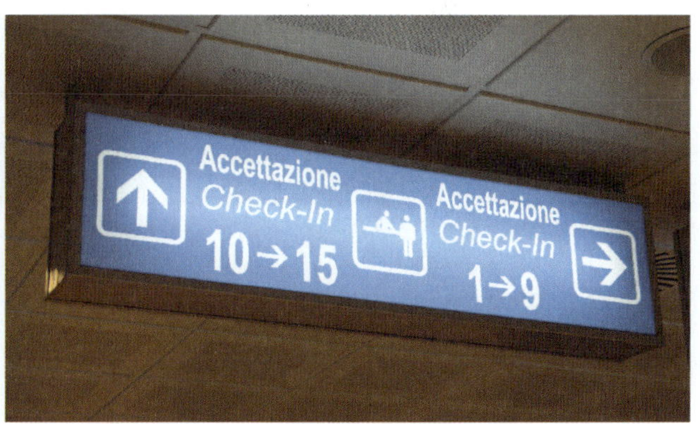

Auf der Homepage des italienischen Fremdenverkehrsamtes Enit (www.enit.it) finden Sie eine Liste aller italienischer Verkehrsflughäfen mit einer Verlinkung zu deren Internetauftritten. Dort erhalten Sie Informationen (auch auf Englisch) zu den jeweiligen Flugverbindungen von und nach Italien bzw. zu den Verkehrsanbindungen der Flughäfen und vielem mehr.

D63	Wie komme ich zu Terminal *eins/zwei*?	Come arrivo al terminal *uno/due*? ['kome ar'riwo al 'terminal 'uno/'due]
	Wo finde ich ☐?	Dove trovo ☐? ['dowe 'trɔwo]
D64	☑ einen Informationsstand der Lufthansa®	☑ un banco informazioni della Lufthansa® [un 'banko informa'zjoni 'della luf'tanßa]
D65	☑ einen Schalter der Lufthansa®	☑ uno sportello della Lufthansa® ['uno spor'tällo 'della luf'tanßa]
D66	Wann geht der nächste Flug nach ...?	Quando parte il prossimo volo per ...? ['ku̯ando 'parte il 'prɔßßimo 'wolo per]
D67	Den nehme ich.	Lo prendo. [lo 'prändo]
D68	Ich möchte *Economy Class/Business Class/ erster Klasse* fliegen.	Vorrei un posto in *economy class/business class/prima classe*. [wor'räi un 'posto in i'kɔnomi klaːs/'bißnis klaːs/'prima 'klaßße]
	Ich möchte ☐.	Vorrei ☐. [wör'räi]
D69	☑ *am Fenster/Gang* sitzen	☑ un posto *finestrino/corridoio* [un 'poßto fineß'trino/korri'dojo]
D70	☑ meinen Flug umbuchen	☑ cambiare volo [kam'bjare 'wolo]
D71	☑ meinen Flug stornieren	☑ cancellare il volo [kantschel'lare il 'wolo]
D72	Warum hat die Maschine Verspätung?	Perché l'aereo è in ritardo? [per'ke la'|äreo ä in ri'tardo]
D73	Wie viel Verspätung hat die Maschine?	Quanto ritardo ha il volo? ['ku̯anto ri'tardo a il 'wolo]

Il volo ... è stato cancellato. [il 'wolo ... ä 'ßtato kantschel'lato]	Der Flug Nummer ... ist annulliert.

Mit dem Schiff

In nave

D74	Wann läuft *das Schiff/die Fähre* aus?	Quando parte *la nave/il traghetto*? ['kuando 'parte la 'nawe/il tra'getto]
	Wo finde ich ⍰?	Dove trovo ⍰? ['dowe 'trɔwo]
D75	☑ die Kabine Nr. ...	☑ la cabina numero ... [la ka'bina 'numero]
D76	☑ das Bordrestaurant	☑ il ristorante di bordo [il rißto'rante di 'bordo]
D77	Mir ist übel.	Mi sento male. [mi 'ßänto 'male]
D78	Ich muss mich übergeben.	Devo vomitare. ['dewo womi'tare]
D79	Ich brauche einen Brechbeutel.	Mi serve un sacchetto. [mi 'ßärwe un ßak'ketto]

Ein Fahrzeug mieten

Noleggiare un veicolo

	Ich möchte ⍰ mieten.	Vorrei noleggiare ⍰. [wor'räi noled'dschare]
D80	☑ ein Auto	☑ un'auto [un'auto]
D81	☑ einen Automatikwagen	☑ un'auto con cambio automatico [un'auto kon 'kambjo auto'matiko]
D82	☑ ein Auto mit Allradantrieb	☑ un'auto a trazione integrale [un'auto a tra'zjone inte'grale]
D83	☑ ein Cabrio	☑ un cabriolet [un kabrjo'lä]
D84	☑ ein Motorrad	☑ una motoclicletta ['una mototschi'kletta]
D85	☑ einen Motorroller	☑ una vespa ['una 'wäßpa]
D86	☑ ein Mofa	☑ un motorino [un moto'rino]
D87	mit Klimaanlage	con aria condizionata [kon 'arja kondizjo'nata]
D88	mit Navigator	con navigatore [kon nawiga'tore]
D89	Wie viel kostet das pro *Tag/Woche*?	Quanto costa *al giorno/alla settimana*? ['kuanto 'kɔßta al 'dschorno/'alla ßetti'mana]

D90	Ist der Preis inklusive *Versicherung/Vollkasko*?	Nel prezzo è compresa *l'assicurazione/la kasko*? [nel 'präzzo ä kom'preßa laßßikura'zjone/la 'kaßko]
D91	Wann muss ich das Fahrzeug zurückbringen?	Quando devo restituire il veicolo? ['kuando 'dewo reßtitu'iːre il we'liːkolo]
D92	Wo sind die Fahrzeugpapiere?	Dove sono i documenti del veicolo? ['dowe 'ßono i doku'menti del we'liːkolo]
D93	Wo ist der Mietvertrag?	Dov'è il contratto di noleggio? [do'wä il kon'tratto di no'leddscho]

Ein Taxi nehmen

Prendere un taxi

D94	Bitte fahren Sie mich nach/zu ...!	Per favore, mi porti a/in ...! [per fa'wore mi 'pɔrti a/in]
D95	Könnten Sie *schneller/langsamer* fahren?	Potrebbe andare *più veloce/più piano*? [po'träbbe an'dare pju we'lotsche/pju 'pjano]
D96	Was kostet die Fahrt nach ...?	Quanto costa una corsa fino a ...? ['kuanto 'kɔßta 'una 'korßa 'fino a]
D97	Bitte halten Sie dort!	Per favore si fermi là! [per fa'wore ßi 'fermi la]
D98	Ich hätte gern für morgen früh um 8 Uhr ein Taxi zum Flughafen.	Vorrei un taxi per l'aeroporto domattina alle 8.00. [wor'räi un 'taxi per laläro'pɔrto domat'tina 'alle 'ɔtto]

Um böse Überraschungen zu vermeiden, sollte man – vor allem bei den venezianischen Wasser-Taxis und in Süditalien – nur auf autorisierte Taxis zurückgreifen. Diese sind am Fahrzeug als solche gekennzeichnet. Außerdem empfiehlt es sich immer, vor Fahrtantritt nach den Kosten zu fragen.

Finalmente arrivati: l'alloggio

Endlich da: die Unterkunft

Beim Ankommen

All'arrivo

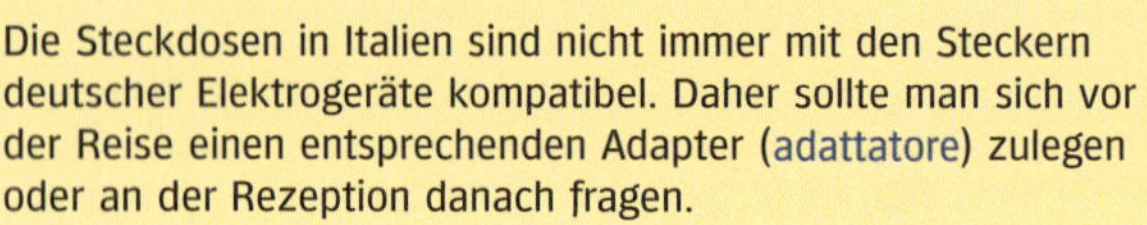

Die Steckdosen in Italien sind nicht immer mit den Steckern deutscher Elektrogeräte kompatibel. Daher sollte man sich vor der Reise einen entsprechenden Adapter (adattatore) zulegen oder an der Rezeption danach fragen.

	Können Sie mir sagen, wo ⍰ ist?	Può dirmi dov'è ⍰? [pu͜ɔ 'dirmi do'wä]
E01	☑ die Rezeption	☑ la reception [la re'ßepschon]
E02	☑ Zimmer Nummer ...	☑ la camera numero ... [la 'kamera 'numero]
E03	☑ unser Zeltplatz	☑ il nostro posto tenda [il 'nɔßtro 'pɔßto 'tända]
E04	Wir haben reserviert.	Abbiamo prenotato. [ab'bjamo preno'tato]
E05	Die Zimmerschlüssel, bitte.	La chiave della camera, per favore. [la 'kjawe 'della 'kamera per fa'wore]

Sich nach dem Wichtigsten erkundigen

Informazioni essenziali

	Wo gibt es hier ⍰?	Dov'è ⍰? [do'wä]
E06	☑ ein *einfaches/gutes* Hotel	☑ un hotel *economico/buono* [un o'täl eko'nɔmiko/'bu͜ɔno]
E07	☑ eine Pension	☑ una pensione ['una pen'ßjone]
E08	☑ eine Jugendherberge	☑ un ostello della gioventù [un oß'tällo 'della dschowen'tu]
E09	☑ einen Campingplatz	☑ un camping [un 'kämping]
	Wo ist ⍰?	Dov'è ⍰? [do'wä]

E10	☑ die Bar	☑ il bar [il bar]
E11	☑ der Speisesaal	☑ la sala da pranzo [la 'ßala da 'pranzo]
	Gibt es ⍰?	C'è ⍰? [tschä]
E12	☑ ein Telefon	☑ un telefono [un te'läfono]
E13	☑ eine Internetverbindung (*kostenlos/ gegen Gebühr*)	☑ una connessione Internet (*gratuita/a pagamento*) ['una konneß'ßjone 'internät (gra'tu͜ita/a paga'mento)]
E14	☑ einen Fernseher	☑ un televisore [un telewi'sore]
E15	☑ eine Waschmaschine	☑ una lavatrice ['una lawa'triːtsche]

Wer seinen Urlaub gerne in ländlichen Umgebungen verbringt, kann seinen Urlaub in den in Italien weit verbreiteten aziende agrituristiche oder agriturismi verbringen (frei übersetzt: *Ferien auf dem Bauernhof*). Diese Unterkünfte sind günstiger als normale Hotelzimmer, aber nicht weniger komfortabel. Auf die agriturismi machen oft Schilder am Straßenrand aufmerksam. Aber natürlich lassen sich Reservierungen auch via Internet oder Fremdenverkehrsämter vornehmen.

Um etwas bitten

Chiedere qualcosa

	Ich möchte ⍰.	Vorrei ⍰. [wor'räi]
E16	☑ ein anderes Zimmer	☑ un'altra camera [un'altra 'kamera]
E17	☑ ruhiges Zimmer	☑ una camera tranquilla ['una 'kamera tran'ku͜illa]

E18	☑ ein Nichtraucher-zimmer	☑ una camera non fumatori ['una 'kamera non fuma'tori]
E19	☑ eine zusätzliche Decke	☑ un'altra coperta [un'altra ko'pärta]
E20	☑ zusätzliche Hand-tücher	☑ degli altri asciugamani ['delji 'altri aschuga'mani]
E21	☑ noch ein Kissen	☑ un altro cuscino [un'altro ku'schino]

Sich beschweren

Reclami

E22	Das Zimmer riecht unangenehm.	La camera ha un cattivo odore. [la 'kamera a un kat'tiwo o'dore]
E23	Das Zimmer ist zu laut.	La camera è troppo rumorosa. [la 'kamera ä 'trɔppo rumo'rosa]
E24	Die Nachbarn sind zu laut.	I vicini disturbano. [i wi'tschini dis'turbano]
E25	Der Ablauf ist ver-stopft.	Lo scarico è otturato. [lo 'ßkariko ä ottu'rato]
E26	*Das Licht/Die Dusche* geht nicht.	*La luce/La doccia* non funziona. [la 'lu:tsche/ la 'dottscha non fun'zjona]
E27	Das Bettzeug ist schmutzig.	Le lenzuola sono sporche. [le len'zuɔla 'ßono 'ßpɔrke]
E28	Es gibt kein warmes Wasser.	Non c'è acqua calda. [non tschä 'akkua 'kalda]
E29	Das Zimmer gefällt mir nicht.	La camera non è di mio gradimento. [la 'kamera non ä di 'mio gradi'mento]
E30	Könnte ich ein besse-res Zimmer bekom-men?	Posso avere una camera migliore? ['pɔßßo a'were 'una 'kamera mi'ljore]

In viaggio con i bambini

Mit Kindern reisen

Ganz allgemein

In generale

	Viaggiate con dei bambini? [wjad'dschate kon 'dei bam'bini]	Reisen Sie mit Kindern?
F01	Ja, wir sind mit *Kind/Kindern* unterwegs.	Sì, siamo in viaggio con *un bambino/dei bambini*. [ßi 'ßjamo in 'wjaddscho kon un bam'bino/'dei bam'bini]
	Quanti anni *ha il vostro bambino/hanno i vostri bambini*? ['kuanti 'anni a il 'wɔßtro bam'bino/'anno i 'wɔstri bam'bini]	Wie alt *ist Ihr Kind/sind Ihre Kinder*?
	Er/Sie ist ... Jahre alt.	Ha ... anni. [a ... 'anni]
F02	Ist das für Kinder geeignet?	È adatto ai bambini? [ä a'datto ai bam'bini]
F03	Gibt es eine Kinderermäßigung?	C'è una riduzione per i bambini? [tschä 'una ridu'zjone per i bam'bini]

Sicherheit

Sicurezza

F04	Ist das auch ungefährlich für Kinder?	Non è pericoloso per i bambini? [non ä periko'loso per i bam'bini]
	Wir brauchen ⍰.	Abbiamo bisogno di ⍰. [ab'bjamo bi'sonjo di]
F05	☑ einen Kindersitz für das *Auto/Fahrrad*	☑ un seggiolino per *l'auto/la bicicletta* [un ßeddscho'lino per 'lauto/la bitschi'kletta]
F06	☑ einen Gurt, um das Kind anzuschnallen	☑ una cintura di sicurezza per il bambino ['una tschin'tura di ßiku'rezza per il bam'bino]

Unterhaltung
Divertimenti

	Gibt es hier ☐?	C'è ☐ qui vicino? [tschä ... kui wi'tschino]
F07	☑ einen Spielplatz	☑ un parco giochi [un 'parko 'dschɔki]
F08	☑ ein Planschbecken	☑ una piscina per bambini ['una pi'schina per bam'bini]
F09	☑ einen Freizeitpark	☑ un parco divertimenti [un 'parko diverti'menti]
F10	Gibt es ein Programm mit Kinderunterhaltung?	C'è un programma di animazione per bambini? [tschä un pro'gramma di anima'zjone per bam'bini]
F11	Wir brauchen einen Babysitter.	Abbiamo bisogno di una baby-sitter. [ab'bjamo bi'sonjo di 'una 'beibi 'sitter]

Beim Essen
Alimentazione

	Haben Sie ☐?	Avete ☐? [a'wete]
F12	☑ einen Hochstuhl	☑ un seggiolone [un ßeddscho'lone]
F13	☑ ein Lätzchen	☑ un bavaglio [un ba'waljo]
F14	☑ einen Stillraum	☑ un locale per l'allattamento [un lo'kale per lallatta'mento]
F15	☑ eine Wickelmöglichkeit	☑ un fasciatoio per il cambio dei pannolini [un fascha'tojo per il 'kambjo 'dei panno'lini]
F16	☑ ein Kindermenü	☑ un menù per bambini [un me'nu per bam'bini]
F17	☑ Kinderportionen	☑ porzioni per bambini [por'zjoni per bam'bini]
F18	Könnten Sie das *Fläschchen/Gläschen* aufwärmen?	Potete scaldare *il biberon/l'omogeneizzato*? [po'tete ßkal'dare il bibe'rɔn/ lomodschenäiz'zato]

Richieste speciali
Besondere Bedürfnisse

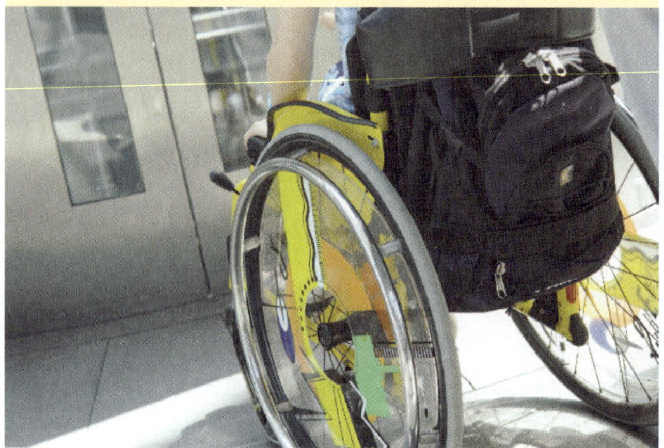

Nützliches für behinderte Reisende

Frasi utili per i viaggiatori disabili

	Ich bin ⍰.	**Sono ⍰.** ['ßono]
F19	☑ behindert	☑ **disabile** [di'sabile]
F20	☑ sehbehindert	☑ **ipovedente** [ipowe'dänte]
F21	☑ blind	☑ **non vedente** [non we'dänte]
F22	☑ schwerhörig	☑ **debole d'udito** ['debole du'dito]
F23	☑ taub	☑ **non udente** [non u'dänte]
F24	Könnten Sie bitte etwas lauter sprechen?	**Potrebbe parlare più forte?** [po'träbbe par'lare pju 'fɔrte]
F25	Würden Sie das für mich aufschreiben?	**Potrebbe scrivermelo?** [po'träbbe 'ßkriwermelo]
	Gibt es ⍰?	**C'è ⍰?** [tschä]
F26	☑ Parkplätze für Behinderte	☑ **un parcheggio riservato ai disabili** [un par'keddscho riser'wato ai di'sabili]
F27	☑ einen Rollstuhl	☑ **una sedia a rotelle** ['una 'ßädja a ro'tälle]
F28	☑ eine Rollstuhlauffahrt	☑ **una rampa per sedie a rotelle** ['una 'rampa per 'ßädje a ro'tälle]
F29	☑ einen Behindertenzugang	☑ **un'entrata riservata ai disabili** [unen'trata riser'wata ai di'sabili]
F30	☑ eine Behindertentoilette	☑ **una toilette per disabili** ['una toa'lät per di'sabili]
F31	Ich hätte gern den Schlüssel für die Behindertentoilette.	**Vorrei la chiave della toilette per disabili.** [wor'räi la 'kjawe 'della toa'lät per di'sabili]
	Könnten Sie ⍰?	**Potrebbe ⍰?** [po'träbbe]
F32	☑ mir helfen	☑ **aiutarmi** [aju'tarmi]
F33	☑ mir über die Straße helfen	☑ **aiutarmi ad attraversare la strada** [aju'tarmi ad attrawer'ßare la 'ßtrada]

F34	☑ mir die Tür aufhalten	☑ tenermi la porta [te'nermi la 'pɔrta]
F35	Kann ich meinen Blindenhund mitnehmen?	Posso entrare con il mio cane-guida? ['pɔßßo en'trare kon il 'mio 'kane 'gui̯da]
F36	Ist das für Behinderte geeignet?	È adatto ai disabili? [ä a'datto ai̯ di'sabili?]

Comunicare con gli altri

Miteinander sprechen

Bitten und danken

Chiedere e ringraziare

G01	Danke (sehr).	Grazie (mille). ['grazje ('mille)]
G02	Bitte sehr!	Ecco a Lei! ['äkko a läi]
G03	Bitte. *(Antwort auf Danke)*	Prego. ['prägo]
G04	..., bitte.	..., per favore. [per fa'wore]
G05	Gern geschehen.	Prego, non c'è di che. ['prägo non tschä di ke]
G06	Nein, danke.	No, grazie. [nɔ 'grazje]
G07	Herzlichen Dank!	Moltissime grazie! [mol'tißßime 'grazje]
G08	Das war sehr nett von *Ihnen/dir*!	È stato molto gentile da parte *Sua/tua*! [ä 'ßtato 'molto dschen'tile da 'parte 'ßua/'tua]

Begrüßung und Verabschiedung

Saluti e congedi

In Italien siezt man sich in der Regel unter Fremden. Unter Jugendlichen oder Kollegen ist jedoch die Du-Form geläufig. Mit ciao begrüßt und verabschiedet man sich unter Freunden und guten Bekannten. Ansonsten verwendet man zur Begrüßung buongiorno (*guten Tag*) bzw. buona sera (*guten Abend*) und zur Verabschiedung arrivederci (*auf Wiedersehen*).
In Italien ist es üblich, sich einen Kuss auf die Wange zu geben, auch dann wenn man ein nicht ausgesprochen vertrautes Verhältnis zueinander hat. Es ist ein Zeichen von freundschaftlichem Gewogensein, das die Geselligkeit und Spontaneität der Italiener unterstreicht.

G09	Guten Morgen!	Buongiorno! [buɔn'dschorno]
G10	Hallo!	Ciao! ['tschao]
G11	Guten Tag!	Buongiorno! [buɔn'dschorno]
G12	Guten Abend!	Buona sera! ['buɔna 'ßera]
G13	Auf Wiedersehen!	Arrivederci! [arriwe'dertschi]
G14	Tschüss!	Ciao! ['tschao]
G15	Bis *später/morgen*!	A *dopo/domani*! [a 'dopo/do'mani]

Sich vorstellen und von sich erzählen

Presentarsi e parlare di sé

G16	Ich heiße ...	Mi chiamo ... [mi 'kjamo]
	Ich bin ☐.	Sono ☐. ['ßono]
G17	☑ Deutscher/ Österreicher/ Schweizer	☑ tedesco/austriaco/svizzero [te'deßko/ auß'triːako/'swizzero]
G18	☑ Deutsche/ Österreicherin/ Schweizerin	☑ tedesca/austriaca/svizzera [te'deßka/ auß'triːaka/'swizzera]
G19	☑ verheiratet	☑ m. sposato/ f. sposata [ßpo'sato/ßpo'sata]
G20	☑ geschieden	☑ m. divorziato/ f. divorziata [diwor'zjato/ diwor'zjata]
G21	☑ ledig	☑ m. celibe/ f. nubile ['tschälibe/'nubile]
	Ich bin ... Jahre alt.	Ho ... anni. [ɔ ... 'anni]
G22	Ich mache hier Urlaub.	Sono qui in vacanza. ['ßono kui in wa'kanza]
G23	Ich wohne im ... Hotel.	Alloggio all'hotel ... . [al'lɔddscho allo'täl]
G24	Ich bleibe noch ... *Tage/Wochen*.	Resto ancora ... *giorni/settimane*. ['räßto an'kora ... 'dschorni/ßetti'mane]
G25	Ich bin ... von Beruf.	Sono ... . ['ßono]

G26	Ich bin selbstständig.	Sono (m.) libero/(f.) libera professionista. ['ßono 'libero/'libera profeßßjo'nißta]
G27	Ich bin *Student/Studentin*.	Sono *studente/studentessa*. ['ßono ßtu'dänte/ ßtuden'teßßa]
G28	Ich gehe noch zur Schule.	Vado ancora a scuola. ['wado an'kora a 'ßkuɔla]
G29	Ich habe *Kinder/einen Sohn/eine Tochter*.	Ho *figli/un figlio/una figlia*. [ɔ 'filji/un 'filjo/ 'una 'filjia]
G30	Das ist *mein Mann/ mein Lebensgefährte/ mein Freund/ein Freund*.	Questo è *mio marito/il mio compagno/il mio ragazzo/un amico*. ['kueßto ä 'mio ma'rito/il 'mio kom'panjo/il 'mio ra'gazzo/una'miko]
G31	Das ist *meine Frau/ meine Lebensgefährtin/meine Freundin/ eine Freundin*.	Questa è *mia moglie/la mia compagna/la mia ragazza/un'amica*. ['kueßta ä 'mia 'molje/ la 'mia kom'panja/la 'mia ra'gazza/una'mika]

Etwas über den anderen herausfinden

Fare conoscenza

G32	Darf ich fragen, wie *Sie heißen/du heißt*?	*Le/Ti* posso domandare come *si chiama/ti chiami*? [le/ti 'pɔßßo doman'dare 'kome ßi 'kjama/ti 'kjami]
G33	Wie geht es *Ihnen/ dir*?	Come *sta/stai*? ['kome ßta/'ßtai]
G34	Danke, gut.	Bene, grazie. ['bäne 'grazje]
G35	Gefällt es *Ihnen/dir* hier?	*Le/Ti* piace qui? [le/ti 'pjaːtsche kui]
G36	Sehr gut.	Molto. ['molto]
G37	Geht schon.	Abbastanza. [abba'ßtanza]
G38	Wie alt *sind Sie/bist du*?	Quanti anni *ha/hai*? ['kuanti 'anni a/ai]

G39	Woher *kommen Sie/ kommst du*?	Di *dov'è/dove sei*? [di do'wä/'dowe 'ßäi]
G40	*Sind Sie/Bist du* verheiratet?	*È/Sei* ♂ sposato/♀ sposata? [ä/'ßäi ßpo'sato/ ßpo'sata]
G41	Was *machen Sie/ machst du* beruflich?	Che lavoro *fa/fai*? [ke la'woro fa/'fai]
G42	*Machen Sie/Machst du* Urlaub hier?	*È/Sei* qui in vacanza? [ä/'ßäi ku͜i in wa'kanza]
G43	Wie lang *bleiben Sie/ bleibst du* noch?	Quanto tempo *resta/resti* ancora? ['ku͜anto 'tämpo 'räßta/'räßti an'kora]
G44	Wo *wohnen Sie/ wohnst du*?	Dove *abita/abiti*? ['dowe 'abita/'abiti]

Sich verabreden und jemanden einladen

Dare un appuntamento e fare un invito

G45	Darf ich *Sie/dich* zu einem Getränk einladen?	Posso *invitarLa/invitarti* a bere qualcosa? ['pɔßßo invi'tarla/invi'tarti a 'bere ku͜al'kɔßa]
G46	Sollen wir etwas essen gehen?	Andiamo a mangiare qualcosa? [an'djamo a man'dschare ku͜al'kɔßa]
	Hätten Sie/Hättest du Lust ⍰ etwas zu unternehmen?	*Avrebbe/Avresti* voglia di fare qualcosa ⍰? [a'wrebbe/a'wreßti 'wɔlja di 'fare ku͜al'kɔßa]
G47	☑ heute Nachmittag	☑ oggi pomeriggio ['ɔddschi pome'riddscho]
G48	☑ heute Abend	☑ stasera [ßta'ßera]
G49	☑ morgen	☑ domani [do'mani]
G50	Wir treffen uns *um … Uhr/in einer Stunde*.	Ci vediamo *alle …/tra un'ora*. [tschi we'djamo 'alle …/tra un'ora]
G51	Wir treffen uns *im Hotel/an der Bar/am Eingang*.	Ci vediamo *in hotel/al bar/all'ingresso*. [tschi we'djamo in o'täl/al bar/allin'gräßßo]

G52	Ich *begleite Sie/ begleite dich* noch nach Hause.	*L'accompagno/Ti accompagno* a casa. [lakkom'panjo/ti akkom'panjo a 'kaßa]
G53	Kann ich *Sie/dich* (irgendwo) hinfahren?	Posso *darLe/darti* un passaggio (da qualche parte)? ['pɔßßo 'darle/'darti un paß'ßaddscho (da 'ku̯alke 'parte)]
G54	Kann ich *Sie/dich* irgendwo absetzen?	Posso *accompagnarLa/accompagnarti* da qualche parte? ['pɔßßo akkompa'njarla/ akkompa'njarti da 'ku̯alke 'parte]
G55	Ich hole *Sie/dich* ab.	*La/Ti* passo a prendere. [la/ti 'paßßo a 'prändere]
G56	Nein danke. Das ist nicht notwendig.	No, grazie. Non è necessario. [nɔ 'grazje non ä netscheß'ßarjo]
G57	Ja bitte. Das ist sehr nett von Ihnen.	Sì, grazie. È molto gentile da parte Sua. [ßi 'grazje ä 'molto dschen'tile da 'parte 'ßua]
G58	Danke für die Einladung.	Grazie dell'invito. ['grazje dellin'wito]
G59	Kann ich *Sie wiedersehen/dich wiedersehen*?	Posso *rivederLa/rivederti*? ['pɔßßo riwe'derla/riwe'derti]
G60	Ich habe leider keine Zeit.	Mi dispiace, non ho tempo. [mi diß'pjaːtsche non ɔ 'tämpo]
G61	Nein danke!	No, grazie! [nɔ 'grazje]

Komplimente und wie man darauf reagiert

Scambiarsi complimenti

G62	*Sie sehen/Du siehst* toll aus!	*Ha/Hai* un aspetto magnifico! [a/ai̯ un aß'pätto ma'njifiko]
G63	*Sie haben/Du hast* ein nettes Lächeln.	*Ha/Hai* un bel sorriso. [a/ai̯ un bäl ßor'riso]
G64	*Sie haben/Du hast* wunderschöne Augen.	*Ha/Hai* degli occhi stupendi. [a/ai̯ 'delji 'ɔkki ßtu'pändi]

G65	*Sie sind/Du bist* wunderschön.	*È/Sei* ♂ bellissimo/♀ bellissima. [ä/'ßäi bel'lißßimo/bel'lißßima]
G66	Danke für das Kompliment.	Grazie del complimento. ['grazje del kompli'mento]
G67	Das war ein sehr schöner Abend.	È stata una bellissima serata. [ä 'ßtata 'una bel'lißßima ße'rata]
G68	Mit *Ihnen/dir* kann man sich gut unterhalten.	La *Sua/tua* compagnia è molto piacevole. [la 'ßua/'tua kompa'njia ä 'molto pja'tschewole]
G69	*Sie gefallen/Du gefällst* mir sehr.	Mi *piace/piaci* molto. [mi 'pjaːtsche/'pjaːtschi 'molto]
G70	*Übertreiben Sie/Übertreib* nicht!	Non *esageri/esagerare*! [non e'sadscheri/ esadsche'rare]
G71	*Hören Sie/Hör* bloß auf!	*La smetta/Smettila*! [la 'smetta/'smettila]
G72	Ich bin leider schon vergeben.	Purtroppo sono già (m.) impegnato/(f.) impegnata. [pur'trɔppo 'ßono dscha impe'njato/ impe'njata]
G73	Tut mir leid, du bist nicht mein Typ!	Mi dispiace, non sei il mio tipo! [mi diß'pjaːtsche non 'ßäi il 'mio 'tipo]

Zustimmen und ablehnen

Accettare e rifiutare

G74	Das ist in Ordnung.	Va bene. [wa 'bäne]
G75	Ja, bitte.	Sì, per favore. [ßi per fa'wore]
G76	Damit bin ich einverstanden.	Sono d'accordo. ['ßono dak'kɔrdo]
G77	Das gefällt mir.	Mi piace. [mi 'pjaːtsche]
G78	Das möchte ich gern tun.	Lo farei volentieri. [lo fa'räi wolen'tjäri]
G79	Das ist sehr gut.	Molto bene. ['molto 'bäne]

G80	Das ist super!	È fantastico! [ä fan'taßtiko]
G81	Nein, danke!	No, grazie! [nɔ 'grazje]
G82	Das gefällt mir nicht.	Non mi piace. [non mi 'pja:tsche]
G83	Das möchte ich nicht tun.	Mi dispiace, ma questo non lo faccio volentieri. [mi diß'pja:tsche ma 'ku͜eßto non lo 'fattscho wolen'tjäri]
G84	Das sehe ich anders.	Non sono d'accordo. [non 'ßono dak'kɔrdo]
G85	Das ist schlecht.	Questo non va bene. ['ku͜eßto non wa 'bäne]
G86	Das ist furchtbar.	Questo è terribile. ['ku͜eßto ä ter'ribile]
G87	Das kommt gar nicht in Frage!	Assolutamente no! [aßßɔluta'mente nɔ]
G88	Auf keinen Fall!	In nessun caso! [in neß'ßun 'kaso]

Bedauern ausdrücken und sich entschuldigen

Mostrarsi dispiaciuti e scusarsi

G89	Tut mir leid.	Mi dispiace. [mi diß'pja:tsche]
G90	Das tut mir sehr leid.	Mi dispiace molto. [mi diß'pja:tsche 'molto]
G91	Ich möchte mich entschuldigen.	Chiedo scusa. ['kjädo 'ßkusa]
G92	Das soll nicht mehr vorkommen.	Non accadrà più. [non akka'dra pju]
G93	Da habe ich *Sie/dich* falsch verstanden.	*L'ho fraintesa/Ti ho frainteso.* [lɔ fra|in'teßa/ti ɔ fra|in'teßo]
G94	Das war ein Missverständnis.	È stato un equivoco. [ä 'ßtato un e'ku͜iwoko]
G95	Das war meine Schuld.	È stata colpa mia. [ä 'ßtata 'kolpa 'mia]
G96	Das macht doch nichts!	Non fa nulla! [non fa 'nulla]
G97	Kein Problem.	Non è un problema. [non ä un pro'bläma]

Le ore
Rund um die Zeit

Die Uhrzeit

L'orario

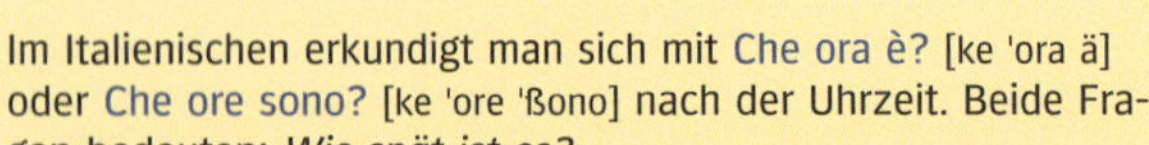

Im Italienischen erkundigt man sich mit Che ora è? [ke 'ora ä] oder Che ore sono? [ke 'ore 'ßono] nach der Uhrzeit. Beide Fragen bedeuten: *Wie spät ist es?*
Die vollen Stunden werden mit sono le + Stunde angegeben: z. B. Sono le otto. ['ßono le 'ɔtto] (Es ist acht Uhr.) Eine Ausnahme ist die Zeitangabe *Es ist ein Uhr*, sie lautet: È l'una [ä 'luna] . Ebenfalls mit è werden angegeben: È mezzogiorno. [ä mezzo'dschorno] (*Es ist Mittag/zwölf Uhr.*) und È mezzanotte. [ä mezza'nɔtte] (*Es ist Mitternacht/zwölf Uhr.*)
Die Minutenangabe wird bis zur 39. Minute der jeweils angebrochenen Stunde mit e (und) + Minutenzahl ausgedrückt. Bei halben Stunden kann sowohl die Minutenangabe (e trenta), als auch e mezzo oder e mezza genannt werden. Ab der 40. Minute wird die Minutenzahl von der darauf folgenden Stunde abgezogen: meno (weniger) + Minutenanzahl. Drei Beispiele:

Sono le tre e dieci.	['ßono le tre e 'djätschi]	Es ist zehn nach drei.
Sono le quattro e trenta/mezzo/mezza.	['ßono le 'kuattro e 'trenta/'mäzzo/'mäzza]	Es ist halb fünf.
Sono le cinque meno venti.	['ßono le 'tschinkue 'meno 'wenti]	Es ist zwanzig vor fünf.

Bei offiziellen Zeitangaben (z. B. am Flughafen), werden – wie im Deutschen – die vollen 24 Stunden durchgezählt.

H01	Wie spät ist es?	Che ora è?/Che ore sono? [ke 'ora ä/ke 'ore 'ßono]
H02	Es ist ein Uhr.	È l'una. [ä 'luna]
	Es ist ⍰.	Sono ⍰. ['ßono]

H03	☑ *zwei/drei* Uhr	☑ le *due/tre* [le 'due/tre]
H04	☑ *sechs/sieben/acht* Uhr morgens	☑ le *sei/sette/otto* del mattino [le 'ßäi/'ßätte/'ɔtto del mat'tino]
H05	☑ *sechs/sieben/acht* Uhr abends	☑ le *sei/sette/otto* di sera [le 'ßäi/'ßätte/'ɔtto di 'ßera]
H06	☑ *achtzehn/neunzehn/zwanzig* Uhr	☑ le *diciotto/diciannove/venti* [le di'tschɔtto/ditschan'nɔve/'wenti]
H07	☑ *drei/vier* Uhr nachmittags	☑ le *tre/quattro* del pomeriggio [le tre/'kuattro del pome'riddscho]
H08	☑ *fünfzehn/sechszehn* Uhr	☑ le *quindici/sedici* [le 'kuinditschi/'ßeditschi]
H09	☑ halb zehn	☑ le nove e trenta [le 'nɔve e 'trenta]
H10	☑ Viertel vor fünf	☑ le cinque meno un quarto [le 'tschinkue 'meno un 'kuarto]
H11	☑ Viertel nach vier	☑ le quattro e un quarto [le 'kuattro e un 'kuarto]
H12	☑ zwanzig Minuten vor sechs	☑ le sei meno venti [le 'ßäi 'meno 'wenti]
H13	☑ fünf nach sieben	☑ le sette e cinque [le 'ßätte e 'tschinkue]
H14	Es ist zu *früh/spät.*	È troppo *presto/tardi.* [ä 'trɔppo 'präßto/'tardi]

Wenn Italiener von un paio d'ore (*ein paar Stunden*) oder un paio di minuti (*ein paar Minuten*) sprechen, dann meinen sie zwei, höchstens drei Stunden bzw. Minuten und nicht mehr. Mit der Pünktlichkeit gehen Italiener eher flexibel um: Fünf bis zehn Minuten Verspätung werden als normal akzeptiert.

H15	Wann treffen wir uns?	Quando ci vediamo? ['kuando tschi we'djamo]

H16	Um wie viel Uhr?	A che ora? [a ke 'ora]
H17	um 12 Uhr mittags	a mezzogiorno [a mezzo'dschorno]
H18	um Mitternacht	a mezzanotte [a mezza'nɔtte]
H19	in einer Stunde	tra un'ora [tra un'ora]
H20	in einer halben Stunde	tra mezzora [tra mez'zora]
H21	in einer viertel Stunde	tra un quarto d'ora [tra un 'ku̯arto 'dora]
H22	in *fünf/zehn* Minuten	tra *cinque/dieci* minuti [tra 'tschinku̯e/'djätschi mi'nuti]
H23	Bis später.	A più tardi. [a pju 'tardi]
H24	Bis dann.	A dopo. [a 'dopo]

Die Tageszeiten

I momenti della giornata

H25	am *Morgen/Nachmittag/Abend*	di *mattina/pomeriggio/sera* [di mat'tina/pome'riddscho/'ßera]
H26	am Vormittag	di mattina [di mat'tina]
H27	in der Nacht	di notte [di 'nɔtte]
H28	heute *Morgen/Nachmittag/Abend*	*stamattina/oggi pomeriggio/stasera* [ßtamat'tina/'ɔddschi pome'riddscho/ßta'ßera]
H29	heute Vormittag	stamattina [ßtamat'tina]
H30	heute Mittag	oggi a mezzogiorno ['ɔddschi a mezzo'dschorno]
H31	heute Nacht	stanotte [ßta'nɔtte]
H32	morgen früh	domattina [domatt'ina]
H33	morgen Mittag	domani a mezzogiorno [do'mani a mezzo'dschorno]
H34	morgen *Vormittag/Nachmittag/Abend/Nacht*	domani *mattina/pomeriggio/sera/notte* [do'mani mat'tina/pome'riddscho/'ßera/'nɔtte]

H35	*morgens/ nachmittags/abends*	di *mattina/pomeriggio/sera* [di mat'tina/ pome'riddscho/'ßera]
H36	vormittags	al mattino [al mat'tino]
H37	nachts	di notte [di 'nɔtte]
H38	tagsüber	di giorno [di 'dschorno]
H39	vorgestern	l'altro ieri ['laltro 'järi]
H40	gestern	ieri ['järi]
H41	heute	oggi ['ɔddschi]
H42	morgen	domani [do'mani]
H43	übermorgen	dopodomani [dopodo'mani]

Die Woche

La settimana

H44	in einer Woche	tra una settimana [tra 'una ßetti'mana]
H45	in zwei Wochen	tra due settimane [tra 'due ßetti'mane]
H46	Montag	lunedì m. [lune'di]
H47	Dienstag	martedì m. [marte'di]
H48	Mittwoch	mercoledì m. [merkole'di]
H49	Donnerstag	giovedì m. [dschowe'di]
H50	Freitag	venerdì m. [wener'di]
H51	Samstag	sabato m. ['ßabato]
H52	Sonntag	domenica f. [do'menika]

In Italien sind viele Supermärkte sonntags den ganzen Tag geöffnet.
Viele Museen haben montags geschlossen.

H53	montags	di lunedì [di lune'di]
H54	am Dienstag	martedì [marte'di]
H55	jeden Mittwoch	ogni mercoledì ['onji merkole'di]
H56	bis Donnerstag	fino a giovedì ['fino a dschowe'di]
H57	bis Donnerstag *(beim Abschied)*	a giovedì [a dschowe'di]
H58	Freitag Abend	venerdì sera [wener'di 'ßera]
H59	nächsten Samstag	sabato prossimo ['ßabato 'prɔßßimo]
H60	seit Sonntag	da domenica [da do'menika]
H61	seit zwei Tagen	da due giorni [da 'due 'dschorni]

Die Monate

I mesi

H62	In welchem Monat ...?	In che mese ...? [in ke 'mese]
H63	im Januar	in gennaio [in dschen'najo]
H64	Februar	febbraio m. [feb'brajo]
H65	März	marzo m. ['marzo]
H66	April	aprile m. [a'prile]
H67	Mai	maggio m. ['maddscho]
H68	Juni	giugno m. ['dschunjo]
H69	Juli	luglio m. ['luljo]
H70	August	agosto m. [a'goßto]
H71	September	settembre m. [ßet'tämbre]
H72	Oktober	ottobre m. [ot'tobre]
H73	November	novembre m. [no'wämbre]
H74	Dezember	dicembre m. [di'tschämbre]

Die Jahreszeiten

Le stagioni

H75	im Frühling	in primavera [in prima'wära]
H76	Sommer	estate f. [eß'tate]
H77	Herbst	autunno m. [au'tunno]
H78	Winter	inverno m. [in'wärno]
H79	das ganze Jahr über	tutto l'anno ['tutto 'lanno]
H80	die Jahreszeit für ...	la stagione per ... [la ßta'dschone per]

Das Datum

La data

H81	Der Wievielte ist heute?	Quanti ne abbiamo oggi? ['kuanti ne ab'bjamo 'ɔddschi]
H82	Heute ist der *Erste/ Zweite/Dritte.*	Oggi è il *primo/due/tre.* ['ɔddschi ä il 'primo/ 'due/tre]
H83	Heute ist der vierte Januar.	Oggi è il quattro gennaio. ['ɔddschi ä il 'kuattro dschen'najo]
H84	am fünften Februar	il cinque febbraio [il 'tschinkue feb'brajo]
H85	bis zum sechsten März	fino al sei marzo ['fino al 'ßäi 'marzo]
	Berlin, 7. April 2011 *(in Schriftstücken)*	Berlino, 7 aprile 2011 [ber'lino 'ßätte a'prile duemila'unditschi]

Feiertage

Festività

In Italien feiert jede Stadt ihren Schutzpatron an dem ihm im Kirchenkalender gewidmeten Tag. Dieser Tag wird wie ein Feiertag behandelt: Geschäfte, Ämter und Schulen bleiben geschlossen. Meist begleiten religiöse Prozessionen mit Heiligenfiguren, Festdekoration, Feuerwerken und Volksfesten bzw. Jahrmärkten die Feierlichkeiten. Zu den bekanntesten dieser Feiern zählen San Gennaro in Neapel (19. September) und San Giovanni in Florenz (24. Juni).
Italiens Schutzpatron ist San Francesco (4. Oktober). Dieser Tag ist aber kein offizieller Feiertag mehr.

H86	Heute ist ein Feiertag.	Oggi è (un giorno) festivo. ['ɔddschi ä (un 'dschorno) feß'tiwo]

il primo dell'anno [il 'primo del'lanno]	Neujahr
Epifania [epifa'ni:a]	Heilige Drei Könige (6. Januar)
Pasqua ['paßkua]	Ostersonntag
Pasquetta [pa'ßkuetta]	Ostermontag
il primo maggio [il 'primo 'maddscho]	Maifeiertag (1. Mai)
Festa della Liberazione ['fäßta 'della libera'zjone]	Tag der Befreiung (25. April)
Festa della Repubblica ['fäßta 'della re'pubblika]	italienischer Nationalfeiertag (2. Juni)
Ferragosto [ferra'goßto]	Mariä Himmelfahrt (15. August)
Ognissanti [onjß'ßanti]	Allerheiligen (1. November)
Immacolata [immako'lata]	Unbefleckte Empfängnis Mariä (8. Dezember)
Natale [na'tale]	erster Weihnachtsfeiertag
Santo Stefano ['ßanto 'ßtefano]	zweiter Weihnachtsfeiertag

Cucina e gastronomia

Gastronomisches und Kulinarisches

Ein internationales Frühstück

Colazione internazionale

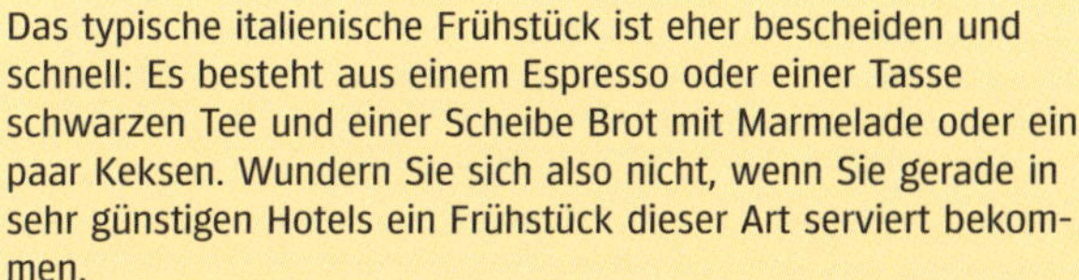

Das typische italienische Frühstück ist eher bescheiden und schnell: Es besteht aus einem Espresso oder einer Tasse schwarzen Tee und einer Scheibe Brot mit Marmelade oder ein paar Keksen. Wundern Sie sich also nicht, wenn Sie gerade in sehr günstigen Hotels ein Frühstück dieser Art serviert bekommen.
In höherklassigen Hotels erhalten Sie meist ein sogenanntes kontinentales Frühstück, das reichhaltiger und abwechslungsreicher ist und den Frühstücksgewohnheiten der internationalen Gästeschaft entgegen kommt.

1	Kann man hier frühstücken?	Possiamo fare colazione qui? [poß'ßjamo 'fare kola'zjone ku̯i]
2	Wann gibt es Frühstück?	Quando viene servita la colazione? ['ku̯ando 'wjäne ßer'wita la kola'zjone]

La colazione viene servita dalle 8.00 alle 9.30. [la kola'zjone 'wjäne ßer'wita 'dalle 'ɔtto 'alle 'nɔwe e 'trenta]	Frühstück gibt es von 8 Uhr bis 9.30 Uhr.

Wenn Sie in Italien einen caffè bestellen erhalten sie das, was man im deutschsprachigen Raum als *Espresso* bezeichnet. Wenn Sie also statt eines *Espresso* lieber einen weniger starken *Kaffee* trinken möchten, sollten Sie einen verdünnten caffè lungo oder einen caffè americano bestellen.

Ich nehme ⍰.	Prendo ⍰. ['prändo]

I03	☑ (koffeinfreien) Kaffee	☑ un caffè (decaffeinato) [un kaf'fä (dekaffäi'nato)]
I04	☑ Tee mit *Milch/Zitrone*	☑ un tè *al latte/al limone* [un tä al 'latte/al li'mone]
I05	☑ eine heiße Schokolade	☑ una cioccolata calda ['una tschokko'lata 'kalda]
I06	*mit/ohne* Zucker	*con/senza* zucchero [kon/'ßänza 'zukkero]
I07	*mit/ohne* Milch	*con/senza* latte [kon/'ßänza 'latte]
I08	mit einem Löffel Zucker	con un cucchiaino di zucchero [kon un kukkja'ino di 'zukkero]
I09	mit *zwei/drei* Löffeln Zucker	con *due/tre* cucchiaini di zucchero [kon 'due/tre kukkja'ini di 'zukkero]
I10	☑ einen frisch gepressten Orangensaft	☑ una spremuta d'arancia ['una ßpre'muta da'rantscha]
I11	☑ einen Grapefruitsaft	☑ un succo di pompelmo [un 'ßukko di pom'pälmo]
I12	☑ *warme/kalte* Milch	☑ del latte *caldo/freddo* [del 'latte 'kaldo/'freddo]
	Ich hätte gern ⍰ zum Frühstück.	Per colazione vorrei ⍰. [per kola'zjone wor'räi]
I13	☑ ein hart gekochtes Ei	☑ un uovo sodo [un 'u̯ɔwo 'ßɔdo]
I14	☑ ein weich gekochtes Ei	☑ un uovo alla cocque [un 'u̯ɔwo 'alla kɔk]
I15	☑ Honig	☑ del miele [del 'mjäle]
I16	☑ Butter	☑ del burro [del 'burro]
I17	☑ *Aprikosen-/Erdbeer-/Himbeer-/Orangen*marmelade	☑ della marmellata *di albicocche/di fragole/di lamponi/d'arance* ['della marmel'lata di albi'kɔkke/di 'fragole/di lam'poni/da'rantsche]
I18	☑ eine Grapefruit	☑ un pompelmo [un pom'pälmo]

119	☑ Joghurt mit frischen Früchten	☑ yogurt alla frutta ['jɔgurt 'alla 'frutta]
120	☑ Cornflakes	☑ dei fiocchi di mais ['dei 'fjɔkki di 'mais]
121	☑ ein Croissant	☑ un cornetto [un kor'netto]
122	☑ ein Brötchen	☑ un panino [un pa'nino]
123	☑ Zwieback	☑ delle fette biscottate ['delle 'fette bißkot'tate]
124	*Könnte ich/Könnten wir* noch etwas Brot bekommen?	*Potrei/Potremmo* avere ancora del pane? [po'träi/po'tremmo a'were an'kora del 'pane]

Zum Essen ausgehen

A cena fuori

125	Gibt es ein gutes Restaurant in der Nähe?	C'è un buon ristorante qui vicino? [tschä un buɔn rißto'rante kui wi'tschino]
	Können Sie mir ☐ empfehlen?	Mi può consigliare ☐? [mi puɔ konsi'ljare]
126	☑ eine Bar	☑ un bar [un bar]
127	☑ eine Kneipe	☑ una birreria ['una birre'ria]
128	☑ eine Osteria	☑ un'osteria [unoßte'ria]
129	☑ eine Paninoteca	☑ una paninoteca ['una panino'täka]
130	☑ eine Pizzeria	☑ una pizzeria ['una pizze'ria]
131	☑ ein Restaurant	☑ un ristorante [un rißto'rante]
132	☑ eine Trattoria	☑ una trattoria ['una tratto'ria]
133	☑ eine Weinstube	☑ un'enoteca [uneno'täka]

In Italien unterscheidet man zwischen dem traditionellen ristorante, dem ristorante-pizzeria, in dem man auch eine Pizza bestellen kann, der trattoria, einem einfacheren und günstigeren Restaurant, in dem eher traditionelle Gerichte serviert werden, der pizzeria, in der man neben Pizzen auch eine Vor- und Nachspeise bestellen kann, und der tavola calda, einer Art Schnell-Restaurant, das fertige Gerichte in einer Theke anbietet und sich meist in der Nähe von Bahnhöfen oder Raststätten befindet.

Bitte vergessen Sie nicht, dass in ganz Italien das Rauchen in Lokalen jeder Art untersagt ist.

Für einen Imbiss zu jeder Tageszeit können Sie sich in eine pizzeria al taglio begeben. Dort werden verschieden Pizzasorten durchgängig auf dem Blech zubereitet und man kann einzelne rechteckige Stücke davon kaufen. Ebenfalls für einen Imbiss geeignet sind die gerne von einem jüngeren Publikum aufgesuchten paninoteche, in denen tramezzini (dreieckige Weißbrotsandwiches) und panini (belegte Brötchen) in jeder Art und Weise angeboten werden.

Wer die Spezialitäten der regionalen italienischen Küche kosten will, sollte die rosticcerie und vor allem in Süditalien (besonders in Neapel) die friggitorie aufsuchen. Dort wird eine umfangreiche Auswahl an Gerichten zubereitet, die man teilweise auch schnell im Stehen verzehren kann.

Wer abends gerne ein Bier trinkt, kann sich in eine birreria, einem Lokal das nationale und internationale Biere führt sowie einige einfache Gerichte anbietet, begeben.

Weinliebhaber sind am besten aufgehoben in einer enoteca, einer Art Weinprobierstube, die auch kleine Imbisse im Angebot hat, oder in einer osteria, einem Lokal, in dem vorrangig Wein und kleinere Speisen serviert werden.

Eine italienische bar hat mit dem Begriff *Bar*, wie man ihn aus dem deutschen Sprachraum kennt, wenig gemeinsam. In Italien ist die bar zugleich (Frühstücks-)Café, Schnellimbiss, Aperitivlokal und sozialer Treffpunkt für jung und alt. Nicht selten bekommen Sie in der italienischen bar auch Fahrkarten für die öffentlichen Verkehrsmittel oder Tabakwaren.

Übrigens: Wenn Sie an der Theke ordern und verzehren, sind die Preise oft günstiger als am Tisch.

Den richtigen Tisch bekommen

Prenotare un tavolo

134	Ich möchte für *19/20/21* Uhr einen Tisch reservieren.	Vorrei prenotare un tavolo per le *19/20/21*. [wor'räi preno'tare un 'tawolo per le ditschan'nɔwe/'wenti/wen'tuno]
135	Einen Tisch für *eine Person/fünf Personen*, bitte!	Un tavolo per *una persona/cinque*, per favore! [un 'tawolo per 'una per'ßona/per 'tschinkue per fa'wore]
136	einen Tisch am Fenster	un tavolo vicino alla finestra [un 'tawolo wi'tschino 'alla fi'näßtra]
137	einen Tisch *auf der Terrasse/im Garten*	un tavolo *sulla terrazza/in giardino* [un 'tawolo 'ßulla ter'razza/in dschar'dino]
138	einen Tisch im Freien	un tavolo all'aperto [un 'tawolo alla'pärto]
139	Könnten wir einen anderen Tisch haben?	Possiamo cambiare tavolo? [poß'ßjamo kam'bjare 'tawolo]
140	Wir nehmen diesen da.	Vorremmo quello. [wor'remmo 'kuello]

141	Haben Sie einen Hochstuhl?	Avete un seggiolone? [a'wete un ßeddscho'lone]
142	Brauchen Sie diesen Stuhl?	È occupata questa sedia? [ä okku'pata 'ku̯eßta 'sädja]
143	Ist dieser Tisch noch frei?	È libero questo tavolo? [ä 'libero 'ku̯eßto 'tawolo]

Bestellen

Ordinare

Volete ordinare? [wo'lete ordi'nare]	Möchten Sie jetzt bestellen?
Che cosa prendete? [ke 'kɔßa pren'dete?]	Was hätten Sie gern?
Che cosa posso portarvi? [ke 'kɔßa 'pɔßßo por'tarwi]	Was darf ich Ihnen bringen?

	Könnten wir/Könnte ich bitte ⊡ bekommen?	*Possiamo/Posso* avere ⊡? [poß'ßjamo/ 'pɔßßo a'were]
144	☑ die Speisekarte	☑ il menu [il me'nu]
145	☑ die Kinderkarte	☑ il menu per bambini [il me'nu per bam'bini]
146	☑ die Dessertkarte	☑ la carta dei dessert [la 'karta 'dei deß'ßär]
147	☑ die Getränkekarte	☑ la carta delle bevande [la 'karta 'delle be'wande]
148	☑ die Weinkarte	☑ la carta dei vini [la 'karta 'dei 'wini]
149	Wir möchten bestellen.	Vorremmo ordinare. [wor'remmo ordi'nare]
	Ich hätte gern ⊡	Vorrei ⊡ [wor'räi]
	Wir nehmen ⊡	Prendiamo ⊡ [pren'djamo]
150	☑ ein Glas ...	☑ un bicchiere di ... [un bik'kjäre di]
151	☑ eine Flasche ...	☑ una bottiglia di ... ['una bot'tilja di]

Prima le bevande

Getränke zuerst

bibite f. Pl. ['bibite]	alkoholfreie Getränke
acqua minerale gassata f. [ak'ku̯a mine'rale gaß'ßata]	Mineralwasser mit Kohlensäure
acqua minerale naturale f. [ak'ku̯a mine'rale natu'rale]	stilles Wasser
aperitivo analcolico m. [aperi'tiwo anal'kɔliko]	alkoholfreier Aperitif
aranciata f. [aran'tschata]	Orangenlimonade
Coca-cola® f. [kɔka'kɔla]	Cola
limonata f. [limo'nata]	Limonade
spremuta d'arancia f. [ßpre'muta da'rantscha]	frischgepresster Orangensaft
succo di frutta m. ['ßukko di 'frutta]	Fruchtsaft
succo di albicocca/mela/pera/pesca m. ['ßukko di albi'kɔkka/'mela/'pera/'päßka]	Aprikosen-/Apfel-/Birnen-/Pfirsichsaft
tè freddo al limone/alla pesca m. [tä 'freddo al li'mone/'alla 'päßka]	Eistee mit Zitronen-/Pfirsichgeschmack
bevande calde f. Pl. [be'wande 'kalde]	Heißgetränke
caffè (espresso) m. [kaf'fä (eß'präßßo)]	Espresso
caffè (espresso) decaffeinato m. [kaf'fä (eß'präßßo) dekaffäi'nato]	koffeinfreier Espresso
caffè (espresso) doppio m. [kaf'fä (eß'präßßo) 'doppjo]	doppelter Espresso
caffè (espresso) macchiato caldo/freddo m. [kaf'fä (eß'präßßo) mak'kjato 'kaldo/'freddo]	Espresso mit etwas warmer/kalter Milch
caffè (espresso) corretto m. [kaf'fä (eß'präßßo) kor'rätto]	Espresso mit Schnaps
caffè americano/lungo m. [kaf'fä ameri'kano/'lungo]	verdünnter Espresso

camomilla f. [kamo'milla]	Kamillentee
cappuccino m. [kapput'tschino]	verdünnter Espresso mit warmem Milchschaum
cioccolata in tazza con/senza panna f. [tschokko'lata in 'tazza kon/'ßänza 'panna]	heiße Schokolade mit/ ohne Schlagsahne
latte macchiato m. ['latte mak'kjato]	warme Milch mit Espresso und Milchschaum
tè nero/verde m. [tä 'nero/'werde]	schwarzer/grüner Tee
tè alla menta m. [tä 'alla 'menta]	Pfefferminztee
tè al limone/latte m. [tä al li'mone/'latte]	Tee mit Zitrone/Milch
tisana f. [ti'sana]	Kräutertee

In Italien gehört der aperitivo zum Auftakt eines guten Essens. Der Begriff bezeichnet auch die Tradition sich abends mit Freunden auf einen Drink und einen kleinen Imbiss in einer Bar oder Kneipe zu treffen. Oft werden zu den Getränken – sozusagen als Ersatz für das Abendessen – automatisch Kartoffelchips, Erdnüsse, Minipizzen oder andere Knabbereien gereicht. Diese sind im Getränkepreis eingerechnet.
Klassische italienische Aperitifs sind z. B. Aperol®, Campari® oder Martini®, die in vielen Variationen mit anderen (alkoholischen) Getränken konsumiert werden, so beispielsweise als Campari Soda, Spritz (Aperol® oder Campari® mit Prosecco und Soda) uvm.

bevande alcoliche f. Pl. [be'wande al'kɔlike]	alkoholische Getränke
aperitivo m. [aperi'tiwo]	Aperitif
Bellini m. [bel'lini]	Prosecco mit Aprikosensaft
birra alla spina f. ['birra 'alla 'ßpina]	Bier vom Fass
birra chiara/scura f. ['birra 'kjara/'ßkura]	helles/dunkles Bier
champagne m. [scham'panj]	Champagner

prosecco *m.* [pro'ßekko]	Prosecco
Spritz *m.* ['ßpritz]	Prosecco mit Aperol® oder Campari® und Soda
vino bianco/rosso *m.* ['wino 'bjanko/'roßßo]	Weiß-/Rotwein
(vino) rosé *m.* [('wino) ro'se]	Rosé
vino secco/fruttato/amabile *m.* ['wino 'ßekko/frut'tato/a'mabile]	trockener/halbtrockener/ lieblicher Wein
vino della casa *m.* ['wino 'della 'kaßa]	offener Tafelwein
vino fermo *m.* ['wino 'fermo]	Stillwein
vino frizzante *m.* ['wino friz'zante]	Perlwein
spumante *m.* [ßpu'mante]	Sekt
superalcolici *m. Pl.* [ßuperal'kɔlitschi]	Spirituosen
amaro *m.* [a'maro]	Magenbitter
grappa *f.* ['grappa]	Schnaps
liquore *m.* [li'ku̯ɔre]	Likör

Zum Wohl! Salute! [ßa'lute]

Zeit für das Essen

E ora le pietanze

Eine Mahlzeit besteht in Italien traditionell aus mehreren Gängen: antipasto (Vorspeise), primo (erster Gang), bestehend aus einem Nudelgericht, einem Risotto oder einer Suppe, secondo (zweiter Gang), bestehend aus Fleisch- oder Fischgerichten und einer Gemüsebeilage, dolce (Nachspeise), bestehend aus Süßspeisen oder Obst.
Selbstverständlich werden in der Alltagsküche nicht immer alle Gänge zubereitet. Meist reduziert sich eine Mahlzeit auf zwei (primo und secondo) oder sogar nur einen Gang (primo oder secondo). Auch im Restaurant haben Sie die freie Wahl für welche Gänge Sie sich entscheiden wollen.
Gut zu wissen: In der italienischen Küche wird Salat (insalata mista) traditionell als Beilage serviert und nicht als Vorspeise. Heutzutage können besonders reichhaltige Salatgerichte im Restaurant aber auch einzeln bestellt werden.

152	Gibt es noch warme Küche?	Servite ancora piatti caldi? [ßer'wite 'ankora 'pjatti 'kaldi]
153	Ich möchte nur eine Kleinigkeit essen.	Vorrei soltanto un piatto leggero. [wor'räi ßol'tanto un 'pjatto led'dschäro]
154	Geben Sie mir noch zwei Minuten, bitte!	Ancora un momento, per favore! [an'kora un mo'mento per fa'wore]
155	Was empfehlen Sie *mir/uns*?	Cosa *mi/ci* consiglia? ['kɔßa mi/tschi kon'ßilja]

I56	Als *Vorspeise/ersten Gang/zweiten Gang/Nachspeise* nehme ich ...	Come *antipasto/primo piatto/secondo piatto/dessert* prendo ... ['kome anti'paßto/'primo 'pjatto/ße'kondo 'pjatto/deß'ßär 'prändo]
I57	Könnte ich anstelle von A bitte B bekommen?	Al posto di A potrei avere B? [al 'poßto di ... po'träi a'were ...]
I58	Könnte ich noch etwas ... haben?	Potrei avere ancora ♂ del/♀ della ...? [po'träi a'were an'kora del/'della]
I59	Könnte ich noch einen/eine/ein ... haben?	Potrei avere ancora ♂ un/♀ una ...? [po'träi a'were an'kora un/'una]
I60	Ist das *scharf/mild/sauer/süß*?	È *piccante/delicato/agro/dolce*? [ä pik'kante/deli'kato/'agro/'doltsche]
	Würden Sie mir bitte ⍰ bringen?	Per favore, mi porterebbe ⍰? [per fa'wore mi porte'räbbe]
I61	☑ ein Messer	☑ un coltello [un kol'tällo]
I62	☑ eine Gabel	☑ una forchetta ['una for'ketta]
I63	☑ einen Löffel	☑ un cucchiaio [un kuk'kjajo]
I64	☑ einen Teelöffel	☑ un cucchiaino [un kukkja'ino]
I65	☑ eine Serviette	☑ un tovagliolo [towa'ljɔlo]
I66	... zum Mitnehmen	... da portare via [da por'tare 'wia]
I67	Guten Appetit!	Buon appetito! [bu̯ɔn appe'tito]

Il menu

Die Speisekarte

Antipasti	Antipasti
antipasto di mare m. [anti'paßto di 'mare]	Vorspeisenteller mit Meeresfrüchten
antipasto di terra m. [anti'paßto di 'tärra]	gemischte Vorspeise mit Schinken und Wurst
bruschette f. Pl. [bru'ßkette]	geröstete Brotscheiben mit Öl, Knoblauch und variierenden Belägen (z. B. gehackte Tomaten und Basilikum)
cocktail di gamberetti m. ['koktä͜il di gambe'retti]	Krabbencocktail

(insalata) caprese f. [(inßa'lata) ka'prese]	Tomaten, Basilikum und Mozzarella
insalata di farro f. [inßa'lata di 'farro]	Dinkelsalat mit verschiedenem Gemüse und Meeresfrüchten
insalata di rucola e parmigiano f. [inßa'lata di 'rukola e parmi'dschano]	Rucola-Parmesan-Salat
olive ascolane f. Pl. [o'liwe asco'lane]	frittierte gefüllte Oliven
prosciutto e melone m. [pro'schutto e me'lone]	Melone mit Schinken
vitello tonnato m. [wi'tällo ton'nato]	dünne Kalbfleischscheiben in Thunfischsauce mit Kapern

Zuppe — Suppen

crema di asparagi/pomodoro f. ['kräma di aß'paradschi/pomo'doro]	Spargel-/Tomatencremesuppe
minestrone m. [mineß'trone]	Gemüsesuppe
pasta e fagioli f. ['paßta e fa'dschɔli]	dicke Suppe mit Pasta und Bohnen
pastina in brodo f. [paß'tina in 'brɔdo]	Fleischbrühe mit Nudeln
tortellini/cappelletti in brodo m. Pl. [tortel'lini/kappel'letti in 'brɔdo]	Fleischbrühe mit gefüllten Teigtaschen
zuppa di pesce/cacciucco f./m. ['zuppa di 'pesche/kat'tschukko]	Fischsuppe

Piatti leggeri e spuntini — Kleine Gerichte und Imbisse

panino imbottito m. [pa'nino imbot'tito]	belegtes Brötchen
pizzetta f. [piz'zetta]	Mini-Pizza

tramezzino m. [tramez'zino]	dreieckiges Weißbrotsandwich (mit verschiedenen Belägen)
toast m. ['tɔßt]	getoastete Sandwichscheiben mit Schinken und Käse belegt

Primi piatti — Pasta und Reis

cappelletti/ravioli/tortellini m. Pl. [kappel'letti/ra'wjɔli/tortel'lini]	gefüllte Teigtaschen
fettuccine/tagliatelle f. Pl. [fettut'tschine/talja'telle]	Bandnudeln
spaghetti m. Pl. [ßpa'getti]	Spaghetti
bucatini m. Pl. [buka'tini]	röhrenförmige Spaghetti
linguine f. Pl. [lin'guine]	flache Spaghettiart
farfalle f. Pl. [far'falle]	Nudeln in Schmetterlingsform

fusilli m. Pl. [fu'silli]	kurze, spiralförmige Nudeln
maccheroni m. Pl. [makke'roni]	kurze, röhrenförmige Nudeln
rigatoni m. Pl. [riga'toni]	kurze, röhrenförmige Nudeln
penne f. Pl. ['penne]	kurze, abgeschrägte, röhrenförmige Nudeln
cannelloni m. Pl. [kannel'loni]	mit Fleisch oder Gemüse gefüllte Nudelrollen
gnocchi m. Pl. ['njɔkki]	kleine Kartoffelknödel
gnocchi alla romana m. Pl. ['njɔkki 'alla ro'mana]	mit Parmesan überbackene Grießknödel
lasagne f. Pl. [la'sanje]	überbackene Nudelteigblätter mit Fleisch- und Béchamelsoße
pasta al burro f. ['paßta al 'burro]	Nudeln mit Butter
pasta all'amatriciana f. ['paßta allamatri'tschana]	Nudeln mit Tomaten- und Specksoße
pasta alla bolognese/al ragù f. ['paßta 'alla bolo'njese/al ra'gu]	Nudeln mit Tomaten- und Fleischsoße
pasta alla napoletana f. ['paßta 'alla napole'tana]	Nudeln mit Tomaten- und Sardellensoße
pasta alla norma f. ['paßta 'alla 'nɔrma]	Nudeln mit Tomaten- und Auberginensoße
pasta al pesto f. ['paßta al 'peßto]	Nudeln mit Basilikum, Pinienkernen, Knoblauch und Parmesan oder Pecorinokäse
pasta al pomodoro f. ['paßta al pomo'dɔro]	Nudeln mit Tomatensoße

pasta alla puttanesca f. ['paßta 'alla putta'neßka]	Nudeln mit scharfer Tomaten-, Oliven- und Kapernsoße
pasta alle vongole f. ['paßta 'alle 'wɔngole]	Nudeln mit Venusmuscheln
pasta ai frutti di mare f. ['paßta ai 'frutti di 'mare]	Nudeln mit Meeresfrüchten
polenta f. [po'länta]	Maisbrei (wird mit verschiedenen Soßen oder geschmolzenem Käse serviert)
risotto ai funghi m. [ri'sɔtto ai 'fungi]	Reisgericht mit Pilzen
risotto alla milanese m. [ri'sɔtto 'alla mila'nese]	Reisgerischt mit Safran
risotto allo scoglio m. [ri'sɔtto 'allo 'ßkɔljo]	Reisgericht mit Meeresfrüchten

Carni — Fleisch

abbacchio/agnello m. [ab'bakkjo/a'njällo]	Lamm
cervo m. ['tschärwo]	Hirsch
coniglio m. [ko'niljo]	Kaninchen
maiale m. [ma'jale]	Schwein
manzo m. ['manzo]	Rind
selvaggina f. [selwad'dschina]	Wildbret
vitello m. [wi'tällo]	Kalb
arista di maiale f. ['arißta di ma'jale]	Schweinsrücken
arrosto di … m. [ar'rɔßto di]	...braten
bistecca f. [biß'tekka]	Steak
cosciotto m. [ko'schɔtto]	Schlegel
cotoletta f. [koto'letta]	Schnitzel (paniert)
fegato di vitello m. ['fegato di wi'tällo]	Klabsleber
filetto m. [fi'letto]	Filet

macinato m. [matschi'nato]	Hackfleisch
polpette f. Pl. [pol'pette]	Frikadellen
scaloppina f. [skalop'pina]	Schnitzel (unpaniert)
ben cotto [ben 'kɔtto]	gut durch(gebraten)
media cottura ['medja kot'tura]	medium
al sangue [al 'ßangue]	blutig

Pollame — Geflügel

anatra f. ['anatra]	Ente
fagiano m. [fa'dschano]	Fasan
faraona f. [fara'ona]	Perlhuhn
oca f. ['ɔka]	Gans
pollo m. ['pollo]	Hähnchen
tacchino m. [tak'kino]	Truthahn, Pute
coscia f. ['kɔscha]	Keule
petto m. ['pätto]	Brust

Pesci e frutti di mare — Fisch und Meeresfrüchte

anguilla f. [an'guilla]	Aal
aragosta f. [ara'goßta]	Languste
astice m. ['aßtitsche]	Hummer
branzino m. [bran'zino]	Seebarsch
calamaro m. [kala'maro]	Tintenfisch
cernia f. ['tschärnja]	Zackenbarsch
cozze f. Pl. ['kɔzze]	Miesmuscheln
gamberi/gamberetti m. Pl. ['gamberi/gambe'retti]	große/kleine Garnelen
granchio m. ['grankjo]	Krebs

merluzzo m. [mer'luzzo]	Kabeljau
orata f. [o'rata]	Goldbrasse
ostriche f. Pl. ['ɔßtrike]	Austern
passera di mare f. ['paßßera di 'mare]	Scholle
pesce spada m. ['pesche 'ßpada]	Schwertfisch
rana pescatrice f. ['rana peßka'tritsche]	Seeteufel
rombo m. ['rombo]	Steinbutt
salmone m. [ßal'mone]	Lachs
sardina f. [ßar'dina]	Sardine
scampi m. Pl. ['ßkampi]	Kaisergranat
sgombro m. ['sgombro]	Makrele
sogliola f. ['ßɔljola]	Seezunge
tonno m. ['tonno]	Thunfisch
triglia f. ['trilja]	Meerbarbe
trota f. ['trɔta]	Forelle

vongole f. Pl. ['wɔngole] — Venusmuscheln

fritto misto di pesce m. ['fritto 'mißto di 'pesche] — frittierte kleine Fische

Piatti a base di uova — Eierspeisen

omelette/frittata f. [om'lät/frit'tata] — Omelette

uovo alla cocque m. ['u͜ɔwo 'alla kɔk] — weich gekochtes Ei

uovo sodo m. ['u͜ɔwo 'ßɔdo] — hart gekochtes Ei

uovo strapazzato m. ['u͜ɔwo ßtrapaz'zato] — Rührei

uovo al tegamino m. ['u͜ɔwo al tega'mino] — Spiegelei

uovo in camicia m. ['u͜ɔwo in ka'mitscha] — pochiertes Ei

Verdure e funghi — Gemüse und Pilze

asparagi m. Pl. [a'ßparadschi] — Spargel

bietola f. ['bjetola] — Mangold

broccoli m. Pl. ['brɔkkoli] — Brokkoli

carciofi m. Pl. [kar'tschɔfi] — Artischocken

carote f. Pl. [ka'rɔte] — Karotten

cavoletti di Bruxelles m. Pl. [kawo'letti di bruß'ßäl] — Rosenkohl

cavolfiore m. [kawol'fjore] — Blumenkohl

cavolo m. ['kawolo] — Kohl

ceci m. Pl. ['tschetschi] — Kichererbsen

cipolla f. [tschi'polla] — Zwiebel

fagioli m. Pl. [fa'dschɔli] — weiße Bohnen

fagiolini m. Pl. [fadscho'lini] — grüne Bohnen

finocchio m. [fi'nɔkkjo] — Fenchel

insalata belga f. [inßa'lata 'bälga] — Chicorée

lattuga f. [lat'tuga] — Kopfsalat

lenticchie f. Pl. [len'tikkje]	Linsen
melanzane f. Pl. [melan'zane]	Auberginen
patate f. Pl. [pa'tate]	Kartoffeln
peperoni verdi/gialli/rossi m. Pl. [pepe'roni 'werdi/'dschalli/'roßßi]	grüne/gelbe/rote Paprikaschoten
piselli m. Pl. [pi'sälli]	Erbsen
pomodoro m. [pomo'dɔro]	Tomate
porro m. ['pɔrro]	Lauch
ravanelli m. Pl. [rawa'nälli]	Radieschen
sedano m. ['ßädano]	Sellerie
spinaci m. Pl. [ßpi'natschi]	Blattspinat
zucchini m. Pl. [zuk'kini]	Zucchini
zucca f. ['zukka]	Kürbis
condimento all'olio e aceto balsamico m. [kondi'mento all'ɔljo e a'tscheto bal'ßamiko]	Vinaigrette mit Olivenöl und Balsamicoessig
funghi m. Pl. ['fungi]	Pilze
finferli m. Pl. ['finferli]	Pfifferlinge
porcini m. Pl. [por'tschini]	Steinpilze
tartufo m. [tar'tufo]	Trüffel

Metodi di cottura e preparazioni — Zubereitungsarten

a bagnomaria [a banjoma'ria]	im Wasserbad
a spezzatino [a ßpezza'tino]	~ Gulasch
al forno [al 'forno]	gebacken
al cartoccio [al kar'tɔttscho]	in Folie gegart
al sale [al 'ßale]	in Salzkruste
allo spiedo ['allo 'ßpjädo]	am Spieß
affumicato [affumi'kato]	geräuchert

arrostito [arro'ßtito]	gebraten
bollito [bol'lito]	gekocht
brasato/stufato [bra'sato/ßtu'fato]	geschmort
cotto ['kɔtto]	gegart
cotto a vapore ['kɔtto a wa'pore]	gedämpft
fritto ['fritto]	frittiert
grigliato [gri'ljato]	gegrillt
impanato [impa'nato]	paniert
in casseruola [in kaßße'ru̯ɔla]	Eintopf
in salsa [in 'ßalßa]	in Soße
marinato [mari'nato]	mariniert
sbollentato [sbollen'tato]	blanchiert
sottaceto [ßotta'tscheto]	in Essig
saltato in padella [ßal'tato in pa'della]	mit wenig Fett in der Pfanne gebraten
soufflé *m.* [ßuf'flä]	Soufflé
timballo *m.* [tim'ballo]	Auflauf

Contorni — Beilagen

Contorni	Beilagen
insalata di pomodori f. [inßa'lata di pomo'dɔri]	Tomatensalat
insalata mista f. [inßa'lata 'mißta]	gemischter Salat
patate al forno f. Pl. [pa'tate al 'forno]	Ofenkartoffeln
patate lesse f. Pl. [pa'tate 'leßße]	gekochte Kartoffeln
patatine fritte f. Pl. [pata'tine 'fritte]	Pommes Frites
purè di patate *m.* [pu'rä di pa'tate]	Kartoffelpüree
riso pilaf *m.* ['riso 'pilaf]	Pilaw-Reis
verdure al vapore f. Pl. [wer'dure al wa'pore]	gedämpftes Gemüse
verdure alla griglia f. Pl. [wer'dure 'alla 'grilja]	gegrilltes Gemüse

Erbe aromatiche e spezie — Kräuter und Gewürze

aglio m. ['aljo]	Knoblauch
basilico m. [ba'siliko]	Basilikum
cannella f. [kan'nälla]	Zimt
chiodi di garofano m. Pl. ['kjɔdi di ga'rɔfano]	Nelken
coriandolo m. [ko'riandolo]	Koriander
crescione m. [kre'schone]	Kresse
cumino m. [ku'mino]	Kümmel
erba cipollina f. ['ärba tschipol'lina]	Schnittlauch
finocchio m. [fi'nɔkkjo]	Fenchel
cren m. [krän]	Meerrettich
maggiorana f. [maddscho'rana]	Majoran
menta f. ['menta]	Minze
noce moscata f. ['notsche moß'kata]	Muskatnuss
pepe nero/verde/bianco/rosa m. ['pepe 'nero/'werde/'bjanko/'rosa]	schwarzer/grüner/weißer/ rosa Pfeffer
prezzemolo m. [prez'zemolo]	Petersilie
rosmarino m. [rosma'rino]	Rosmarin
sale m. ['ßale]	Salz
salvia f. ['ßalwja]	Salbei
senape f. ['ßänape]	Senf
timo m. ['timo]	Thymian
zafferano m. [zaffe'rano]	Safran
zenzero m. ['zänzero]	Ingwer

Desserts — Nachspeisen

J01 Wir würden gern eine Nachspeise bestellen. *Vorremmo ordinare un dessert.* [wor'remmo ordi'nare un deß'ßär]

budino m. [bu'dino]	Pudding
cassata f. [kaß'ßata]	sizilianische Schichttorte aus Biskuit und Ricotta mit einer Glasur und kandierten Früchten
crème brulée f. [kräm bru'lä]	Vanillecreme bedeckt mit einer knusprigen Karamellschicht
creme caramel m./f. [kräm kara'mel]	Karamellcreme
crostata alla marmellata/frutta/crema f. [kro'ßtata 'alla marmel'lata/'frutta/'kräma]	Mürbeteigkuchen mit einem Belag aus Konfitüre/Obst/Sahne
fragole con panna f. Pl. ['fragole kon 'panna]	frische Erdbeeren mit Schlagsahne
gelato al cioccolato/alla fragola/alla vaniglia m. [dsche'lato al tschokko'lato/'alla 'fragola/ 'alla wa'nilja]	Schokoladen-/Erdbeer-/ Vanilleeis
con panna montata [kon 'panna mon'tata]	mit Schlagsahne
macedonia di frutta f. [matsche'dɔnja di 'frutta]	Obstsalat
millefoglie alla crema m./f. [mille'fɔlje 'alla 'kräma]	Blätterteig mit Sahnefüllung
mousse al cioccolato f. [mußß al tschokko'lato]	Schokoladenschaum
profiterol m. [profite'rɔl]	kleine Windbeutel mit Sahne- oder Schokoladenfüllung und Schokoladensoße
sorbetto al limone m. [ßor'betto al li'mone]	Zitronensorbet

tartufo m. [tar'tufo]	Vanilleeis mit Schokoladenüberzug
tiramisù m. [tirami'ßu]	Süßspeise aus in Kaffee getränkten Biskuits und Mascarponecreme
torta al cioccolato f. ['torta al tschokko'lato]	Schokoladenkuchen
torta di mele f. ['torta di 'mele]	ungedeckter Apfelkuchen
zuppa inglese f. ['zuppa in'glese]	Biskuitdessert mit Likör

Gelati — Eis

J02	Ich hätte gern ein Zitroneneis, bitte.	*Vorrei un gelato al limone, per favore.* [wor'räi un dsche'lato al li'mone per fa'wore]
J03	Ich hätte gern eine Kugel Schokoladeneis, bitte.	*Vorrei una pallina di gelato al cioccolato, per favore.* [wor'räi 'una pal'lina di dsche'lato al tschokko'lato per fa'wore]
J04	Ich hätte gern zwei Kugeln Fruchteis, bitte.	*Vorrei due palline di gelato alla frutta, per favore.* [wor'räi 'due pal'line di dsche'lato 'alla 'frutta per fa'wore]

gelato all'amarena m. [dsche'lato allama'räna]	Kirscheis
gelato al bacio m. [dsche'lato al 'batscho]	Schoko-Nougateis
gelato al cioccolato m. [dsche'lato al tschokko'lato]	Schokoladeneis
gelato al fior di latte m. [dsche'lato al fjor di 'latte]	Sahneeis
gelato alla frutta m. [dsche'lato 'alla 'frutta]	Fruchteis
gelato al limone m. [dsche'lato al li'mone]	Zitroneneis
gelato alla stracciatella m. [dsche'lato 'alla ßtrattscha'tälla]	Sahneeis mit geraspelter Schokolade
gelato al torroncino m. [dsche'lato al torron'tschino]	Nougateis
gelato alla vaniglia m. [dsche'lato 'alla wa'nilja]	Vanilleeis
nel cono [nel 'kɔno]	in der Eiswaffel
in una coppetta [in 'una kop'petta]	in einem Eisbecher
con/senza panna [kon/'ßänza 'panna]	mit/ohne Sahne
affogato al caffè m. [affo'gato al kaf'fä]	Eiskaffee (Vanilleeis mit Espresso und Schlagsahne)
ghiacciolo m. [gjat'tschɔlo]	Wassereis
granita f. [gra'nita]	Sorbet aus gestoßenem Eis und Kaffee oder Fruchtsäften
semifreddo m. [ßemi'freddo]	Halbgefrorenes

Formaggi — Käse

caciotta f. [ka'tschɔtta]	Weichkäse aus Kuh- oder Schafsmilch
fontina f. [fon'tina]	Hartkäse aus Kuhmilch aus dem Aostatal

gorgonzola *m.* [gorgon'zɔla]	Blauschimmelkäse
groviera *m./f.* [gro'wjära]	Emmentaler
mozzarella *f.* [mozza'rälla]	Frischkäse aus Büffel- oder Kuhmilch
parmigiano/grana *m.* [parmi'dschano/'grana]	Parmesankäse
pecorino *m.* [peko'rino]	Hartkäse aus Schafsmilch
ricotta *f.* [ri'kɔtta]	quarkähnlicher Frischkäse aus Kuh- und/oder Schafsmilch
stracchino *m.* [ßtrak'kino]	streichzarter Weichkäse
taleggio *m.* [ta'leddscho]	norditalienischer Weichkäse

Sonderwünsche

Richieste particolari

J05	Ich esse kein *Fleisch/Schweinefleisch*.	Non mangio *carne/carne di maiale*. [non 'mandscho 'karne/'karne di ma'jale]
J06	Haben Sie auch etwas Vegetarisches?	Avete piatti vegetariani? [a'wete 'pjatti wedscheta'rjani]
J07	Ich trinke keinen Alkohol.	Non bevo alcolici. [non 'bewo al'kɔlitschi]
	Ich habe eine Allergie gegen ⍰.	Sono (m.) allergico/(f.) allergica ⍰. ['ßono al'lärdschiko/al'lärdschika]
J08	☑ Ei	☑ all'uovo [all'u̯ɔwo]
J09	☑ Gluten	☑ al glutine [al 'glutine]
J10	☑ Kuhmilch	☑ al latte vaccino [al 'latte wat'tschino]
J11	☑ Nüsse	☑ alle noci e nocciole ['alle 'notschi e not'tschɔle]
J12	☑ Tomaten	☑ ai pomodori [ai̯ pomo'dɔri]
J13	☑ Weizen	☑ al frumento [al fru'mento]
J14	Ich leide an Glutenunverträglichkeit.	Sono (m.) celiaco/(f.) celiaca. ['ßono tsche'li|ako/tsche'li|aka]
J15	Sind da Nüsse drin?	Contiene noci? [kon'tjäne 'notschi]
J16	Ist das *koscher/halal*?	È *kosher/halal*? [ä 'koscher/'halal]
J17	für Diabetiker geeignet	per diabetici [per dja'bätitschi]
J18	Verwenden Sie Biozutaten?	Utilizzate ingredienti biologici? [utiliz'zate ingre'djänti bio'lɔdschitschi]

Beanstanden und loben

Lamentarsi ed esprimere apprezzamento

J19	Wir warten schon länger.	È molto che aspettiamo. [ä 'molto ke aßpet'tjamo]

J20	Das habe ich nicht bestellt.	Non ho ordinato questo. [non ɔ ordi'nato 'kueßto]
J21	Das schmeckt mir nicht.	Non è ♂ buono/♀ buona. [non ä 'buɔno/ 'buɔna]
J22	Das möchte ich zurückgehen lassen.	Vorrei mandarlo indietro. [wor'räi man'darlo in'djätro]
J23	Kann ich bitte etwas anderes haben?	Potrei avere qualcos'altro? [po'träi a'were kualkɔ'saltro]
J24	... ist angebrannt.	... è ♂ bruciato/♀ bruciata. [ä bru'tschato/ bru'tschata]
J25	... ist kalt.	... è ♂ freddo/♀ fredda. [ä 'freddo/'fredda]
J26	... ist versalzen.	... è troppo ♂ salato/♀ salata. [ä 'trɔppo ßa'lato/ßa'lata]
J27	... ist nicht frisch.	... non è ♂ fresco/♀ fresca. [non ä 'freßko/ 'freßka]
J28	... ist nicht richtig gar.	... non è abbastanza ♂ cotto/♀ cotta. [non ä abba'ßtanza 'kɔtto/'kɔtta]
J29	Das Fleisch ist zu *trocken/hart/zäh*.	La carne è troppo *asciutta/dura/gommosa*. [la 'karne ä 'trɔppo a'schutta/'dura/gom'mosa]
J30	Es hat gut geschmeckt.	Era veramente molto buono. ['ära wera'mente 'molto 'buɔno]
J31	Es hat hervorragend geschmeckt.	Era assolutamente delizioso. ['ära aßßoluta'mente deli'zjoso]
J32	Das ist sehr lecker!	È squisito! [ä ßkui'sito]

Bezahlen

Il conto

J33	Die Rechnung, bitte!	Il conto, per favore! [il 'konto per fa'wore]
J34	Da ist ein Fehler auf der Rechnung.	C'è un errore nel conto. [tschä un er'rore nel 'konto]

35	Kann ich mit Kreditkarte zahlen?	Posso pagare con la carta di credito? ['pɔßßo pa'gare kon la 'karta di 'kredito]
36	Ich zahle in *bar/mit Karte*.	Pago *in contanti/con la carta*. ['pago in kon'tanti/kon la 'karta]
37	Kann ich bitte einen Beleg haben?	Posso avere una ricevuta? ['pɔßßo a'were 'una ritsche'wuta]
38	Der Rest ist für Sie.	Tenga pure il resto. ['tänga 'pure il 'räßto]
39	Ich bekomme noch Wechselgeld.	Devo avere il resto. ['dewo a'were il 'räßto]

In Italien wird immer pro Person pane e coperto (*Brot und Gedeck*) berechnet. Darunter ist eine Art „Grundgebühr" für Geschirr, Besteck und Tischtextilien zu verstehen. Wenn Sie mit dem Service sehr zufrieden waren, dürfen Sie natürlich ein Trinkgeld auf dem Tisch liegen lassen.
Achten Sie unbedingt darauf, in Italien die Rechnung nicht getrennt begleichen zu wollen. Wenn man zu mehreren im Restaurant isst, gehört es zum guten Ton, den Rechnungsbetrag am Ende durch die Anzahl der Teilnehmer zu teilen. Jeder zahlt dann den gleichen Betrag, ganz egal, ob dieser dem tatsächlichen Gegenwert des Verzehrs entspricht oder nicht.
In den bars ist es üblich, zuerst an der Kasse die gewünschten Getränke oder Speisen zu zahlen und dann mit dem Kassenzettel zur Theke zu gehen, um sich die Sachen abzuholen.

Fare acquisti
Zeit für den Einkauf

Ganz allgemein

In generale

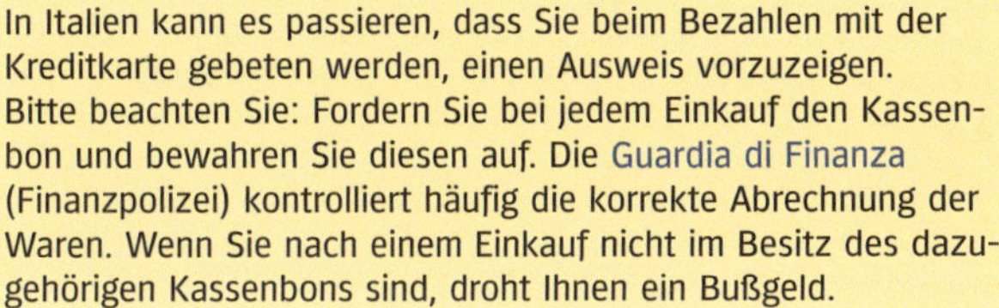

In Italien kann es passieren, dass Sie beim Bezahlen mit der Kreditkarte gebeten werden, einen Ausweis vorzuzeigen. Bitte beachten Sie: Fordern Sie bei jedem Einkauf den Kassenbon und bewahren Sie diesen auf. Die Guardia di Finanza (Finanzpolizei) kontrolliert häufig die korrekte Abrechnung der Waren. Wenn Sie nach einem Einkauf nicht im Besitz des dazugehörigen Kassenbons sind, droht Ihnen ein Bußgeld.

01	Wann macht das Geschäft auf?	Quando apre il negozio? ['ku̯ando 'apre il ne'gɔzjo]
02	Wann *öffnen/schließen* die Geschäfte?	Quando *aprono/chiudono* i negozi? [ku̯ando 'aprono/'kjudono i ne'gɔzi]

Die Geschäfte in Italien haben an Werktagen (Montag bis Samstag) meist von 9 – 12.30 Uhr und von 15.30 – 19.30 geöffnet. Viele Geschäfte sind unter der Woche einen halben Tag geschlossen (meist Montag Vormittag). In den Zentren großer Städte sind manche Geschäfte auch mittags und sonntags geöffnet. Im Sommer haben in den großen Ferienregionen viele Geschäfte abends länger geöffnet. Supermärkte und Einkaufszentren sind durchgehend geöffnet (auch sonntags).

	Gibt es ⍰ in der Nähe?	C'è ⍰ qui vicino? [tschä ku̯i wi'tschino]
03	☑ eine Bäckerei	☑ una panetteria ['una panette'ria]

K04	☑ einen Baumarkt	☑ un magazzino per il bricolage [un magaz'zino per il briko'lasch]
K05	☑ ein Campinggeschäft	☑ un negozio di attrezzatura per il campeggio [un ne'gɔzjo di attrezza'tura per il kam'peddscho]
K06	☑ ein Fischgeschäft	☑ una pescheria ['una peßke'ria]
K07	☑ einen Flohmarkt	☑ un mercatino delle pulci [un merka'tino 'delle 'pultschi]
K08	☑ ein Juweliergeschäft	☑ una gioielleria ['una dschojelle'ria]
K09	☑ ein Kaufhaus	☑ un grande magazzino [un 'grande magaz'zino]
K10	☑ einen Markt	☑ un mercato [un mer'kato]
K11	☑ eine Metzgerei	☑ una macelleria ['una matschelle'ria]
K12	☑ ein Obst- und Gemüsegeschäft	☑ un fruttivendolo [un frutti'wändolo]
K13	☑ ein Spielzeuggeschäft	☑ un negozio di giocattoli [un ne'gɔzjo di dscho'kattoli]
K14	☑ ein Sportgeschäft	☑ un negozio di sport [un ne'gɔzjo di 'ßport]
K15	☑ einen Supermarkt	☑ un supermercato [un ßupermer'kato]
K16	☑ einen Zeitungshändler	☑ un'edicola [une'dikola]

Posso *esserLe/esserti* d'aiuto? ['pɔßßo äß'ßerle/äß'ßerti da'juto]	Kann ich *Ihnen/dir* behilflich sein?
Cerca qualcosa in particolare? ['tscherka kual'kɔßa in partiko'lare]	Suchen Sie etwas Bestimmtes?

K17	Ich suche ...	Cerco ... ['tscherko]
K18	Ich hätte gern ...	Vorrei ... [wor'räi]
K19	Wo finde ich ...?	Dove trovo ...? ['dowe 'trɔwo]

20	Verkaufen Sie ...?	Vendete ...? [wen'dete]
21	Ich nehme diesen/ diese/dieses hier.	Prendo ♂ questo/♀ questa. ['prändo 'ku̯eßto/ 'ku̯eßta]
22	Diesen/Diese/Dieses da.	♂ Questo/♀ Questa. ['ku̯eßto/'ku̯eßta]
23	Der/Die/Das da, bitte.	♂ Quello/♀ Quella, per favore. ['ku̯ello/'ku̯ella per fa'wore]

Desidera qualcos'altro? [de'sidera ku̯alko'saltro]	Darf es noch etwas sein?

24	Nein danke, das wäre alles.	No grazie, è tutto. [nɔ 'grazje ä 'tutto]
25	Könnte ich eine Tüte bekommen?	Posso avere una busta? ['pɔßßo a'were 'una 'bußta]
26	Könnten Sie das als Geschenk einpacken?	Può incartare il regalo? [pu̯ɔ inkar'tare il re'galo]

Lebensmittel
Alimentari

Die Siegel DOP, IGP und STG stehen für italienische Qualitätsprodukte mit geschützter Herkunftsbezeichnung. Für Weine aus kontrolliertem Anbau steht das Siegel DOCG.

Milchprodukte	latticini m. Pl. [latti'tschini]
Vollmilch	latte intero m. ['latte in'tero]
fettarme Milch	latte parzialmente scremato m. ['latte parzjal'mente ßkre'mato]
Magermilch	latte scremato m. ['latte ßkre'mato]
Joghurt	yogurt m. ['jɔgurt]
Käse	formaggio m. [for'maddscho]
Schlagsahne *(flüssig)*	panna da montare f. ['panna da mo'ntare]
Schlagsahne *(geschlagen)*	panna montata f. ['panna mon'tata]

Quark, wie er in den deutschsprachigen Ländern üblich ist, ist in Italien fast nicht erhältlich. Ein quarkähnliches italienisches Milcherzeugnis ist ricotta, ein Frischkäse aus Kuh- und/oder Schafsmilch.

Wurst- und Schinkenaufschnitt	salumi e affettati m. Pl. [ßa'lumi e affet'tati]
Schinken (aus Parma)	prosciutto (di Parma) m. [pro'schutto (di 'parma)]

Räucherschinken	*prosciutto di Praga* m. [pro'schutto di 'praga]
gekochter/roher Schinken	*prosciutto cotto/crudo* m. [pro'schutto 'kɔtto/'krudo]
Salami	*salame* m. [ßa'lame]

Bei italienischem Brot handelt es sich meistens um Weißbrot, also aus Weizen zubereitetes Brot. Heutzutage erhalten Sie aber auch vermehrt verschiedene Vollkornbrote.

Brotlaib (länglich)	*filone di pane* m. [fi'lone di 'pane]
Vollkornbrot	*pane integrale* m. ['pane inte'grale]
Roggenbrot	*pane di segale* m. ['pane di 'ßägale]
Weizenbrot	*pane bianco* m. ['pane 'bjanko]
Zwieback	*fette biscottate* f. Pl. ['fette bißkot'tate]

pancarrè/pane a cassetta m. [pankar'rä/'pane a kaß'ßetta]	längliches, eckiges, recht weiches Brot
panino all'olio m. [pa'nino all'ɔljo]	italienisches Weizenbrötchen
pane toscano m. ['pane toß'kano]	ungesalzenes Weizenbrot aus der Toskana
mantovana f. [manto'wana]	Weizenbrötchen aus weichem Teig mit knuspriger, heller Kruste
rosetta f. [ro'setta]	Sternbrötchen
grissini m. Pl. [griß'ßini]	Grissini (Stangengebäck)

Kuchen	*dolce* m. ['doltsche]
Sahnekuchen	*torta farcita* f. ['torta far'tschita]

Blätterteig	**pasta sfoglia** f. ['paßta 'ßfɔlja]
Berliner/Krapfen	**bomboloni** m. Pl. [bombo'loni]
Keks	**biscotti** m. Pl. [biß'kɔtti]
Mürbeteig	**pasta frolla** f. ['paßta 'frɔlla]
Feingebäck	**pasticcini** m. Pl. [paßtit'tschini]
Windbeutel mit Kaffee-/Schokoladen-/Sahnefüllung	**bignè al caffè/al cioccolato/alla crema** m. [bi'njä al kaf'fä/al tschokko'lato/'alla 'kräma]

Ananas	**ananas** m. ['ananaß]
Apfel	**mela** f. ['mela]
Apfelsine	**arancia** f. [a'rantscha]
Aprikose	**albicocca** f. [albi'kɔkka]
Banane	**banana** f. [ba'nana]
Birne	**pera** f. ['pera]

Brombeeren	*more* f. Pl. ['mɔre]
Erdbeeren	*fragole* f. Pl. ['fragole]
Feige	*fico* m. ['fiko]
Heidelbeeren	*mirtilli* f. Pl. [mir'tilli]
Himbeeren	*lamponi* m. Pl. [lam'poni]
Kirsche	*ciliegia* f. [tschi'ljädscha]
Kiwi	*kiwi* m. ['kiwi]
Mango	*mango* m. ['mango]
Melone	*melone* m. [me'lone]
Mispel	*nespola* f. ['näßpola]
Nektarine	*pesca noce/nettarina* f. ['päßka 'notsche/ netta'rina]
Pampelmuse	*pompelmo* m. [pom'pälmo]
Pfirsisch	*pesca* f. ['päßka]
Pflaume	*prugna* f. ['prunja]
Trauben	*uva* f. ['uwa]

Eine umfassende Auflistung von Gemüsen, Kräutern, Käse-, Fisch- und Fleischsorten sowie Getränken finden Sie im Kapitel *Gastronomisches und Kulinarisches*.

Fertiggerichte	*piatti pronti* m. Pl. ['pjatti 'pronti]
Gefrierkost	*cibi surgelati* m. Pl. ['tschibi ßurdsche'lati]

Wo im Supermarkt ...?

In quale reparto del supermercato ...?

K27	Wo finde ich ...?	Dove trovo ...? ['dowe 'trɔwo]

nel reparto surgelati [nel re'parto ßurdsche'lati]	in der Kühltruhe
al banco dei formaggi [al 'banko 'dei for'maddschi]	an der Käsetheke
al banco macelleria [al 'banko matschelle'ria]	an der Fleischtheke
nel secondo/nell'ultimo corridoio [nel ße'kondo/nel'lultimo korri'dojo]	*im zweiten/im letzten* Gang
sullo scaffale in *alto/basso* ['ßullo ßkaf'fale in 'alto/'baßßo]	ganz *oben/unten* im Regal

K28	Könnten Sie mir bitte zeigen, wo?	Mi può indicare dove? [mi puo indi'kare 'dowe]

Wie viel darf es sein?

Quanto ne vuole?

	Ich hätte gern ☐	Vorrei ☐ [wor'räi]
K29	☑ ein Kilo ...	☑ un chilo di ... [un 'kilo di]
K30	☑ ein Pfund ...	☑ mezzo chilo di ... ['mäzzo 'kilo di]
K31	☑ hundert Gramm ...	☑ un etto di ... [un 'ätto di]
K32	☑ fünf Scheiben ...	☑ cinque fette di ... ['tschinkue 'fette di]
K33	☑ ein *kleines/großes* Stück ...	☑ un pezzo *piccolo/grande* di ... [un 'päzzo 'grande/'pikkolo di]
K34	Noch etwas mehr, bitte.	Un po' di più, per favore. [un pɔ di pju per fa'wore]
K35	Das reicht.	Basta così. ['baßta ko'si]

Drogerieprodukte

Prodotti per l'igiene e prodotti di bellezza

In Italien sind Drogeriemärkte, wie man sie in den deutschsprachigen Ländern kennt, nicht verbreitet. Hygiene- und Kosmetikartikel werden in Italien in Supermärkten, Apotheken und/oder den sogenannten profumerie (Parfümerie- und Kosmetikgeschäfte) verkauft.

K36 Ich bräuchte ⍰.	Ho bisogno di ⍰. [ɔ bi'sonjo di]
☑ Zahnpflegeprodukte	☑ prodotti per l'igiene orale [pro'dotti per li'dschäne o'rale]
☑ eine *weiche/mittelharte/harte* Zahnbürste	☑ uno spazzolino da denti *morbido/medio/duro* ['uno ßpazzo'lino da 'dänti 'mɔrbido/'mädjo/'duro]
☑ Zahnpaste	☑ un dentifricio [un denti'fritscho]
☑ Mundwasser	☑ un colluttorio [un kollut'tɔrjo]
☑ Zahnseide	☑ filo interdentale ['filo interden'tale]
☑ Haarpflegeprodukte	☑ prodotti per la cura dei capelli [pro'dotti per la 'kura 'dei ka'pelli]
☑ ein Shampoo für *fettiges/trockenes* Haar	☑ uno shampoo per capelli *grassi/secchi* ['uno 'schampo per ka'pelli 'graßßi/'ßekki]
☑ eine Pflegespülung	☑ un balsamo [un 'balßamo]
☑ einen Kamm	☑ un pettine [un 'pättine]
☑ eine Haarbürste	☑ una spazzola per capelli ['una 'ßpazzola per ka'pelli]
☑ Haargummis	☑ elastici per capelli [e'laßtitschi per ka'pelli]
☑ Haarspray	☑ una lacca per capelli ['una 'lakka per ka'pelli]

☑ Haargel	☑ un gel per capelli [un dschäl per ka'pelli]
☑ Hautpflegeprodukte	☑ prodotti per la cura della pelle [pro'dotti per la 'kura 'della 'pälle]
☑ eine Körperlotion	☑ una crema idratante per il corpo ['una 'kräma idra'tante per il 'kɔrpo]
☑ eine Gesichtscreme	☑ una crema per il viso ['una 'kräma per il 'wiso]
☑ einen Lippenschutzstift	☑ un burro di cacao [un 'burro di ka'kao]
☑ Rasierschaum	☑ una schiuma da barba ['una 'ßkjuma da 'barba]
☑ Rasierwasser	☑ un dopobarba [un dopo'barba]
☑ einen Einwegrasierer	☑ un rasoio monouso [un ra'sojo mɔno'uso]
☑ eine Sonnenschutzcreme	☑ una crema solare ['una 'kräma ßo'lare]
☑ Seife	☑ sapone [ßa'pone]
☑ Duschgel	☑ un gel per la doccia [un dschel per la 'dottscha]
☑ ein Deodorant	☑ un deodorante [un deodo'rante]
☑ Damenbinden	☑ assorbenti [aßßor'bänti]
☑ Tampons	☑ tamponi [tam'poni]
☑ einen Nagelknipser	☑ un tagliaunghie [un talja'ungje]
☑ eine Schere	☑ forbici ['fɔrbitschi]
☑ Kosmetik *(zum Schminken)*	☑ cosmetici [koß'mätitschi]
☑ einen Lippenstift	☑ un rossetto [un roß'ßetto]
☑ Wimperntusche	☑ rimmel ['rimmel]
☑ Make-up	☑ un fondotinta [un fondo'tinta]

In der Apotheke

In farmacia

K37	Können Sie mir eine internationale Apotheke zeigen?	Sa indicarmi dov'è una farmacia internazionale? [ßa indi'karmi do'wä 'una farma'tschia internazjo'nale]
K38	Können Sie mir den italienischen Namen dieses Medikaments sagen?	Può dirmi qual è il nome italiano di questo farmaco? [puɔ 'dirmi kual ä il 'nome ita'ljano di 'kueßto 'farmako]
K39	Ich brauche ⍰.	Ho bisogno di ⍰. [ɔ bi'sonjo di]
	☑ ein Anti-Mücken-Spray	☑ un repellente contro le zanzare [un repel'länte 'kontro le zan'zare]
	☑ Aspirin®	☑ aspirina® [aspi'rina]
	☑ Augentropfen	☑ un collirio [un kol'lirjo]
	☑ ein Desinfektionsmittel	☑ un disinfettante [un disinfet'tante]
	☑ einen Hustensaft (für *Kinder/Erwachsene*)	☑ uno sciroppo per la tosse (per *bambini/adulti*) ['uno schi'rɔppo per la 'toßße (per bam'bini/a'dulti)]
	☑ Ibuprofen®	☑ ibuprofene® [ibupro'fäne]
	☑ Kondome	☑ preservativi [preserwa'tiwi]
	☑ Paracetamol®	☑ paracetamolo® [paratscheta'mɔlo]
	☑ Pflaster	☑ cerotti [tsche'rɔtti]
	☑ Schmerzmittel	☑ analgesici [anal'dschäsitschi]

Beim Optiker

Dall'ottico

K40	Können Sie das reparieren?	Può ripararmi ♂ questo/♀ questa? [puɔ ripa'rarmi 'kueßto/'kueßta]
K41	Ich brauche ⍰.	Ho bisogno di ⍰. [ɔ bi'sonjo di]

	☑ eine Brille (zum Lesen)	☑ occhiali (da lettura) [ok'kjali (da let'tura)]
	☑ eine Sonnenbrille	☑ occhiali da sole [ok'kjali da 'ßole]
	☑ *(weiche/harte)* Kontaktlinsen	☑ lenti a contatto *(morbide/dure)* ['länti a kon'tatto ('mɔrbide/'dure)]
	☑ Einweglinsen	☑ lenti monouso ['länti mɔno'uso]
	☑ Kontaktlinsenlösung	☑ liquido per lenti a contatto ['likuido per 'länti a kon'tatto]
K42	Ich bin *kurzsichtig/weitsichtig*.	Sono *miope/presbite*. ['ßono 'miope/'präsbite]
K43	Ich möchte einen (kostenlosen) Sehtest machen.	Vorrei fare un esame della vista (gratuito). [wor'räi 'fare un e'same 'della 'wista (gra'tuito)]

Kleidung und Mode

Abbigliamento e moda

K44	Darf ich das anprobieren?	Posso ♂ provarlo/♀ provarla? ['pɔßßo pro'warlo/pro'warla]

45	Wo sind die Umkleidekabinen?	Dove sono i camerini? ['dowe 'ßono i kame'rini]

Le sta bene? [le ßta 'bäne]	Passt er/sie/es?

	Er/Sie/Es ist zu ⍰.	È troppo ⍰. [ä 'trɔppo]
46	☑ klein	☑ ♂ piccolo/♀ piccola ['pikkolo/'pikkola]
47	☑ groß	☑ grande ['grande]
48	☑ eng	☑ ♂ stretto/♀ stretta ['ßtretto/'ßtretta]
49	☑ weit	☑ ♂ largo/♀ larga ['largo/'larga]
50	☑ kurz	☑ ♂ corto/♀ corta ['korto/'korta]
51	☑ lang	☑ ♂ lungo/♀ lunga ['lungo/'lunga]
52	Er/Sie/Es passt sehr gut.	♂ Questo/♀ Questa va molto bene. ['ku̯eßto/'ku̯eßta wa 'molto 'bäne]
53	Ich nehme ihn/sie/es.	♂ Lo/♀ La prendo. [lo/la 'prändo]
54	Leider nicht.	Purtroppo no. [pur'trɔppo nɔ]
55	Ich möchte einen anderen/eine andere/ein anderes anprobieren.	Vorrei provarne ♂ un altro/♀ un'altra. [wor'räi pro'warne un'altro/un'altra]
56	Der Schnitt gefällt mir nicht so gut.	Il taglio non mi piace molto. [il 'taljo non mi 'pjaːtsche 'molto]
57	Ich suche etwas *Elegantes/Schickes/Modernes*.	Cerco qualcosa di *elegante/chic/moderno*. ['tscherko ku̯al'kɔßa di ele'gante/schick/mo'därno]
58	Haben Sie das *in einer anderen Farbe/mit einem anderen Muster*?	♂ Lo/♀ La avrebbe *in un altro colore/in un'altra fantasia*? [lo/la aw'räbbe in un'altro ko'lore/in un'altra fanta'sia]
59	Ich überlege es mir noch.	Ci penso ancora. [tschi 'pänso an'kora]

Che taglia porta? [ke 'talja 'pɔrta]	Welche Größe haben Sie?

K60	Ich habe Größe ...	Porto la ... ['pɔrto la]
K61	Haben Sie das in Größe ...?	C'è nella (taglia) ...? [tschä 'nella ('talja)]

Die italienischen Größen für Herren- und Kinderkleidung entsprechen weitestgehend den deutschen Größen. Die italienischen Damengrößen weichen jedoch von den deutschen Größen ab: Sie sind in etwa um zwei Werte höher als ihre deutschen Entsprechungen. So entspricht z. B. einer deutschen Größe 38 die italienische Größe 42.

K62	Ich brauche ☒.	Mi serve ☒. [mi 'ßärwe]
	☑ einen Mantel	☑ un cappotto [un kap'pɔtto]
	☑ eine Jacke	☑ una giacca ['una 'dschakka]
	☑ eine Regenjacke	☑ un impermeabile [un imperme'abile]
	☑ eine Strickjacke	☑ un cardigan [un 'kardigan]
	☑ ein Sakko	☑ una giacca da uomo ['una 'dschakka da 'u̯ɔmo]
	☑ einen Anzug	☑ un completo da uomo [un kom'pläto da 'u̯ɔmo]
	☑ ein Kostüm	☑ un tailleur (da donna) [un 'tajör (da 'dɔnna)]
	☑ ein Kleid	☑ un vestito [un weß'tito]
	☑ einen Pullover	☑ un pullover [un pul'lɔwer]
	☑ ein Hemd	☑ una camicia ['una ka'mitscha]
	☑ eine Bluse	☑ una camicetta [una kami'tschetta]
	☑ ein Sweatshirt	☑ un maglione [un ma'ljone]
	☑ einen Rock	☑ una gonna [una 'gɔnna]
	☑ ein T-Shirt	☑ una maglietta ['una ma'ljetta]

☑ Unterwäsche	☑ della biancheria intima ['della bjanke'ria 'intima]
☑ einen BH	☑ un reggiseno [un reddschi'ßeno]
☑ eine Unterhose *(für Frauen)*	☑ un paio di mutandine [un 'pajo di mutan'dine]
☑ eine Unterhose *(für Männer)*	☑ un paio di mutande [un 'pajo di mu'tande]
☑ einen Badeanzug	☑ un costume (da bagno) [un ko'ßtume (da 'banjo)]
☑ einen Bademantel	☑ un accappatoio [un akkappa'tojo]
☑ einen Sonnenhut	☑ un cappellino [un kappel'lino]
☑ einen Hut	☑ un cappello [un kap'pällo]
☑ eine Mütze	☑ un berretto [un ber'retto]
☑ einen Schal	☑ una sciarpa ['una 'scharpa]
☑ Handschuhe	☑ un paio di guanti [un 'pajo di 'guanti]
☑ ein Paar Hausschuhe	☑ un paio di pantofole [un 'pajo di pan'tɔfole]
K63 Ich brauche ⍰.	Mi servono ⍰. [mi 'ßärwono]
☑ eine Hose	☑ dei pantaloni ['dei panta'loni]
☑ eine Jeans	☑ dei jeans ['dei dschins]
☑ eine Badehose	☑ calzoncini da bagno [kalzon'tschini da 'banjo]
☑ Socken	☑ dei calzini ['dei kal'zini]
☑ Kniestrümpfe *(aus Wolle)*	☑ dei calzettoni ['dei kalzet'toni]
☑ Kniestrümpfe *(aus Nylon)*	☑ dei gambaletti ['dei gamba'letti]
☑ eine Strumpfhose	☑ dei collant ['dei kol'la]
☑ Stiefel	☑ degli stivali ['delji ßti'wali]

☑ Sportschuhe	☑ delle scarpe da ginnastica ['delle 'ßkarpe da dschin'nastika]
☑ Wanderschuhe	☑ dei scarponcini ['dei ßkarpon'tschini]
☑ Sandalen	☑ dei sandali ['dei 'ßandali]
☑ Ballerinas	☑ delle ballerine ['delle balle'rine]
☑ hochhackige Pumps	☑ delle scarpe con i tacchi alti ['delle 'skarpe con i 'takki 'alti]

Die italienischen Schuhgrößen stimmen mit den deutschen überein. Original italienische Schuhe – auch diejenigen, die auf Märkten angeboten werden – sind immer von guter Verarbeitung und Qualität. Meist ist außerdem das Preis-Leistungs-Verhältnis angemessener als in Deutschland.

K64	Aus welchem Material ist das?	Di che materiale è? [di ke mate'riale ä]

È di ?. [ä di]	Das ist ?.
☑ puro cotone ['puro ko'tone]	☑ reine Baumwolle
☑ pura lana ['pura 'lana]	☑ reine Wolle
☑ pura seta ['pura 'ßeta]	☑ reine Seide
☑ fibra sintetica ['fibra ßin'tätika]	☑ Kunstfaser
☑ lino ['lino]	☑ Leinen
☑ velluto [wel'luto]	☑ Samt
☑ vera pelle/vero cuoio ['wera 'pälle/'wero 'kuɔjo]	☑ echtes Leder
☑ camoscio [ka'moscho]	☑ Wildleder

In der Reinigung

In tintoria

K65	Ich möchte das reinigen lassen.	Vorrei far lavare ♂ questo/♀ questa. [wor'räi far la'ware 'kueßto/'kueßta]
K66	Bekommen Sie diese Flecken heraus?	Può togliere queste macchie? ['puɔ 'tɔljere 'kueßte 'makkje]
K67	Reinigen Sie auch Leder?	Pulite anche capi in pelle? [pu'lite 'anke 'kapi in 'pälle]
K68	Das ist nicht richtig sauber.	Non è veramente pulito. [non ä wera'mente pu'lito]
K69	Der Fleck ist nicht herausgegangen.	La macchia non è venuta via. [la 'makkja non ä we'nuta 'wia]

Beim Friseur

Dal parrucchiere

	Ich hätte gern ⍰.	Vorrei ⍰. [wor'räi]
L01	☑ die Haare geschnitten	☑ un taglio di capelli [un 'taljo di ka'pelli]
L02	☑ eine neue Frisur	☑ una nuova acconciatura ['una 'nuɔwa akkontscha'tura]
L03	☑ Waschen und Legen	☑ lavaggio e messa in piega [la'waddscho e 'meßßa in 'pjäga]
L04	☑ einen Kurzhaarschnitt	☑ un taglio corto [un 'taljo 'korto]
L05	☑ eine Dauerwelle	☑ una permanente ['una perma'nänte]
L06	☑ helle Strähnchen	☑ dei colpi di sole ['dei 'kolpi di 'ßole]
L07	☑ dunkle Strähnchen	☑ delle ciocche scure ['delle 'tschɔkke 'skure]
L08	☑ die Spitzen geschnitten	☑ tagliare le punte [ta'ljare le 'punte]
L09	☑ eine Maniküre	☑ una manicure ['una mani'kure]

L10	☑ eine Pediküre	☑ una pedicure ['una pedi'kure]
L11	☑ die *Wimpern/ Augenbrauen* gefärbt	☑ tingere *le ciglia/le sopracciglia* ['tindschere le 'tschilja/le ßoprat'tschilja]
L12	Bitte etwas kürzer.	Un po' più corti per favore. [un pɔ pju 'korti per fa'wore]
L13	Bitte nicht ganz so kurz.	Non troppo corti, per favore. [non 'trɔppo 'korti per fa'wore]
L14	die Ohren frei	corti sulle orecchie ['korti 'ßulle o'rekkje]
L15	Ich habe Spliss.	Ho le doppie punte. [ɔ le 'doppje 'punte]
L16	mit Waschen und Fönen	lavaggio e piega [la'waddscho e 'pjäga]
L17	die Haare tönen	fare un riflessante ['fare un rifleß'ßante]
L18	die Haare färben	fare una colorazione ['fare 'una kolora'zjone]

Im Fotogeschäft

Dal fotografo

L19	Ich möchte diese Aufnahmen entwickeln lassen.	Vorrei far sviluppare queste foto. [wor'räi far swilup'pare 'ku̯eßte 'fɔto]
L20	in matter Qualität	su carta opaca [ßu 'karta o'paka]
L21	in Hochglanzqualität	su carta lucida [ßu 'karta 'lutschida]
L22	Könnten Sie diese Bilder ausdrucken?	Potrebbe stamparmi queste foto? [po'träbbe ßtam'parmi 'ku̯eßte 'fɔto]
	in Größe ... mal ...	nel formato ... per ... [nel for'mato ... per ...]
L23	Ich möchte ⍰ kaufen.	Vorrei comprare ⍰. [wor'räi kom'prare]
	☑ einen Akku	☑ una batteria ricaricabile ['una batte'ria rikari'kabile]
	☑ eine Batterie	☑ una batteria ['una batte'ria]
	☑ eine Speicherkarte	☑ una memoria ['una me'mɔrja]

	☑ ein Ladegerät	☑ un caricabatterie [un karikabatte'rie]
	☑ ein USB-Kabel	☑ un cavo USB [un 'kawo u 'äßße bi]
	☑ eine Digitalkamera	☑ una macchina fotografica digitale ['una 'makkina foto'grafika didschi'tale]
	☑ eine Spiegelreflex-kamera	☑ una reflex ['una rä'flex]
	☑ eine Einwegkamera (für Unterwasser-aufnahmen)	☑ una macchina fotografica monouso (per foto subacquee) ['una 'makkina foto'grafika mɔno'uso (per 'fɔto ßub'akku̯ee)]
	☑ ein Objektiv	☑ un obiettivo [un objet'tiwo]
	☑ einen Filter	☑ un filtro [un 'filtro]
	☑ ein Stativ	☑ un treppiede [un trep'pjäde]
	☑ eine Kameratasche	☑ una custodia per macchina fotografica ['una kuß'tɔdja per 'makkina foto'grafika]
	☑ ein Fernglas	☑ un binocolo [un bi'nɔkolo]

Musik

Musica

	Ich suche ⍰.	Cerco ⍰. ['tscherko]
L24	☑ eine CD von ...	☑ un cd di ... [un tschi'di di]
L25	☑ das neue Album von ...	☑ il nuovo album di ... [il 'nu̯ɔwo 'album di]
L26	Gibt es dieses Lied auf CD?	Esiste questa canzone in cd? [e'sißte 'ku̯eßta kan'zone in tschi'di]
L27	Kann ich mir das mal anhören?	Potrei ascoltare questo? [po'träi aßkol'tare 'ku̯eßto]

Elektrische und elektronische Produkte

Articoli elettrici ed elettronici

L28	Ich möchte ⍰ kaufen.	Vorrei acquistare ⍰. [wor'räi akku̯iß'tare]

	☑ einen PC	☑ un computer [un kom'pjuter]
	☑ einen Laptop/ein Notebook	☑ un (computer) portatile [un (kom'pjuter) por'tatile]
	☑ ein Netbook	☑ un miniportatile [un minipor'tatile]
	☑ eine Maus	☑ un mouse [un 'mauß]
	☑ einen MP3-Spieler	☑ un lettore MP3 [un let'tore 'ämme pi tre]
L29	Ich bräuchte ⍰.	Avrei bisogno ⍰. [a'wräi bi'sonjo]
	☑ einen Adapter	☑ di un adattatore [di un adatta'tore]
	☑ einen Kopfhörer *(Ohrstöpsel)*	☑ di auricolari [di auriko'lari]
	☑ einen Kopfhörer *(mit Bügel)*	☑ di una cuffia [di 'una 'kuffja]
	☑ einen Fön®	☑ di un asciugacapelli [di un aschugaka'pelli]
	☑ einen Rasierapparat	☑ di un rasoio elettrico [di un ra'sojo e'lättriko]
	☑ ein Verlängerungskabel	☑ di una prolunga [di 'una pro'lunga]
	☑ eine Tastatur	☑ di una tastiera [di 'una taß'tjära]
	☑ einen neuen Akku	☑ di una nuova batteria ricaricabile [di 'una 'nuɔva batte'ria rikari'kabile]
L30	Die passenden Batterien dafür, bitte.	Le batterie adatte per questo apparecchio, per favore. [le batte'rie a'datte per 'kueßto appa'rekkjo per fa'wore]

Etwas zum Lesen

Libri, riviste e quotidiani

L31	Ich suche einen Buchladen.	Cerco una libreria. ['tscherko 'una libre'ria]
	Verkaufen Sie ⍰ in deutscher Sprache?	Vendete ⍰ in lingua tedesca? [wen'dete ... in 'lingua te'deßka]

L32	☑ Zeitungen	☑ quotidiani [kuoti'djani]
L33	☑ Zeitschriften	☑ riviste [ri'wißte]
L34	☑ Bücher	☑ libri ['libri]

Etwas zum Schreiben

Articoli di cancelleria

L35	Gibt es hier ein Schreibwarengeschäft?	C'è una cartoleria qui vicino? [tschä 'una kartole'ria kui wi'tschino]
L36	Ich bräuchte ⍰, bitte.	Mi serve ⍰, per favore. [mi 'ßärwe ... per fa'wore]
	☑ einen Bleistift	☑ una matita ['una ma'tita]
	☑ einen Kugelschreiber	☑ una penna ['una 'penna]
	☑ einen Füller	☑ una stilografica ['una ßtilo'grafica]
	☑ eine Ersatzmine *(für Kugelschreiber)*	☑ una ricarica d'inchiostro per penna a sfera ['una ri'karika din'kjɔßtro per 'penna a 'ßfära]
	☑ einen Radiergummi	☑ una gomma per cancellare ['una 'gomma per kantschel'lare]
	☑ einen Anspitzer	☑ un temperamatite [un temperama'tite]
	☑ einen *linierten/karierten* Block	☑ un blocco a *righe/quadretti* [un 'blɔkko a 'rige/kua'dretti]
L37	Ich bräuchte Tintenpatronen, bitte.	Mi servono delle cartucce d'inchiostro, per favore. [mi 'ßärwono 'delle kar'tuttsche din'kjɔßtro per fa'wore]

Souvenirs und Geschenke

Souvenirs e regali

	Ich suche ein Geschenk für ⍰.	Cerco un regalo per ⍰. ['tscherko un re'galo per]
L38	☑ meine Frau/meinen Mann	☑ mia moglie/mio marito ['mia 'molje/'mio ma'rito]
L39	☑ meine Mutter/meinen Vater	☑ mia madre/mio padre ['mia 'madre/'mio 'padre]
L40	☑ ein Kind	☑ ♂ un bambino/♀ una bambina [un bam'bino/'una bam'bina]
L41	☑ einen Jungen/ein Mädchen	☑ un ragazzino/una ragazzina [un ragaz'zino/'una ragaz'zina]
L42	Haben Sie etwas typisch Italienisches?	Avete qualcosa di tipicamente italiano? [a'wete ku̯al'kɔßa di tipika'mente ita'ljano]
L43	Ist das Kunsthandwerk aus der Region?	È un prodotto di artigianato locale? [ä un pro'dotto di artidscha'nato lo'kale]

L44	Ist das Handarbeit?	È ♂ fatto/♀ fatta a mano? [ä 'fatto/'fatta a 'mano]
L45	Haben Künstler aus der Region das gemacht?	È un prodotto di artisti locali? [ä un pro'dotto di ar'tißti lo'kali]
L46	Ist das echtes *Silber/ Gold*?	È vero *argento/oro*? [ä 'wero ar'dschänto/ 'ɔro]
L47	Wo ist der Stempel?	Dov'è il marchio? [do'wä il 'markjo]
L48	Gibt es ein Echtheitszertifikat dafür?	Rilasciate una garanzia di autenticità? [rila'schate 'una garan'zia di autentitschi'ta]

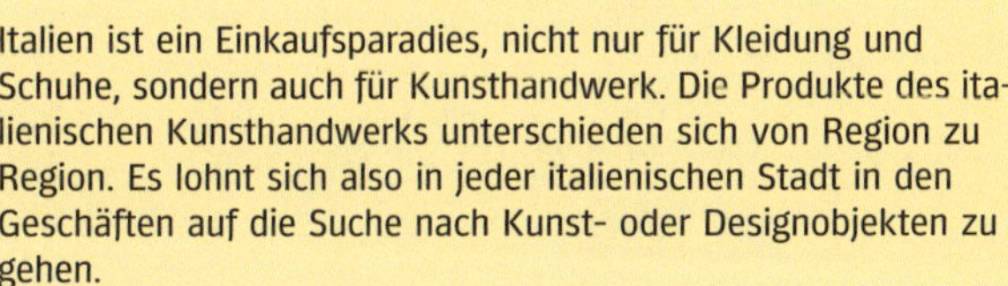

Italien ist ein Einkaufsparadies, nicht nur für Kleidung und Schuhe, sondern auch für Kunsthandwerk. Die Produkte des italienischen Kunsthandwerks unterschieden sich von Region zu Region. Es lohnt sich also in jeder italienischen Stadt in den Geschäften auf die Suche nach Kunst- oder Designobjekten zu gehen.

Etwas bezahlen

Pagamenti

L49	Ich zahle in bar.	Pago in contanti. ['pago in kon'tanti]
L50	Ich zahle mit Kreditkarte.	Pago con la carta di credito. ['pago kon la 'karta di 'kredito]
L51	Akzeptieren Sie diese Debitkarte?	Accettate questa carta bancomat? [attschet'tate 'kueßta 'karta 'bankomat]

Firmi qua, per favore. ['firmi kua per fa'wore]	Bitte hier unterschreiben.
La Sua firma/Il Suo codice PIN, per favore. [la 'ßua 'firma/il 'ßuo 'kɔditsche pin per fa'wore]	Ihre *Unterschrift/PIN*, bitte.

Die EC-Karte heißt in Italien carta bancomat. Mit Ihrer EC-Karte können Sie in Italien an fast allen Automaten Geld abheben und in vielen Geschäften bargeldlos zahlen. Fragen Sie dennoch vorsichtshalber nach, ob die Bezahlung mit der EC-Karte erwünscht bzw. möglich ist.
Prinzipiell werden in Italien alle gängigen internationalen Kreditkarten akzeptiert. Fragen Sie aber auch hier im Einzelfall nach, ob eine Bezahlung per Kreditkarte möglich ist. Bei der Bezahlung mit der Kreditkarte kann es vorkommen, dass Sie nach einem Ausweis gefragt werden.
Für den Fall, dass Ihnen die EC- oder Kreditkarte abhanden kommt, sollten Sie die Telefonnummer des entsprechenden Sperr-Notrufs bei sich haben. Für Kunden deutscher Banken steht unter der Nummer 116 116 (aus dem Ausland: +49 116 116) eine zentraler Sperr-Notdienst zur Verfügung, bei dem im Notfall auch SIM-Karten gesperrt werden können.

L52	Ich sollte noch Wechselgeld bekommen.	Devo avere il resto. ['dewo a'were il 'räßto]
L53	Das Wechselgeld stimmt nicht.	Il resto è sbagliato. [il 'räßto ä sba'ljato]
L54	Es *fehlt/fehlen* ...	*Manca/Mancano* ... ['manka/'mankano]
L55	Kann ich bitte den Kassenbon haben?	Posso avere lo scontrino, per favore? ['pɔßßo a'were lo ßkon'trino per fa'wore]
L56	Mit der Rechnung stimmt etwas nicht.	Nel conto c'è un errore. [nel 'konto tschä un er'rore]
L57	Diesen Artikel habe ich nicht gekauft.	Non ho acquistato questo articolo. [non ɔ akkuiß'tato 'kueßto ar'tikolo]

Um den Preis handeln

Contrattare sul prezzo

In Geschäften ist das Handeln unüblich, es ist aber immer zulässig nach einem Rabatt (sconto) zu fragen. Auf den Straßenmärkten dürfen Sie gerne feilschen.

L58	Wie viel kostet das?	Quanto costa? ['ku̯anto 'kɔßta]
L59	Es tut mir leid, aber das ist zu teuer.	Mi dispiace, è troppo caro. [mi di'ßpjaːtsche ä 'trɔppo 'karo]
L60	Könnte ich eine Ermäßigung bekommen?	Posso avere uno sconto? ['pɔßßo a'were 'uno 'ßkonto]

Posso farLe uno sconto del ... %. ['pɔßßo 'farle 'uno 'ßkonto del ... per 'tschänto]	Ich kann Ihnen ... % Rabatt geben.

L61	Für ... nehme ich es.	Per ... lo prendo. [per ... lo 'prändo]
L62	Das ist mein letztes Angebot.	Questa è la mia ultima offerta. ['ku̯eßta ä la 'mia 'ultima of'färta]
L63	Ich muss es mir noch einmal überlegen.	Ci devo pensare ancora. [tschi 'devo pen'ßare an'kora]
L64	Abgemacht!	Affare fatto! [af'fare 'fatto]

Gekauftes umtauschen oder zurückgeben

Cambiare o restituire la merce acquistata

	Dieser Artikel ⍰.	Questo articolo ⍰. ['ku̯eßto ar'tikolo]
L65	☑ ist beschädigt	☑ è danneggiato [ä danned'dschato]
L66	☑ funktioniert nicht richtig	☑ è difettoso [ä difet'toso]

L67	☑ ist nicht, was ich wollte	☑ non è quello che cercavo [non ä 'kuello ke tscher'kawo]
	Ich möchte ⍰.	Vorrei ⍰. [wor'räi]
L68	☑ das umtauschen	☑ cambiarlo [kam'bjarlo]
L69	☑ das zurückgeben	☑ restituirlo [reßtitu'irlo]
L70	☑ mein Geld erstattet	☑ essere (m.) rimborsato/(f.) rimborsata ['äßßere rimbor'ßato/rimbor'ßata]
L71	Ein Gutschein wäre auch in Ordnung.	Anche un buono andrebbe bene. ['anke un 'buɔno an'dräbbe 'bäne]

Banca e posta
Bank und Post

Geld besorgen

Prelevare e cambiare denaro

In Italien können Sie in Banken, Postämtern und Wechselstuben Fremdwährungen in Euro umtauschen (und umgekehrt) oder größere Euroscheine wechseln lassen.
Mit EC-Karte und PIN kann man in Italien an vielen Automaten Geld abheben. Sie müssen jedoch mit Abhebungsgebühren rechnen. Ähnliches gilt für Kreditkarten. Einige deutsche Banken haben Partnerbanken in Italien, an deren Geldautomaten Sie gebührenfrei abheben können. Am besten Sie erkundigen sich bei Ihrer Bank nach der Höhe der Gebühren und möglichen Partnern im Ausland.

L72	Ich möchte das gern in *Euro/Schweizer Franken* umtauschen.	Vorrei cambiare questa somma in *euro/franchi svizzeri*. [wor'räi kam'bjare 'ku̯eßta 'ßomma in 'ä|uro/'franki 'swizzeri]
L73	Wie ist der Wechselkurs heute?	Com'è il cambio oggi? [ko'mä il 'kambjo 'ɔddschi]
L74	Wie hoch ist die Umrechnungsgebühr?	A quanto ammontano le spese? [a 'ku̯anto am'montano le 'ßpese]
	Ich hätte das Geld gern ⍰.	Vorrei la somma ⍰. [wor'räi la 'ßomma]
L75	☑ in kleinen Scheinen	☑ in banconote di piccolo taglio [in banko'nɔte di 'pikkolo 'taljo]
L76	☑ in Fünfzig- und Hundert-Euro-Scheinen	☑ in banconote da cinquanta e cento euro [in banko'nɔte da tschin'ku̯anta e 'tschänto 'ä|uro]
L77	Gibt es einen Geldautomaten in der Nähe?	C'è un bancomat qui vicino? [tschä un 'bankomat ku̯i wi'tschino]
L78	Wo ist die nächste Bank?	Dov'è la banca più vicina? [do'wä la 'banka pju wi'tschina]

In der Post

Alla posta

Für Postkarten und Briefe (bis 20 g) innerhalb Europas (die sogenannte posta prioritaria) zahlt man 0,65 € (Stand: 2011). Briefmarken erhalten Sie nicht nur bei der Post (die italienische Post heißt Poste italiane), sondern auch in Tabakläden und manchmal auch an Kiosken. Die italienischen Briefkästen erkennen Sie an der roten Farbe. Oft sind die Einwürfe unterteilt in per la città (Sendungen innerhalb des Stadtgebiets) und per tutte le altre destinazioni (für alle anderen Zielorte). Spezielle Auslandsbriefkästen sind blau gefärbt und mit der Aufschrift estero versehen.

	Ich bräuchte ⍰.	Avrei bisogno ⍰. [a'wräi bi'sonjo]
.79	☑ einen Briefumschlag	☑ di una busta [di 'una 'bußta]
.80	☑ eine Briefmarke	☑ di un francobollo [di un franko'bollo]
.81	☑ die passende Briefmarke nach ...	☑ del francobollo per ... [del franko'bollo per]
	Ich möchte ⍰ aufgeben.	Vorrei spedire ⍰. [wor'räi ßpe'dire]
.82	☑ diese Postkarte	☑ questa cartolina ['kueßta karto'lina]
.83	☑ diesen Brief	☑ questa lettera ['kueßta 'lättera]
.84	☑ dieses Päckchen	☑ questo pacco ['kueßto 'pakko]
.85	nach Deutschland/ nach Österreich/in die Schweiz	in Germania/in Austria/in Svizzera [in dscher'manja/in 'außtrja/in 'swizzera]
.86	Welche Briefmarke brauche ich dafür?	Quanto costa l'affrancatura? ['kuanto 'kɔßta laffranka'tura]

Tempo libero
Freizeitaktivitäten

Ganz allgemein

In generale

	Wie viel kostet der Eintritt für ☐?	Quanto costa l'ingresso per ☐? ['kuanto 'kɔßta lin'gräßßo per]
101	☑ Kinder	☑ i bambini [i bam'bini]
102	☑ Studenten	☑ gli studenti [lji ßtu'dänti]
103	☑ Erwachsene	☑ gli adulti [lji a'dulti]
104	☑ Senioren	☑ gli anziani [lji an'zjani]
105	☑ Gruppen	☑ i gruppi [i 'gruppi]
106	Gibt es eine Ermäßigung?	È prevista una riduzione? [ä pre'wißta 'una ridu'zjone]
107	Zwei Erwachsene und ein Kind, bitte.	Due adulti e un bambino, per favore. ['due a'dulti e un bam'bino per fa'wore]
	Wann *öffnet/schließt* ☐?	Quando *apre/chiude* ☐? ['kuando 'apre/'kjude]
108	☑ das Museum	☑ il museo [il mu'säo]
109	☑ die Ausstellung	☑ la mostra [la 'moßtra]
110	☑ der Themenpark	☑ il parco tematico [il 'parko te'matiko]
111	☑ der Vergnügungspark	☑ il parco divertimenti [il 'parko diverti'menti]
	Gibt es ☐?	C'è ☐? [tschä]
112	☑ einen Geschenkladen	☑ un negozio di souvenir [un ne'gɔzjo di ßuwe'nir]
113	☑ ein Café	☑ un bar [un bar]
114	☑ ein Restaurant	☑ un ristorante [un rißto'rante]
115	☑ eine Garderobe	☑ un guardaroba [un guarda'rɔba]

Ingresso vietato ai bambini. [in'gräßßo wje'tato ai bam'bini]	Kinder haben keinen Zutritt.

Ammessi solamente se accompagnati da ⍰. [am'meßßi ßola'mente ße akkompa'njati da]	Nur in Begleitung ⍰.
☑ un adulto [un a'dulto]	☑ eines Erwachsenen
☑ un genitore [un dscheni'tore]	☑ eines Elternteils
☑ una persona autorizzata ['una per'ßona autoriz'zata]	☑ eines Erziehungsberechtigten

M16	Was kostet *der Kurs/eine Unterrichtsstunde/die Teilnahme*?	Quanto costa *il corso/una lezione/partecipare*? ['kuanto 'kɔßta il 'korßo/una le'zjone/partetschi'pare]
M17	Ich möchte eine Stadtrundfahrt machen.	Vorrei fare un giro turistico della città. [wor'räi 'fare un 'dschiro tu'rißtiko 'della tschit'ta]

Sport

Sport

	Wo können wir ⍰ spielen?	Dove possiamo giocare a ⍰? ['dowe poß'ßjamo dscho'kare a]
M18	☑ Beachvolleyball	☑ beachvolley [biːtsch'wolläi]
M19	☑ Volleyball	☑ pallavolo [palla'wolo]
M20	☑ Fußball	☑ calcio ['kaltscho]
M21	☑ Golf/Minigolf	☑ golf/minigolf [gɔlf/mini'gɔlf]
M22	☑ Tennis	☑ tennis ['tänniß]
M23	Darf ich mitspielen?	Posso giocare anch'io? ['pɔßßo dscho'kare ank'io]
M24	Ich würde gern eine Bergtour machen.	Vorrei fare un'escursione in montagna. [wor'räi 'fare uneßkur'ßjone in mon'tanja]
M25	Können Sie uns einen *schönen/kurzen* Wanderweg empfehlen?	Potete consigliarci un *bel/breve* percorso da trekking? [po'tete konßi'ljartschi un bäl/'bräwe per'korßo da 'träkking]

	Wo kann man ☐?	Dove possiamo ☐? ['dowe poß'ßjamo]
26	☑ eine Wanderkarte bekommen	☑ trovare una mappa dei sentieri da trekking [tro'ware 'una 'mappa 'dei ßen'tjäri da 'träkking]
27	☑ angeln	☑ pescare [peß'kare]
28	☑ ein *Fahrrad/Mountainbike* mieten	☑ noleggiare una *bicicletta/mountain-bike* [noled'dschare 'una bitschi'kletta/'mauntin-baik]
29	☑ gut joggen	☑ fare jogging ['fare 'dschɔgging]
30	☑ reiten	☑ andare a cavallo [an'dare a ka'wallo]
31	Gibt es in der Nähe eine Reitschule?	C'è un maneggio qui vicino? [tschä un maned'dscho kui wi'tschino]

Wassersport

Sport acquatici

	Ich würde gern ☐.	Vorrei ☐. [wor'räi]
32	☑ Kajak fahren	☑ fare canoa ['fare ka'nɔa]

M33	☑ kitesurfen	☑ fare kitesurf ['fare 'kaitßörf]
M34	☑ segeln	☑ andare in barca a vela [an'dare in 'barka a 'wela]
M35	☑ tauchen	☑ fare immersioni ['fare immer'ßjoni]
M36	☑ Wasserski fahren	☑ fare sci nautico ['fare schi 'nau̯tiko]
M37	☑ windsurfen	☑ fare windsurf ['fare 'windsörf]
	Ich möchte ⍰ mieten.	Vorrei noleggiare ⍰. [wor'räi noled'dschare]
M38	☑ ein Kajak	☑ una canoa ['una ka'nɔa]
M39	☑ einen Katamaran	☑ un catamarano [un katama'rano]
M40	☑ ein Motorboot	☑ una barca a motore ['una 'barka a mo'tore]
M41	☑ ein Ruderboot	☑ una barca a remi ['una 'barka a 'rämi]
M42	☑ ein Segelboot	☑ una barca a vela ['una 'barka a 'wela]
M43	☑ ein Surfbrett	☑ una tavola da surf ['una 'tawola da ßörf]
M44	☑ ein Tretboot	☑ un pattino [un pat'tino]
M45	☑ eine Taucheraus-rüstung	☑ un'attrezzatura da sub [unattrezza'tura da ßub]
M46	Wie ist der Wellengang?	Com'è il moto ondoso? [kɔ'ma il 'mɔto on'doso]
M47	Gibt es hier gefährliche Strömungen?	Ci sono correnti pericolose? [tschi 'ßono kor'ränti periko'lose]
M48	Ich möchte schwimmen gehen.	Vorrei andare a nuotare. [wor'räi an'dare a nu̯o'tare]
M49	Gibt es ein *Freibad/ Hallenbad* in der Nähe?	C'è una *piscina/piscina coperta* qui vicino? [tschä 'una pi'schina/pi'schina ko'pärta ku̯i wi'tschino]
M50	Ist das das Nichtschwimmerbecken?	È una vasca per i non nuotatori? [ä 'una 'waßka per i non nu̯ota'tori]
M51	Gibt es ein Kinderbecken?	C'è una vasca per i bambini? [tschä 'una 'waßka per i ba'mbini]
	Wo sind die ⍰?	Dove sono ⍰? ['dowe 'ßono]

52	☑ Duschen	☑ le docce [le 'dottsche]
53	☑ Umkleideräume	☑ gli spogliatoi [lj ßpolja'to:i]
54	☑ Schließfächer	☑ gli armadietti [lj arma'djetti]
55	Wo bekomme ich *die passende Münze/den Chip*?	Dove posso cambiare *la moneta/il gettone*? ['dowe 'pɔßßo kam'bjare la mo'neta/il dschet'tone]

Wintersport

Sport invernali

56	Wo befindet sich der Skilift?	Dov'è la sciovia? [do'wa la schio'wia]
57	Um wieviel Uhr ist die letzte *Bergfahrt/Talfahrt*?	A che ora c'è l'ultima *salita/discesa*? [a ke 'ora tschä 'lultima ßa'lita/di'schesa]
	Ich würde gern ⍰.	Vorrei ⍰. [wor'räi]
58	☑ einen *Tagespass/Wochenpass* kaufen	☑ uno skipass *giornaliero/settimanale* ['uno 'ßkipaß dschorna'ljäro/ßettima'nale]
59	☑ einen Skikurs machen	☑ fare un corso di sci ['fare un 'korßo di schi]
60	☑ Ski laufen	☑ sciare [schi'are]
61	☑ Schlittschuh laufen	☑ pattinare (sul ghiaccio) [patti'nare (ßul 'gjattscho)]
62	☑ Schlitten fahren	☑ andare in slitta [an'dare in 'slitta]
63	Gibt es eine *Eisbahn/Rodelbahn*?	C'è una pista di *pattinaggio sul ghiaccio/slittino*? [tschä 'una 'pißta di patti'naddscho ßul 'gjattscho/slit'tino]
	Ich möchte ⍰ ausleihen.	Vorrei noleggiare ⍰. [wor'räi noled'dschare]
64	☑ ein Paar Ski	☑ un paio di sci [un 'pajo di schi]
65	☑ Skischuhe	☑ un paio di scarponi [un 'pajo di ßkar'poni]

M66	☑ ein Snowboard	☑ uno snowboard ['uno 'snoubo̯ard]
M67	☑ ein Paar Langlauf-ski	☑ un paio di sci da fondo [un 'pajo di schi da 'fondo]
M68	☑ Schlittschuhe	☑ un pajo di pattini [un 'pajo di 'pattini]
M69	☑ einen Schlitten	☑ una slitta ['una 'slitta]

Am Strand

In spiaggia

M70	Wie komme ich zum Strand?	Come arrivo alla spiaggia? ['kome ar'riwo 'alla 'ßpjaddscha]
M71	Darf man hier schwimmen?	È consentito fare il bagno qui? [ä konßen'tit 'fare il 'banjo kui̯]

C'è alta marea. [tschä 'alta ma'räa]	Es ist Flut.

	C'è bassa marea. [tschä 'baßßa ma'räa]	Es ist Ebbe.

M72	Gibt es gefährliche *Strömungen/Quallen*?	Ci sono *correnti/meduse* pericolose? [tschi 'ßono kor'renti/me'duse periko'lose]
	Ich möchte ⍰ *kaufen/mieten*.	Vorrei *comprare/noleggiare* ⍰. [wor'räi kom'prare/noled'dschare]
M73	☑ einen Sonnenschirm	☑ un ombrellone [un ombrel'lone]
M74	☑ einen Strandstuhl	☑ una (sedia a) sdraio ['una ('ßädja a) 'sdrajo]
M75	☑ eine Umkleidekabine	☑ una cabina ['una ka'bina]

Wellness

Relax e benessere

	Ich möchte ⍰.	Vorrei ⍰. [wor'räi]
N01	☑ ein Dampfbad nehmen	☑ fare un bagno turco ['fare un 'banjo 'turko]
N02	☑ eine Massage buchen	☑ prenotare un massaggio [preno'tare un maß'ßaddscho]
N03	☑ *ein Handtuch/einen Bademantel* leihen	☑ noleggiare *un asciugamano/un accappatoio* [noled'dschare un aschuga'mano/un akkappa'tojo]
N04	☑ die Sauna benutzen	☑ utilizzare la sauna [utiliz'zare la 'sauna]
N05	☑ in die Therme gehen	☑ andare alle terme [an'dare 'alle 'tärme]
	Ich hätte gern ⍰.	Vorrei ⍰. [wor'räi]
N06	☑ ein *Gesichtspeeling/Körperpeeling*	☑ un peeling del *viso/corpo* [un 'piling del 'wiso/'kɔrpo]
N07	☑ eine *Maniküre/Pediküre*	☑ una *manicure/pedicure* ['una mani'kure/pedi'kure]

	Bieten Sie ⍰ an?	Offrite anche ⍰? [of'frite 'anke]
N08	☑ Ayurveda-Anwendungen	☑ trattamenti ayurvedici [tratta'menti ajur'wäditschi]
N09	☑ Anwendungen mit Naturkosmetik	☑ trattamenti con cosmetici naturali [tratta'menti kon koß'mätitschi natu'rali]
	Ich würde gern ⍰ teilnehmen.	Vorrei partecipare ⍰. [wor'räi partetschi'pare]
N10	☑ am *Yogaunterricht/Pilatesunterricht*	☑ a una lezione di *yoga/pilates* [a 'una le'zjone di 'jɔga/pi'lates]
N11	☑ an der Meditation	☑ alla meditazione ['alla medita'zjone]

Museen und Ausstellungen

Musei e mostre

Der Eintritt in italienische Museen ist kostenlos für Bürger der EU bis 18 und über 65; junge Erwachsene bis zu 25 Jahren erhalten bei Vorlage des Ausweises 50 % Ermäßigung. Europäische Studenten, die an Instituten der Fachrichtungen Kunst, Architektur, Archäologie bzw. Literatur eingeschrieben sind, erhalten gegen Vorlage des Studentenausweises ebenfalls kostenfreien Eintritt. Das gilt auch für Menschen mit einer Behinderung und deren Begleiter. In der Settimana per la cultura (Kulturwoche) und der Giornata del Patrimonio (Tag des offenen Denkmals) ist der Eintritt für alle Besucher gratis.

N12	Ich möchte mir diese Ausstellung ansehen.	Vorrei visitare la mostra. [wor'räi wisi'tare la 'moßtra]
N13	Wir gehen *ins Museum/in die Galerie/in den Zoo.*	Andiamo *al museo/alla galleria/allo zoo.* [an'djamo al mu'säo/alla galle'ria/allo 'zɔː]
N14	Ist im Preis der Eintrittskarte die Sonderausstellung inbegriffen?	Nel biglietto d'ingresso è compresa anche la visita dell'esposizione temporanea? [nel bi'ljetto din'gräßßo ä kom'preßa 'anke la 'wisita delleßposi'zjone tempo'ranea]
N15	Verkaufen Sie zu dieser Ausstellung einen Katalog?	Vendete il catalogo della mostra? [wen'dete il ka'talogo 'della 'moßtra]
N16	Ich möchte einen Ausstellungskatalog kaufen.	Vorrei comprare il catalogo della mostra. [wor'räi kom'prare il ka'talogo 'della 'moßtra]
	Ich interessiere mich für ⍰.	Mi interessa ⍰. [mi inte'räßßa]
N17	☑ Gemälde	☑ la pittura [la pit'tura]
N18	☑ Skulpturen	☑ la scultura [la ßkul'tura]
N19	☑ Geschichte	☑ la storia [la 'ßtɔrja]

N20	☑ naturwissenschaftliche Ausstellungen	☑ il museo della scienza e della tecnica [il mu'säo 'della 'schänza e 'della 'täknika]

Nachtleben

Vita notturna

N21	Wir möchten tanzen gehen.	Vorremmo andare a ballare. [wor'remmo an'dare a bal'lare]
N22	Welche Musik läuft in diesem Club?	Quale musica si suona in questo locale? ['kuale 'musika ßi 'ßuɔna in 'kueßto lo'kale]
N23	Was für Leute gehen dorthin?	Che tipo di persone lo frequentano? [ke 'tipo di per'ßone lo fre'kuentano]
N24	Was zieht man da an?	Qual è l'abbigliamento richiesto? [kual ä labbilja'mento ri'kjäßto]
N25	Wann macht der Club auf?	Quando apre il locale? ['kuando 'apre il lo'kale]
N26	Das ist ein *Schwulen-/Lesben*treffpunkt.	È un locale *gay/per lesbiche*. [ä un lo'kale gäi/per 'läsbike]
N27	Hier ist nichts los.	Qui non c'è vita. [kui non tschä 'wita]
N28	Können wir woanders hingehen?	Possiamo andare da qualche altra parte? [poß'ßjamo an'dare da 'kualke 'altra 'parte]
N29	Lass uns einen trinken gehen!	Andiamo a bere qualcosa! [an'djamo a 'bere kual'kɔßa]
N30	*Kennen Sie/Kennst du* eine nette Kneipe?	*Conosce/Conosci* un buon locale? [ko'nosche/ko'noschi un buɔn lo'kale]
N31	Hier gefällt's mir.	Qui mi piace. [kui mi 'pjaːtsche]

Kino, Theater, Konzert

Cinema, teatri e concerti

N32	Ich würde gern ins *Kino/Theater* gehen.	Vorrei andare *al cinema/a teatro*. [wor'räi an'dare al 'tschinema/a te'atro]

N33	Was läuft gerade?	Cosa danno in questi giorni? ['kɔßa 'danno in 'kuеßti 'dschorni]
	Ich möchte ⍰ sehen.	Vorrei vedere ⍰. [wor'räi we'dere]
N34	☑ einen Abenteuer-film	☑ un film d'avventura [un film dawwen'tura]
N35	☑ einen Horrorfilm	☑ un film horror [un film 'ɔrrɔr]
N36	☑ eine Komödie	☑ una commedia ['una kom'mädja]
N37	☑ eine Liebesge-schichte	☑ una storia d'amore ['una 'ßtɔrja da'more]
N38	☑ einen Science-Fic-tion-Film	☑ un film di fantascienza [un film di fanta'schänza]
N39	☑ eine Tragödie	☑ una tragedia ['una tra'dschädja]
N40	☑ einen Trickfilm	☑ un cartone animato [un kar'tone ani'mato]
N41	Wann fängt *der Film/das Stück/das Kon-zert* an?	Quando comincia *il film/la rappresenta-zione/il concerto*? ['kuando ko'mintscha il film/la rappresenta'zjone/il kon'tschärto]

Comincia alle ... [ko'mintscha 'alle]	Er/Es fängt um ... Uhr an.

N42	Wann ist er/es zu Ende?	Quando finisce? ['ku̯ando fi'nische]
N43	Wir könnten *in die Oper/zum Konzert* gehen.	Potremmo andare *all'opera/al concerto*. [po'tremmo an'dare al'ɔpera/al kɔn'tschärto]
	Gibt es noch Karten für ⍰?	Ci sono ancora biglietti per ⍰? [tschi 'ßono an'kora bi'ljetti per]
N44	☑ die Abendvorstellung	☑ la rappresentazione serale [la rappresenta'zjone ße'rale]
N45	☑ die Matinée	☑ la matinée [la mati'neː]
	Wie viel kosten Plätze ⍰?	Quanto costano i posti ⍰? ['ku̯anto 'kɔßtano i 'poßti]
N46	☑ in den vorderen Reihen	☑ nelle prime file ['nelle 'prime 'file]
N47	☑ in der Loge	☑ nei palchi ['nei 'palki]
N48	☑ in der Mitte	☑ al centro [al 'tschäntro]
N49	☑ im Parkett	☑ in platea [in pla'täa]
N50	☑ im ersten Rang *(Theater)*	☑ in galleria [in galle'ria]
N51	☑ im ersten Rang *(Kino)*	☑ nel primo ordine di palchi [nel 'primo 'ordine di 'palki]
N52	☑ in der Galerie	☑ nel loggione [nel lod'dschone]
N53	Gibt es auch Stehplätze?	Ci sono anche posti in piedi? [tschi 'ßono 'anke 'poßti in 'pjädi]
N54	Ich hätte gern ein Programm.	Vorrei un programma. [wor'räi un pro'gramma]

Emergenze
Notfälle

Notruf

Chiamate d'emergenza

Die wichtigste Notrufnummer in Italien ist die 112. Damit erreichen Sie die Vermittlungszentrale der Carabinieri (eine der beiden italienischen Polizeieinheiten), die Sie je nach Bedarf an die weiteren Rettungsdienste weiterleitet. Über die 113 erreichen Sie direkt die Polizia di Stato (Staatspolizei). Die Feuerwehr (Vigili del Fuoco) alamieren Sie mit der Nummer 115 und den Rettungsdienst (Emergenza sanitaria) mit der 118.

001	Verbinden Sie mich mit *dem Rettungsdienst/der Polizei/der Feuerwehr*!	Passatemi *il servizio ambulanze/la polizia/i vigili del fuoco*! [paß'ßatemi il ßer'wizjo ambu'lanze/la poli'zia/i 'widschili del 'fuɔko]
002	Kommen Sie schnell zu ...	Venite al più presto in ... [we'nite al pju 'präßto in]
003	Es hat *einen Unfall/eine Schlägerei* gegeben.	C'è stato *un incidente/una rissa*. [tschä 'ßtato un intschi'dänte/'una 'rißßa]
004	Es brennt!	C'è un incendio! [tschä un in'tschendjo]
005	Hilfe!	Aiuto! ['ajuto]

Auf der Polizeiwache

Alla stazione di polizia

	Ich möchte ☐.	Vorrei ☐. [wor'räi]
006	☑ jemanden anzeigen	☑ sporgere denuncia contro qualcuno ['ßpɔrdschere de'nuntscha 'kontro kual'kuno]
007	☑ eine Aussage machen	☑ fare una deposizione ['fare 'una deposi'zjone]

008	☑ *einen Diebstahl/ eine Schlägerei* melden	☑ denunciare *un furto/una rissa* [denun'tschare un 'furto/'una 'rißßa]
009	☑ eine Vermisstenanzeige machen	☑ fare una denuncia di smarrimento ['fare 'una de'nuntscha di smarri'mento]
010	☑ einen Anwalt	☑ un avvocato [un awwo'kato]
011	☑ einen Telefonanruf tätigen	☑ effettuare una telefonata [effettu'are 'una telefo'nata]
	Mir wurde mein/ meine ⍰ gestohlen.	Mi hanno rubato ⍰. [mi 'anno ru'bato]
012	☑ Auto	☑ l'automobile [lau̯to'mɔbile]
013	☑ Brieftasche	☑ il portafoglio [il porta'fɔljo]
014	☑ Geldbeutel	☑ il portamonete [il portamo'nete]
015	☑ Handy	☑ il cellulare [il tschellu'lare]
016	☑ Handtasche	☑ la borsa [la 'borßa]
	Ich wurde ⍰.	Sono (m.) stato/(f.) stata ⍰. ['ßono 'ßtato/ 'ßtata]
017	☑ ausgeraubt	☑ (m.) derubato/(f.) derubata [deru'bato/ deru'bata]
018	☑ verprügelt	☑ (m.) picchiato/(f.) picchiata [pik'kjato/ pik'kjata]
019	☑ vergewaltigt	☑ (m.) violentato/(f.) violentata [wjolen'tato/ wjolen'tata]
020	Es gibt einen Zeugen.	C'è un testimone. [tschä un teßti'mɔne]
021	Es gibt keinen Zeugen.	Non c'è un testimone. [non tschä un teßti'mɔne]

Beim Arzt und im Krankenhaus

Dal medico e in ospedale

022	Ich brauche einen Arzt.	Ho bisogno di un medico. [ɔ bi'sonjo di un 'mädiko]

	Wo ist ☐?	Dov'è ☐? [do'wä]
023	☑ die nächste Arztpraxis	☑ l'ambulatorio medico più vicino [lambula'tɔrjo 'mädiko pju wi'tschino]
024	☑ das nächste Krankenhaus	☑ l'ospedale più vicino [loßpe'dale pju wi'tschino]
025	☑ die nächste Unfallchirurgie	☑ la chirurgia d'urgenza più vicina [la kirur'dschia dur'dschänza pju wi'tschina]
026	☑ die nächste Notaufnahme	☑ il pronto soccorso più vicino [il 'pronto ßok'korßo pju wi'tschino]
	Können Sie mir einen ☐ empfehlen?	Mi può consigliare un ☐? [mi pu̯ɔ konsi'ljare un]
027	☑ Allgemeinmediziner	☑ medico di base ['mädiko di 'base]
028	☑ Augenarzt	☑ oculista [oku'lißta]
029	☑ Hautarzt	☑ dermatologo [derma'tɔlogo]
030	☑ Kinderarzt	☑ pediatra [pe'djatra]

Eine Auslandskrankenversicherung, die auch den Transport in die Heimat miteinschließt, ist auf Reisen immer eine gute Idee.
In Italien können EU-Bürger im Notfall die Versorgung durch den Servizio sanitario nazionale beanspruchen. Die Vorlage des Personalausweises oder Reisepasses genügt, doch es ist empfehlenswert, sich bei seiner Krankenkasse die europäische Versicherungskarte (EHIC) bzw. eine Ersatzbescheinigung zu besorgen.
Im medizinischen Notfall begeben Sie sich am besten zur Notaufnahme (pronto soccorso) des nächstgelegen Krankenhauses (diese Dienstleistung ist in Italien kostenlos).

031	Das ist meine Versichertenkarte.	Questa è la mia tessera sanitaria. ['kuеßta ä la 'mia 'täßßera ßani'tarja]
032	Das ist meine Krankenversicherung.	Questa è la mia assicurazione sanitaria. ['kueßta ä la 'mia aßßikura'zjone ßani'tarja]

Si accomodi in sala d'aspetto, per favore. [ßi ak'kɔmodi in 'ßala daß'pätto per fa'wore]	Bitte nehmen Sie im Wartezimmer Platz.

033	Ich würde lieber mit einer Ärztin sprechen.	Preferirei parlare con una dottoressa. [preferi'räi par'lare kon 'una dotto'reßßa]
034	Ich hatte einen Unfall.	Ho avuto un incidente. [ɔ a'wuto un intschi'dänte]
035	Ich habe (starke) Schmerzen.	Ho (forti) dolori. [ɔ ('fɔrti) do'lori]
	Es ist ein ⍰ Schmerz.	È un dolore ⍰. [ä un do'lore]
036	☑ andauernder/ständiger	☑ continuo/costante [kon'tinuo/ko'ßtante]
037	☑ brennender	☑ che brucia [ke bru'tscha]
038	☑ dumpfer	☑ sordo ['ßordo]
039	☑ stechender	☑ pungente [pun'dschente]

Fa male? [fa 'male]	Tut das weh?

040	Hier tut es weh.	Mi fa male qui. [mi fa 'male kui]
041	Das tut weh!	Fa male! [fa 'male]
	Ich habe mir ⍰ gebrochen.	Mi sono (m.) rotto/(f.) rotta ⍰. [mi 'ßono 'rotto/'rotta]
	Ich habe mir ⍰ verstaucht.	Mi sono (m.) slogato/(f.) slogata ⍰. [mi 'ßono slo'gato/slo'gata]
042	☑ den *linken/rechten* Arm	☑ il braccio *sinistro/destro* [il 'brattscho ßi'nißtro/'däßtro]
043	☑ die Hand/den Finger/den Daumen	☑ la mano/il dito/il pollice [la 'mano/il 'dito/il 'pɔllitsche]

044	☑ das Bein/den Fuß/ den großen Zeh	☑ la gamba/il piede/l'alluce [la 'gamba/il 'pjäde/'lallutsche]
045	☑ die Rippe/das Schlüsselbein/die Schulter	☑ la costola/la clavicola/la spalla [la 'kɔßtola/la kla'wikola/la 'ßpalla]
046	Ich möchte, dass das geröntgt wird.	Vorrei fare una lastra. [wor'räi 'fare 'una 'laßtra]

È incinta? [ä in'tschinta]	Sind Sie schwanger?

047	Ich fühle mich schwach.	Mi sento debole. [mi 'ßänto 'debole]
048	Mir ist *schwindelig/übel*.	Ho *le vertigini/la nausea*. [ɔ le wer'tidschini/la 'nausea]
049	Ich musste mich übergeben.	Ho vomitato. [ɔ womi'tato]
050	Ich war ohnmächtig.	Sono (m.) svenuto/(f.) svenuta. ['ßono swe'nuto/swe'nuta]
051	Mein *Bauch/Rücken* tut weh.	Mi fa male *la pancia/la schiena*. [mi fa 'male la 'pantscha/la 'ßkjäna]
052	Ich habe Kopfschmerzen.	Ho mal di testa. [o mal di 'täßta]
053	Er/Sie hat Fieber.	Ha la febbre. [a la 'fäbbre]
	Können Sie mir ⍰ *geben/verschreiben*?	Mi può *dare/prescrivere* ⍰? [mi puo 'dare/pre'ßkriwere]
054	☑ Antibiotika	☑ antibiotici [anti'bjɔtitschi]
055	☑ etwas gegen ...	☑ qualcosa contro ... [kual'kɔßa 'kontro]
056	☑ Schmerzmittel	☑ antidolorifici [antidolo'rifitschi]
057	Ich habe Angst vor Spritzen.	Ho paura delle iniezioni. [ɔ pa'ura 'delle inje'zjoni]
058	Ich bin Diabetiker.	Sono (m.) diabetico/(f.) diabetica. ['ßono dja'bätiko/dja'bätika]

059	Ich bin Epileptiker.	Sono (m.) epilettico/(f.) epilettica. ['ßono epi'lättiko/epi'lättika]
060	Er/Sie braucht dringend *Insulin/Medikamente*.	Ha bisogno urgentemente di *insulina/farmaci*. [a bi'sonjo urdschänte'mente di inßu'lina/'farmatschi]

Assume farmaci? [aß'ßume 'farmatschi]	Nehmen Sie irgendwelche Medikamente ein?

061	Ja, ich nehme ...	Sì, prendo ... [ßi 'prändo]

Ha/Hai allergie? [a/ai aller'dschie]	*Haben Sie/Hast du* irgendwelche Allergien?

	Ich bin allergisch gegen ☐.	Sono (m.) allergico/(f.) allergica ☐. ['ßono al'lärdschiko/al'lärdschika]
062	☑ Insektenstiche	☑ alle punture d'insetto ['alle pun'ture din'ßätto]
063	☑ Penizillin	☑ alla penicillina ['alla penitschil'lina]
	Ich habe ☐.	Ho ☐. [ɔ]
064	☑ Asthma	☑ l'asma ['lasma]
065	☑ Atembeschwerden	☑ problemi respiratori [pro'blämi reßpira'tɔri]
066	☑ Durchfall	☑ la diarrea [la djar'räa]
067	☑ eine Entzündung	☑ un'infiammazione [uninfjamma'zjone]
068	☑ eine Infektion	☑ un'infezione [uninfe'zjone]
069	☑ eine Erkältung	☑ un raffreddore [un raffred'dore]
070	☑ Grippe	☑ l'influenza [linflu'änza]
071	☑ einen (*schmerzhaften/brennenden*) Hautausschlag	☑ un'eruzione cutanea (*dolorosa/che brucia*) [uneru'zjone ku'tanea (dolo'rosa/ke 'brutscha)]

072	☑ Heuschnupfen	☑ il raffreddore da fieno [il raffred'dore da 'fjäno]
073	☑ Husten	☑ la tosse [la 'toßße]
074	☑ einen (tiefen) Schnitt	☑ un taglio (profondo) [un 'taljo pro'fondo]
075	☑ einen Sonnenbrand	☑ una scottatura ['una skotta'tura]
076	☑ eine Verbrennung	☑ un'ustione [unuß'tjone]
077	☑ eine Wunde	☑ una ferita ['una fe'rita]
078	Ich habe mich verbrannt.	Mi sono [m.] ustionato/[f.] ustionata. [mi 'ßono ußtjo'nato/ußtjo'nata]
079	Vielleicht habe ich einen Sonnenstich.	Forse ho preso un colpo di sole. ['forße ɔ 'preso un 'kolpo di 'ßole]
080	Ich bin erkältet.	Sono [m.] raffreddato/[f.] raffreddata. ['ßono raffred'dato/raffred'data]

La/Ti devo ricoverare in ospedale. [la/ti 'dewo rikowe'rare in oßpe'dale]	Ich muss *Sie/dich* ins Krankenhaus einweisen.
Dev'essere ♂ operato/♀ operata. [de'wäßßere ope'rato/ope'rata]	Sie müssen operiert werden.

081	Wann werde ich operiert?	Quando verrò [m.] operato/[f.] operata? ['ku̯ando wer'rɔ ope'rato/ope'rata]

Qual è il suo gruppo sanguigno? [ku̯al ä il 'ßuo 'gruppo ßan'gu̯injo]	Welche Blutgruppe haben Sie?

082	Meine Blutgruppe ist A/B/AB/0 positiv/negativ.	Il mio gruppo sanguigno è A/B/AB/0 positivo/negativo. [il 'mio 'gruppo ßan'gu̯injo ä a/bi/a bi/'zäro posi'tiwo/nega'tiwo]
083	Ich will keine Bluttransfusion.	Non voglio una trasfusione. [non 'wɔljo 'una traßfu'sjone]

084	Wann darf ich aufstehen?	Quando posso alzarmi? ['kuando 'pɔßßo 'alzarmi]
085	Schwester, ich brauche Hilfe!	Infermiera, ho bisogno d'aiuto! [infer'mjära ɔ bi'sonjo d'ajuto]
086	Wann werde ich entlassen?	Quando verrò (m.) dimesso/(f.) dimessa? [kuando wer'ro di'meßßo/di'meßßa]

È ♂ stato vaccinato/♀ stata vaccinata contro ⍰? [ä 'ßtato wattschi'nato/'ßtata wattschi'nata 'kontro]	Sind Sie gegen ⍰ geimpft?

	Ja, ich bin/Nein, ich bin nicht gegen ⍰ geimpft.	*Sì, sono/No, non sono* (m.) vaccinato/(f.) vaccinata contro ⍰. [ßi 'ßono/no non 'ßono wattschi'nato/watschi'nata 'kontro]
087	☑ Diphtherie	☑ la difterite [la difte'rite]
088	☑ Hepatitis A/B	☑ l'epatite A/B [lepa'tite a/bi]
089	☑ Masern	☑ il morbillo [il mor'billo]
090	☑ Polio	☑ la polio [la 'pɔlio]
091	☑ Röteln	☑ la rosolia [la roso'lia]
092	☑ Tetanus	☑ il tetano [il 'tätano]
093	☑ Tollwut	☑ la rabbia [la 'rabbja]

Beim Zahnarzt

Dal dentista

P01	Kennen Sie einen guten Zahnarzt?	Conosce un buon dentista? [ko'nosche un buɔn den'tißta]
P02	Ich habe Zahnschmerzen.	Ho mal di denti. [ɔ mal di 'dänti]
P03	Das Zahnfleisch ist entzündet.	Ho le gengive infiammate. [ɔ le dschen'dschiwe infjam'mate]

P04	Mir ist eine Füllung herausgefallen.	Ho perso un'otturazione. [ɔ 'pärßo unottura'zjone]
P05	Mir ist ein Stück *vom Zahn/von der Krone* abgebrochen.	Mi si è rotto un pezzo *di dente/di corona*. [mi ßi ä 'rotto un 'päzzo di 'dänte/di ko'rona]
P06	Könnten Sie das provisorisch behandeln?	Può farmi una cura provvisoria? [puɔ 'farmi 'una 'kura prowwi'sɔrja]
P07	Ich möchte eine Betäubung.	Vorrei un'anestesia. [wor'räi unaneßte'sia]

Gefährliche Tiere und giftige Pflanzen

Animali pericolosi e piante velenose

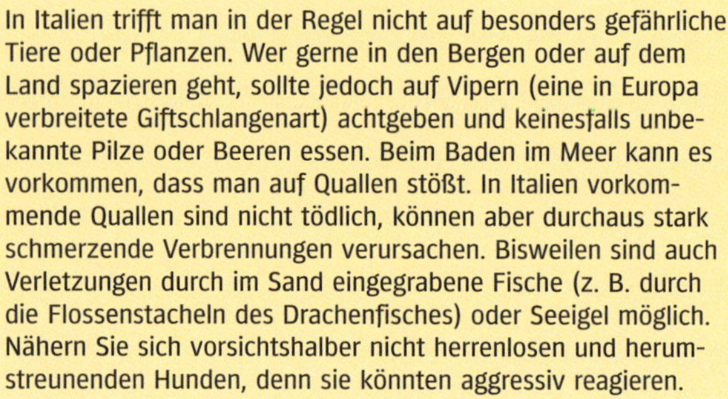

In Italien trifft man in der Regel nicht auf besonders gefährliche Tiere oder Pflanzen. Wer gerne in den Bergen oder auf dem Land spazieren geht, sollte jedoch auf Vipern (eine in Europa verbreitete Giftschlangenart) achtgeben und keinesfalls unbekannte Pilze oder Beeren essen. Beim Baden im Meer kann es vorkommen, dass man auf Quallen stößt. In Italien vorkommende Quallen sind nicht tödlich, können aber durchaus stark schmerzende Verbrennungen verursachen. Bisweilen sind auch Verletzungen durch im Sand eingegrabene Fische (z. B. durch die Flossenstacheln des Drachenfisches) oder Seeigel möglich. Nähern Sie sich vorsichtshalber nicht herrenlosen und herumstreunenden Hunden, denn sie könnten aggressiv reagieren.

	Ich wurde von ⍰ gebissen.	Sono (m.) stato morso/(f.) stata morsa da ⍰. ['ßono 'ßtato 'mɔrßo/'ßtata 'mɔrßa da]
P08	☑ einem streunenden Hund	☑ un cane randagio [un 'kane ran'dadscho]
P09	☑ einer Viper	☑ una vipera ['una 'wipera]

	Ich wurde von ⍰ gestochen.	Sono (m.) stato punto/(f.) stata punta da ⍰. ['ßono 'ßtato 'punto/'ßtata 'punta da]
P10	☑ einer Bremse	☑ un tafano [un 'tafano]
P11	☑ einem Fisch	☑ un pesce [un 'pesche]
P12	☑ einer Qualle	☑ una medusa ['una me'dusa]
P13	☑ einem Seeigel	☑ un riccio di mare [un 'rittscho di 'mare]
P14	☑ einem Skorpion	☑ uno scorpione ['uno ßkor'pjone]
P15	☑ einer Wespe	☑ una vespa ['una 'wäßpa]
P16	☑ einer Zecke	☑ una zecca ['una 'zekka]
	Aus Versehen habe ich ⍰ gegessen.	Per errore ho mangiato ⍰. [per er'rore ɔ man'dschato]
P17	☑ giftige Pilze	☑ funghi velenosi ['fungi wele'nosi]
P18	☑ giftige Beeren	☑ bacche velenose ['bakke wele'nose]

Ein wenig Grammatik

Nomen

Nomen (Hauptwörter) werden immer klein geschrieben, es sei denn, es handelt sich um Eigennamen.

Im Italienischen gibt es nur das männliche (maskulin / m.) und das weibliche (feminin / f.) Geschlecht (Genus). Eine Entsprechung des deutschen Neutrums gibt es nicht.

Genus und Plural

Nomen, die auf -o enden, sind in der Regel männlich und enden im Plural (Mehrzahl) auf -i. Nomen, die auf -a enden, sind in der Regel weiblich und enden im Plural auf -e. Nomen, die auf -e enden, können sowohl männlich oder weiblich sein und enden im Plural auf -i.

	Singular		**Plural**	
Männlich	il vin**o**	il mes**e**	i vin**i**	i mes**i**
	der Wein	der Monat	die Weine	die Monate
Weiblich	la pizz**a**	la nott**e**	le pizz**e**	le nott**i**
	die Pizza	die Nacht	die Pizzen	die Nächte

Wichtige Ausnahmen:

	Singular		**Plural**	
Männlich	il problem**a**	il cinem**a**	i problem**i**	i cinem**a**
	das Problem	das Kino	die Probleme	die Kinos
Weiblich	la man**o**	l'aut**o**	le man**i**	le aut**o**
	die Hand	das Auto	die Hände	die Autos

Alle Nomen, die auf einen Konsonanten oder einen betonten Vokal enden, sowie Fremdwörter und Kurzformen sind im Plural unveränderlich:

Singular		**Plural**	
il bar	die Bar	i bar	die Bars
il caffè	der Kaffee	i caffè	die Kaffees
la città	die Stadt	le città	die Städte
l'hotel	das Hotel	gli hotel	die Hotels
la bici	das Fahrrad	le bici	die Fahrräder

Personenbezeichnungen, die auf -ante, -ente und -ista enden, können sich sowohl auf männliche als auch auf weibliche Personen beziehen: il cantante/la cantante (*der Sänger/die Sängerin*), il paziente/la paziente (*der Patient/die Patientin*), il cliente/la cliente (*der Kunde/die Kundin*), il dentista/la dentista (*der Zahnarzt/die Zahnärztin*).

Artikel

Bestimmter Artikel

Bestimmter Artikel vor männlichen Nomen:

	Singular	**Plural**
vor Konsonant	**il** libro	**i** libri
	das Buch	die Bücher
vor Vokal	**l'**aperitivo	**gli** aperitivi
	der Aperitif	die Aperitifs
vor h	**l'**hotel	**gli** hotel
	das Hotel	die Hotels
vor s + Konsonant	**lo** spuntino	**gli** spuntini
	der Imbiss	die Imbisse

vor z	**lo** zaino	**gli** zaini
	der Rucksack	die Rucksäcke
vor ps	**lo** psicologo	**gli** psicologi
	der Psychologe	die Psychologen
vor y	**lo** yogurt	**gli** yogurt
	der Joghurt	die Joghurts

Bestimmter Artikel vor weiblichen Nomen:

Singular	**Plural**
la casa	**le** case
das Haus	die Häuser
l'insalata	**le** insalate
der Salat	die Salate

UNBESTIMMTER ARTIKEL

	maskulin	**feminin**
vor Konsonant	**un** libro	**una** pizza
	ein Buch	eine Pizza
vor Vokal oder h	**un** amico	**un'**amica
	ein Freund	eine Freundin
vor s + Konsonant	**uno** spuntino	
	ein Imbiss	
vor z	**uno** zaino	
	ein Rucksack	
vor ps	**uno** psicologo	
	ein Psychologe	
vor y	**uno** yogurt	
	ein Joghurt	

UNBESTIMMTE MENGENANGABEN

Anders als im Deutschen steht im Italienischen bei einer unbestimmten Mengenangabe ein Hilfswort, der sogenannte Teilungsartikel. Dabei wird die Präposition **di** mit dem bestimmten Artikel verschmolzen: del, dello, dell' etc. (vgl. Kapitel Präpositionen).

Singular	Plural
Vorrei **del** pane.	Avete anche **dei** dolci?
Ich möchte etwas Brot.	Haben Sie auch Gebäck?
Vuole **dello** zucchero nel suo tè?	Vendono **degli** zaini molto pratici.
Möchten Sie Zucker in Ihren Tee?	Sie verkaufen sehr praktische Rucksäcke.
Producono **dell'**olio pregiato.	Vado in vacanza con **degli** amici tedeschi.
Sie stellen sehr wertvolles Olivenöl her.	Ich fahre in den Urlaub mit (einigen) deutschen Freunden.
Preferisco mangiare **della** frutta.	Abbiamo **delle** fragole squisite.
Ich esse lieber Obst.	Wir haben köstliche Erdbeeren.
Bevo soltanto **dell'**acqua.	Prendiamo **delle** albicocche?
Ich trinke nur Wasser.	Nehmen wir Aprikosen mit?

Nach Nomen oder Ausdrücken, die eine bestimmte Menge oder Anzahl bezeichnen, steht die Präposition di ohne Artikel.

una bottiglia **di** birra	eine Flasche Bier
un bicchiere **di** vino	ein Glas Wein
un po' **di** pane	etwas Brot
un etto **di** prosciutto	100 Gramm Schinken
un chilo **di** patate	ein Kilo Kartoffeln

Adjektiv

Das Adjektiv richtet sich in Geschlecht und Zahl nach dem Nomen, auf das es sich bezieht. Es steht in der Regel nach dem Nomen. Anders als im Deutschen muss man auch in der prädikativen Verwendung (*das Haus ist schön*) das Adjektiv an das Nomen angleichen (la cas**a** è bell**a**).

Im Italienischen gibt es zwei Gruppen von Adjektiven: Adjektive auf -o und Adjektive auf -e. Männliche Adjektive auf -o (Singular) bilden den Plural auf -i und die weibliche Form auf -a (Singular) bzw. -e (Plural). Adjektive auf -e (Singular) bilden den Plural auf -i; beide Endungen gelten für die männliche und die weibliche Form.

Singular:

maskulin		**feminin**	
il ragazz**o** italian**o**	der italienische Junge	la ragazz**a** italian**a**	das italienische Mädchen
il ragazz**o** trist**e**	der traurige Junge	la ragazz**a** trist**e**	das traurige Mädchen
il bicchier**e** vuot**o**	das leere Glas	la stazion**e** vicin**a**	der nahe Bahnhof

Plural:

maskulin		**feminin**	
i ragazz**i** italian**i**	die italienischen Jungen	le ragazz**e** italian**e**	die italienischen Mädchen
i ragazz**i** trist**i**	die traurigen Jungen	le ragazz**e** trist**i**	die traurigen Mädchen
i bicchier**i** vuot**i**	die leeren Gläser	le stazion**i** vicin**e**	die nahen Bahnhöfe

Molto *(viel)*, tanto *(viel)* und poco *(wenig)* werden immer vorangestellt.

tanti amici	viele Freunde	poco sale	wenig Salz

Bello und buono gehören zu den Adjektiven, die auch vor das Nomen gestellt werden können. In diesem Fall werden die Formen vom bestimmten (bello) bzw. unbestimmten (buono) Artikel abgeleitet.

Singular	Plural
un **bel** bambino	**bei** bambini
ein hübsches Kind	hübsche Kinder
un **bello** spettacolo	**begli** spettacoli
ein schönes Schauspiel	schöne Schauspiele
una **bella** città	**belle** città
eine schöne Stadt	schöne Städte
un **bell'**esempio	**begli** esempi
ein schönes Beispiel	schöne Beispiele
una **bell'**idea	**belle** idee
eine schöne Idee	schöne Ideen

un **buon** amico	ein guter Freund
un **buon** libro	ein gutes Buch
un **buono** sconto	ein guter Preisnachlass
una **buona** donna	eine gute Frau

Grande kann ebenfalls vor dem Nomen stehen. Dabei wird grande vor männlichen und weiblichen Nomen im Singular, die mit Konsonant beginnen, zu gran verkürzt.

un **gran** successo	ein großer Erfolg
una **gran** paura	eine große Angst

Adverb

Das Adverb bestimmt Verben, Adjektive, andere Adverbien oder ganze Sätze näher. Anders als im Deutschen, unterscheiden sich die

Formen der Adverbien im Italienischen von den Formen der Adjektive.

Die Formen des Adverbs leitet man vom Adjektiv ab, indem man die Endung -mente an die weibliche Form der Adjektive auf -o anhängt. Bei Adjektiven auf -e wird -mente direkt angeschlossen. Bei Adjektiven, die auf -le oder -re enden, entfällt das -e vor -mente.

chiaro	chiara**mente**	Gliel'ho detto chiaramente.	Ich habe es ihm klar gesagt.
felice	felice**mente**	Sono felicemente sposata.	Ich bin glücklich verheiratet.
facile	facil**mente**	Si arriva facilmente.	Man kann dort leicht hingelangen.

Die Adverbien zu den Adjektiven buono (*gut*) und cattivo (*schlecht*) werden unregelmäßig gebildet:

buono	**bene**	Qui si mangia **bene**.	Hier isst man gut.
cattivo	**male**	Qui si mangia **male**.	Hier isst man schlecht.

Weitere Adverbien:

sempre	mai	adesso	molto/ tanto	poco	troppo
immer	nie	jetzt	sehr	wenig	zu viel

Molto, tanto, troppo und poco sind als Adverb unveränderlich.

Ho mangiato **poco**.	Ich habe wenig gegessen.
Firenze è una città **molto** bella.	Florenz ist eine sehr schöne Stadt.
Parla **troppo**.	Er/Sie spricht zu viel.

Steigerung und Vergleich

GLEICHHEIT

Gleiche Eigenschaften von Personen oder Dingen vergleicht man mit Hilfe von come bzw. quanto – auf Deutsch:*(genau) so wie*.

Adverb + come / quanto	Parla italiano **bene come/quanto** te.	Er/Sie spricht Italienisch so gut wie du.
Adjektiv + come/ quanto	Paolo è **pigro come/ quanto** Giovanni.	Paolo ist genauso faul wie Giovanni.

UNGLEICHHEIT (KOMPARATIV)

Unterschiedliche Eigenschaften vergleicht man mit dem Komparativ (erste Steigerungsstufe). Er wird gebildet mit più (*mehr*) oder meno (*weniger*) + Adjektiv/Adverb.

più piccolo	meno freddo	più chiaramente	meno precisamente
kleiner	weniger kalt	klarer	weniger deutlich

Dem Wort *als* entsprechen im Italienischen di (+ Nomen/Pronomen/ Adverb) oder che (+ Präposition/Verb/Vergleich zwischen Adjektiven/Adverbien). Di wird im Falle eines folgenden bestimmten Artikels mit diesem verschmolzen (vgl. Kapitel Präpositionen).

di + Nomen/Name:

Il padre corre meno veloce **del figlio**.	Der Vater läuft weniger schnell **als der Sohn**.
Cristina è più alta **di Marta**.	Cristina ist größer **als Marta**.

di + Pronomen:

Il tuo cane è più bello **del mio**.	Dein Hund ist schöner **als meiner**.

di + Adverb:

Oggi abbiamo meno tempo **di ieri**.	Heute haben wir weniger Zeit **als gestern**.

che + Präposition:

Vado più spesso al cinema **che in** discoteca.	Ich gehe öfter ins Kino **als in** die Disco.

che + Verb:

È più divertente ballare **che studiare**.	Es ist lustiger zu tanzen **als zu lernen**.

che + Vergleich:

Andrea è **più pigro che stanco**.	Andrea ist **eher faul als müde**.

SUPERLATIV (HÖCHSTE STEIGERUNGSFORM)

Im Italienischen unterscheidet man zwischen dem relativen und dem absoluten Superlativ. Der **relative Superlativ** setzt einen Vergleich voraus und wird mit Hilfe des bestimmten Artikels (+ Nomen) + più/meno + Adjektiv/Adverb gebildet.

Federico è **il meno** simpatico.	Federico ist am wenigsten sympathisch.
Marta è **la (persona) più** furba.	Marta ist die Allerschlaueste.
Questo vestito è **il più** brutto.	Dieses Kleid ist das Allerhässlichste.
Anna lavora **il meno** possibile.	Anna arbeitet so wenig wie möglich.

Der **absolute Superlativ** drückt einen sehr hohen Grad einer Eigenschaft aus und wird bei Adjektiven durch das Anhängen der Endung -issimo, -issima, -issimi, -issime gebildet. Bei Adverbien (z. B. *tardi*, *presto*) ist die Endung -issimo unveränderlich.

importante	wichtig	importantissimo	überaus wichtig
bello	schön	bellissimo	sehr schön
tardi	spät	tardissimo	sehr spät
presto	früh	prestissimo	sehr früh

Der absolute Superlativ kann auch durch molto + Adjektiv/Adverb gebildet werden: z. B. molto bello (*sehr schön*).

WICHTIGE UNREGELMÄSSIGE STEIGERUNGSFORMEN

Wichtige Adjektive:

Grundform	Komparativ	relativer Superlativ	absoluter Superlativ
buono	migliore	il migliore	ottimo
gut	besser	der Beste	sehr gut
cattivo	peggiore	il peggiore	pessimo
schlecht	schlechter	der Schlech-teste	sehr schlecht
grande	maggiore	il maggiore	massimo
groß	größer	der Größte	sehr groß
piccolo	minore	il minore	minimo
klein	kleiner	der Kleinste	sehr klein

Wichtige Adverbien:

Grundform	Komparativ	relativer Superlativ	absoluter Superlativ
bene	meglio	benissimo	benissimo
gut	besser	am besten	sehr gut
male	peggio	malissimo	malissimo
schlecht	schlechter	am schlechtes-ten	sehr schlecht

Pronomen

PERSONALPRONOMEN

Subjektpronomen sind Personalpronomen im Wer-Fall. Objektpronomen sind Personalpronomen im Wen-Fall (direkte Objektpronomen) oder Wem-Fall (indirekte Objektpronomen). Bei den Objektpronomen unterscheidet man zwischen betonten und unbetonten Formen. Die unbetonten Formen werden am häufigsten gebraucht.

Subjektpronomen (wer?):

Singular	io	ich
	tu	du
	lui, lei	er, sie, es
	Lei	Sie
Plural	noi	wir
	voi	ihr / Sie *(informell)*
	loro / Loro	sie / Sie *(formell)*

direkte Objektpronomen (wen/was?)

	unbetont	**betont**	
Singular	mi	me	mich
	ti	te	dich
	lo, la	lui, lei	ihn, sie
	La	Lei	Sie
Plural	ci	noi	uns
	vi	voi	euch / Sie
	li, le / Li, Le	loro / Loro	sie / Sie

indirekte Obiektpronomen (wem?)

	unbetont	**betont**	
Singular	mi	**a** me	mir
	ti	**a** te	dir
	gli, le	**a** lui, **a** lei	ihm, ihr
	Le	**a** Lei	Ihnen
Plural	ci	**a** noi	uns
	vi	**a** voi	euch / Ihnen
	loro / Loro	**a** loro / Loro	ihnen / Ihnen

Die unbetonten Objektpronomen stehen immer unmittelbar vor dem Verb.

Ti chiamo domani.	Ich rufe dich morgen an.

Die betonten Objektpronomen können je nach Redeabsicht vor oder nach dem (konjugierten) Verb stehen bzw. auch ohne Verb verwendet werden.

Vuole **lui**.	Er/Sie will ihn (und niemand anderen).
Chi hanno chiamato? **Me** o **te**?	Wen haben sie gerufen? Mich oder dich?
A voi piace la pasta?	Schmecken euch die Nudeln?

CI UND NE (PRONOMINALADVERBIEN)

Ci ersetzt eine vorher genannte Orts- oder Richtungsangabe. Es bedeutet entweder *dort* oder *dorthin*.

Vai spesso in Italia? - Sì, **ci** vado ogni anno.	Fährst du oft nach Italien? - Ja, ich fahre jedes Jahr **dorthin**.

Ne steht für eine Teilmenge einer bereits erwähnten Sache. Es entspricht dem deutschen *davon*.

Prendo le albicocche. **Ne** vorrei un chilo.	Ich nehme Aprikosen. Ich möchte ein Kilo (**davon**).

DEMONSTRATIVBEGLEITER UND -PRONOMEN

Questo, questa, questi, queste bedeuten *dieser, -e, -es / der, die, das hier*. Quello, quella, quelli, quelle bedeuten *jener, -e, -es / der, die, das da*. Wenn sie vor einem Nomen stehen, spricht man von Demonstrativbegleitern, wenn sie ein Nomen ersetzen, von Demonstrativpronomen.

Die Demonstrativbegleiter richten sich in Geschlecht und Zahl nach dem Nomen, das sie begleiten.

	Singular	Plural
Männlich	**questo** tavolo	**questi** tavoli
	dieser Tisch (hier)	diese Tische (hier)
Weiblich	**questa** bicicletta	**queste** biciclette
	dieses Fahrrad (hier)	diese Fahrräder (hier)

	Singular	Plural
Männlich	**quel** tavolo	**quei** tavoli
	jener Tisch	jene Tische
	quello studente	**quegli** studenti
	jener Student	jene Studenten
	quell'amico	**quegli** amici
	jener Freund	jene Freunde
Weiblich	**quella** porta	**quelle** porte
	jene Tür	jene Türen
	quell'amica	**quelle** amiche
	jene Freundin	jene Freundinnen

Die Formen des Demonstrativbegleiters questo stimmen mit den Formen des Demonstrativpronomens questo überein. Quello weist als Demonstrativpronomen nur die Formen quello, quella, quelli, quelle auf.

Quale collana metti? **Questa** o **quella**?	Welche Halskette ziehst du an? Diese (hier) oder jene (da)?
Quale anello compri, **questo** o **quello**?	Welchen Ring kaufst du? Diesen (hier) oder jenen (da)?

POSSESSIVBEGLEITER

Die Formen der Possessivbegleiter sind abhängig von Geschlecht und Zahl des Nomens. Sie werden in der Regel zusammen mit dem vorangestellten bestimmten Artikel verwendet (Ausnahme: die Angaben familiärer Beziehungen im Singular: mio padre, sua sorella, vostra madre). Anders als im Deutschen wird das Geschlecht des Besitzers nicht definiert (man unterscheidet also z. B. nicht zwischen *sein Auto – ihr Auto*).

Singular:

Männlich		**Weiblich**	
il mio amico	mein Freund	la mia amica	meine Freundin
il tuo amico	dein Freund	la tua amica	deine Freundin
il suo / Suo amico	sein / ihr / Ihr Freund	la sua / Sua amica	seine / ihre / Ihre Freundin
il nostro amico	unser Freund	la nostra amica	unsere Freundin
il vostro amico	euer / Ihr Freund	la vostra amica	eure / Ihre Freundin
il loro / Loro amico	ihr / Ihr Freund	la loro / Loro amica	ihre / Ihre Freundin

Plural:

Männlich		**Weiblich**	
i miei amici	meine Freunde	le mie amiche	meine Freundinnen
i tuoi amici	deine Freunde	le tue amiche	deine Freundinnen
i suoi / Suoi amici	seine / ihre / Ihre Freunde	le sue / Sue amiche	seine / ihre / Ihre Freundinnen
i nostri amici	unsere Freunde	le nostre amiche	unsere Freundinnen
i vostri amici	eure / Ihre Freunde	le vostre amiche	eure / Ihre Freundinnen
i loro / Loro amici	ihre / Ihre Freunde	le loro / Loro amiche	ihre / Ihre Freundinnen

Zwischen dem Possessivbegleiter und dem Nomen kann ein Adjektiv gesetzt werden:

la mia **nuova** macchina	mein neues Auto

Verb

Regelmäßige und unregelmäßige Verben in der Gegenwart

Da die Verbendung bereits Informationen zur Person enthält, ist im Italienischen das Subjektpronomen in der Regel nicht erforderlich: *Ich spreche* wird nur mit parlo wiedergegeben. Die italienischen Verben werden entsprechend ihrer Infinitivendung eingeteilt in Verben auf -are, -ere und -ire. An den Wortstamm der Verben werden dann die jeweiligen Endungen angehängt.

Verben auf -are

parl**are**		**sprechen**
(io)	parl**o**	ich spreche
(tu)	parl**i**	du sprichst
(lui, lei, Lei)	parl**a**	er, sie spricht / Sie sprechen
(noi)	parl**iamo**	wir sprechen
(voi)	parl**ate**	ihr sprecht / Sie sprechen
(loro / Loro)	parl**ano**	sie / Sie sprechen

Verben auf -ere

vend**ere**		**verkaufen**
(io)	vend**o**	ich verkaufe
(tu)	vend**i**	du verkaufst
(lui, lei, Lei)	vend**e**	er, sie verkauft / Sie verkaufen
(noi)	vend**iamo**	wir verkaufen
(voi)	vend**ete**	ihr verkauft / Sie verkaufen
(loro / Loro)	vend**ono**	sie / Sie verkaufen

Verben auf -ire

Die Verben auf -ire unterteilen sich in Verben mit Stammerweiterung (-isc- / z. B. capire) und ohne Stammerweiterung (z. B. dormire).

	dorm**ire**	**schlafen**
(io)	dorm**o**	ich schlafe
(tu)	dorm**i**	du schläfst
(lui, lei, Lei)	dorm**e**	er, sie schläft / Sie schlafen
(noi)	dorm**iamo**	wir schlafen
(voi)	dorm**ite**	ihr schlaft / Sie schlafen
(loro / Loro)	dorm**ono**	sie / Sie schlafen

Wichtige Verben, die wie dormire ohne Stammerweiterung konjugiert werden: aprire (*öffnen*), offrire (*anbieten*), partire (*abfahren*), sentire (*hören, fühlen*).

	cap**ire**	**verstehen**
(io)	cap**isco**	ich verstehe
(tu)	cap**isci**	du verstehst
(lui, lei, Lei)	cap**isce**	er, sie versteht / Sie verstehen
(noi)	cap**iamo**	wir verstehen
(voi)	cap**ite**	ihr versteht / Sie verstehen
(loro, Loro)	cap**iscono**	sie / Sie verstehen

Wichtige Verben, die wie capire mit Stammerweiterung konjugiert werden: chiarire (*erklären*), costruire (*bauen*), finire (*enden*), preferire (*bevorzugen*), spedire (*schicken*).

Die Verben essere (*sein*) und avere (*haben*) sind unregelmäßig:

	essere	**avere**
(io)	sono	ho
(tu)	sei	hai
(lui, lei, Lei)	è	ha
(noi)	siamo	abbiamo
(voi)	siete	avete
(loro / Loro)	sono	hanno

Weitere wichtige unregelmäßige Verben sind andare (*gehen*), bere (*trinken*), dare (*geben*), fare (*machen / tun*), giocare (*spielen*), stare (*stehen / sein*), uscire (*ausgehen*) und venire (*kommen*).

	andare	**bere**	**dare**	**fare**
(io)	vado	bevo	do	faccio
(tu)	vai	bevi	dai	fai
(lui, lei, Lei)	va	beve	dà	fa
(noi)	andiamo	beviamo	diamo	facciamo
(voi)	andate	bevete	date	fate
(loro / Loro)	vanno	bevono	danno	fanno

	giocare	**stare**	**uscire**	**venire**
(io)	gioco	sto	esco	vengo
(tu)	giochi	stai	esci	vieni
(lui, lei, Lei)	gioca	sta	esce	viene
(noi)	giochiamo	stiamo	usciamo	veniamo
(voi)	giocate	state	uscite	venite
(loro, Loro)	giocano	stanno	escono	vengono

Reflexive Verben

Reflexive Verben drücken eine Handlung aus, die sich auf die handelnde Person selbst bezieht (***ich*** *wasche* ***mich***). Reflexive Verben bestehen aus Reflexivpronomen und Verbform.

lavarsi	**sich waschen**
(io) **mi** lavo	ich wasche mich
(tu) **ti** lavi	du wäschst dich
(lui, lei, Lei) **si** lava	er, sie, es wäscht sich / Sie waschen sich
(noi) **ci** laviamo	wir waschen uns
(voi) **vi** lavate	ihr wascht euch / Sie waschen sich
(loro / Loro) **si** lavano	sie waschen sich / Sie waschen sich

Das Reflexivpronomen steht vor dem konjugierten Verb. Bei Verneinungen wird non vor das Reflexivpronomen gestellt.

Mia sorella **si chiama** Anna.	Meine Schwester heißt Anna.
Laura non **si vuole** alzare.	Laura will nicht aufstehen.

Modalverben

Die Modalverben (Verben der Art und Weise) dovere (*müssen, sollen*), potere (*können, dürfen*), sapere (*wissen, können*) und volere (*wollen*) haben unregelmäßige Formen.

	dovere	**potere**	**sapere**	**volere**
(io)	devo	posso	so	voglio
(tu)	devi	puoi	sai	vuoi
(lui, lei, Lei)	deve	può	sa	vuole
(noi)	dobbiamo	possiamo	sappiamo	vogliamo
(voi)	dovete	potete	sapete	volete
(loro / Loro)	devono	possono	sanno	vogliono

Als Modalverben gebraucht, werden dovere, potere, sapere und volere von einem Verb im Infinitiv (Grundform) begleitet.

Devo part**ire**.	Ich muss abfahren.
Posso entr**are**?	Darf ich eintreten?

C'è und ci sono

C'è bedeutet *es gibt/da ist*, ci sono bedeutet *es gibt* (im Plural)/*da sind*.

C'è un buon ristorante qui vicino?	Gibt es ein gutes Restaurant hier in der Nähe?
Non **ci sono** più camere libere.	Es gibt keine freien Zimmer mehr.

Perfekt

Das passato prossimo ist eine zusammengesetzte Vergangenheitsform, die formal dem deutschen Perfekt entspricht. Es beschreibt Handlungen und Ereignisse, die einmal stattgefunden haben und bereits abgeschlossen sind.

Das passato prossimo wird meist in Verbindung mit Zeitangaben wie oggi (*heute*), ieri (*gestern*), questa settimana (*diese Woche*), quest'anno (*dieses Jahr*) usw. gebraucht.

Man bildet das passato prossimo, indem man - wie im Deutschen - die jeweilige Präsensform der Hilfsverben avere (*haben*) oder essere (*sein*) mit dem Partizip Perfekt des gewünschten Verbs kombiniert. Das Partizip Perfekt wird in der Regel gebildet, indem man an dem Verbstamm die Endung -ato (für Verben auf -are), -uto (für Verben auf -ere) oder -ito (für Verben auf -ire) anhängt:

parl**ato**	vend**uto**	dorm**ito**
Oggi **ho parlato** con Daniele.	Ieri **ha venduto** la macchina.	I bambini **hanno dormito**.
Heute habe ich mit Daniele telefoniert.	Gestern hat er das Auto verkauft.	Die Kinder haben geschlafen.

Präsens von avere	Partizip Perfekt	Präsens von essere	Partizip Perfekt
(io) ho	parl**ato**	(io) sono	and**ato**/and**ata**
(tu) hai	parl**ato**	(tu) sei	and**ato**/and**ata**
(lui, lei, Lei) ha	parl**ato**	(lui, lei, Lei) è	and**ato**/and**ata**
(noi) abbiamo	parl**ato**	(noi) siamo	and**ati**/and**ate**
(voi) avete	parl**ato**	(voi) siete	and**ati**/and**ate**
(loro / Loro) hanno	parl**ato**	(loro / Loro) sono	and**ati**/and**ate**

Das passato prossimo mit essere bilden die meisten Verben, die eine Bewegung (andare – *gehen*, venire – *kommen*, uscire – *ausgehen*) oder einen Zustand (stare – *sein*, rimanere – *bleiben*, restare – *bleiben*) ausdrücken sowie alle reflexiven Verben. Außerdem die Verben nascere (*geboren*), crescere (*wachsen/aufwachsen*) und morire (*sterben*), costare (*kosten*) bastare (*ausreichen*) sembrare (*scheinen/aussehen*) und piacere (gefallen). Das Partizip Perfekt der Verben, die essere folgen, stimmt immer in Zahl und Geschlecht mit dem Subjekt überein.

Sono andat**o**/andat**a** al cinema.	Ich bin ins Kino gegangen.
Carla è rimast**a** a casa.	Carla ist zuhause geblieben.
Siamo nat**i**/nat**e** in Germania.	Wir sind in Deutschland geboren.

Einige wichtige Verben bilden das Partizip Perfekt unregelmäßig:

aprire	öffnen	ho aperto
dire	sagen	ho detto
essere	sein	sono stato/stata
fare	machen / tun	ho fatto
leggere	lesen	ho letto
mettere	stellen	ho messo
prendere	nehmen	ho preso

scrivere	schreiben	ho scritto
vedere	sehen	ho visto

Imperfetto

Das imperfetto wird verwendet zur Beschreibung von Personen, Dingen oder Zuständen in der Vergangenheit und bei sich wiederholenden Handlungen, Gewohnheiten und gleichzeitig stattfindenden Handlungen in der Vergangenheit.

Da bambino **mangiavo** molto.	Als Kind aß ich viel.
Ogni mattina **andavo** in spiaggia.	Jeden Morgen ging ich zum Strand.
Mentre **dormivo**, **sognavo**.	Während ich schlief, träumte ich.

Die Formen des imperfetto lauten:

Verben auf -are

parlare (sprechen: ich sprach, du sprachst etc.)	
(io)	parl**avo**
(tu)	parl**avi**
(lui, lei, Lei)	parl**ava**
(noi)	parl**avamo**
(voi)	parl**avate**
(loro / Loro)	parl**avano**

Verben auf -ere

vendere (verkaufen: ich verkaufte, du verkauftest etc.)	
(io)	vend**evo**
(tu)	vend**evi**
(lui, lei, Lei)	vend**eva**
(noi)	vend**evamo**

(voi)	vend**evate**
(loro / Loro)	ven**devano**

Verben auf -ire

dormire (schlafen: ich schlief, du schliefst etc.)	
(io)	dorm**ivo**
(tu)	dorm**ivi**
(lui, lei, Lei)	dorm**iva**
(noi)	dorm**ivamo**
(voi)	dorm**ivate**
(loro / Loro)	dorm**ivano**

Im italienischen imperfetto gibt es nur wenige unregelmäßige Verben. Die wichtigsten sind essere (*sein*), bere (*trinken*), dire (*sagen*), fare (*machen, tun*).

	essere	bere	dire	fare
(io)	ero	bev**evo**	dic**evo**	fac**evo**
(tu)	eri	bev**evi**	dic**evi**	fac**evi**
(lui, lei, Lei)	era	bev**eva**	dic**eva**	fac**eva**
(noi)	eravamo	bev**evamo**	dic**evamo**	fac**evamo**
(voi)	eravate	bev**evate**	dic**evate**	fac**evate**
(loro / Loro)	erano	bev**evano**	dic**evano**	fac**evano**

ZUKUNFT

Man verwendet das einfache Futur, um Zukünftiges zu beschreiben: Paolo si sposerà con Anna. – *Paolo wird Anna heiraten.* Man verwendet das Futur außerdem um Vermutungen auszudrücken: Il corso di Italiano costerà sui duecento euro. – *Der Italienischskurs wird um die zweihundert Euro kosten.*

Um das Futur zu bilden, verkürzt man die Infinitvendungen aller Verbgruppen um den letzen Vokal und hängt daran die Futurendungen an. Bei den Verben auf -are ändert sich zusätzlich das -a- der Infinitivendung in ein -e-.

Verben auf -are

parlare (sprechen: ich werde sprechen, du wirst sprechen etc.)	
(io)	parl**erò**
(tu)	parl**erai**
(lui, lei, Lei)	parl**erà**
(noi)	parl**eremo**
(voi)	parl**erete**
(loro / Loro)	parl**eranno**

Verben auf -ere

vendere (verkaufen: ich werde verkaufen, du wirst verkaufen etc.)	
(io)	vend**erò**
(tu)	vend**erai**
(lui, lei, Lei)	vend**erà**
(noi)	vend**eremo**
(voi)	vend**erete**
(loro / Loro)	vend**eranno**

Verben auf -ire

dormire (schlafen: ich werde schlafen, du wirst schlafen etc.)	
(io)	dorm**irò**
(tu)	dorm**irai**
(lui, lei, Lei)	dorm**irà**
(noi)	dorm**iremo**
(voi)	dorm**irete**
(loro / Loro)	dorm**iranno**

Avere (*haben*), potere (*können*) und sapere (*können, wissen*) verlieren das -e der Infinitivendung: avrò (etc.), potrò (etc.) und saprò (etc.). Venire (*kommen*) und volere (*wollen*) verlieren das -e der Infinitivendung und verdoppeln darüber hinaus das -r: verrò (etc.) und vorrò (etc.).

Konditional

Zum Ausdruck eines Wunsches oder einer Bitte verwendet man im Italienischen den Konditional.

Vorrei un bicchiere di vino, per favore.	Ich hätte gerne ein Glas Wein, bitte.
Andrei volentieri in vacanza in Italia.	Ich würde gerne nach Italien in den Urlaub fahren.

Um den Konditional zu bilden, verkürzt man die Infinitvendungen aller Verbgruppen um den letzen Vokal und hängt daran die Konditionalendungen an. Bei den Verben auf -are ändert sich zusätzlich das -a- der Infinitivendung in ein -e-.

Verben auf -are

parlare (sprechen: ich würde sprechen, du würdest sprechen etc.)	
(io)	parl**erei**
(tu)	parl**eresti**
(lui, lei, Lei)	parl**erebbe**
(noi)	parl**eremmo**
(voi)	parl**ereste**
(loro / Loro)	parl**erebbero**

Verben auf -ere

vendere (verkaufen: ich würde verkaufen, du würdest verkaufen etc.)	
(io)	vend**erei**
(tu)	vend**eresti**
(lui, lei, Lei)	vend**erebbe**

(noi)	vend**eremmo**
(voi)	vend**ereste**
(loro / Loro)	vend**erebbero**

Verben auf -ire

dormire (schlafen: ich würde schlafen, du würdest schlafen etc.)	
(io)	dorm**irei**
(tu)	dorm**iresti**
(lui, lei, Lei)	dorm**irebbe**
(noi)	dorm**iremmo**
(voi)	dorm**ireste**
(loro / Loro)	dorm**irebbero**

Wichtige unregelmäßige Verben im Konditional sind avere *(haben: ich hätte, du hättest etc.)*, essere *(sein: ich wäre, du wärest etc.)*, volere *(wollen: ich möchte, du möchtest etc.)*:

	avere	**essere**	**volere**
(io)	avrei	sarei	vorrei
(tu)	avresti	saresti	vorresti
(lui, lei, Lei)	avrebbe	sarebbe	vorrebbe
(noi)	avremmo	saremmo	vorremmo
(voi)	avreste	sareste	vorreste
(loro / Loro)	avrebbero	sarebbero	vorrebbero

SI-KONSTRUKTION

Si entspricht dem deutschen *man*. Das auf si folgende Verb steht in der dritten Person Singular (er, sie, es). Folgt ein direktes Objekt (Wen-Fall) im Plural, dann richtet sich das Verb nach dem Objekt und steht in der dritten Person Singular oder Plural.

Si parl**a** tedesc**o**.	Man spricht Deutsch.
In Italia **si** mangi**a** la past**a**.	In Italien isst man Nudeln.
Qui **si** vend**ono** panin**i** e pizzett**e**.	Man verkauft hier belegte Brötchen und kleine Pizzen.

Befehlsform

Man unterscheidet zwei Formen: den bejahten Imperativ (für Aufforderungen oder Befehle) und den verneinten Imperativ mit vorangestelltem non (für Verbote). Beim verneinten Imperativ hat die zweite Person Singular (tu) eine Sonderform: Sie wird mit non + Infinitiv gebildet.

Bejahter Imperativ:

Verben auf -are:

	(tu)	(Lei)	(noi)	(voi)	(Loro)
parl**are**	parl**a**	parl**i**	parl**iamo**	parl**ate**	parl**ino**
sprechen	sprich	sprechen Sie	sprechen wir	sprecht / sprechen Sie	sprechen Sie

Verben auf -ere:

	(tu)	(Lei)	(noi)	(voi)	(Loro)
vend**ere**	vend**i**	vend**a**	vend**iamo**	vend**ete**	vend**ano**
verkaufen	verkaufe	verkaufen Sie	verkaufen wir	verkauft / verkaufen Sie	verkaufen Sie

Verben auf -ire:

	(tu)	(Lei)	(noi)	(voi)	(Loro)
dorm**ire**	dorm**i**	dorm**a**	dorm**iamo**	dorm**ite**	dorm**ano**
schlafen	schlafe	schlafen Sie	schlafen wir	schlaft / schlafen Sie	schlafen Sie

Verneinter Imperativ:

Verben auf -are:

	(tu)	(Lei)	(noi)	(voi)	(Loro)
parl**are**	**non** parlare	**non** parl**i**	**non** par**liamo**	**non** par**late**	**non** par**lino**
sprechen	sprich nicht	sprechen Sie nicht	sprechen wir nicht	sprecht / sprechen Sie nicht	sprechen Sie nicht

Verben auf -ere:

	(tu)	(Lei)	(noi)	(voi)	(Loro)
vend**ere**	**non** ven**dere**	**non** vend**a**	**non** ven**diamo**	**non** ven**dete**	**non** ven**dano**
verkaufen	verkaufe nicht	verkaufen Sie nicht	verkaufen wir nicht	verkauft / verkaufen Sie nicht	verkaufen Sie nicht

Verben auf -ire:

	(tu)	(Lei)	(noi)	(voi)	(Loro)
dorm**ire**	**non** dor**mire**	**non** dorm**a**	**non** dor**miamo**	**non** dor**mite**	**non** dor**mano**
schlafen	schlafe nicht	schlafen Sie nicht	schlafen wir nicht	schlaft / schlafen Sie nicht	schlafen Sie nicht

Bejahter und verneinter Imperativ von essere **und** avere:

	essere	**avere**	**essere**	**avere**
(tu)	sii	abbi	**non** essere	**non** avere
(Lei)	sia	abbia	**non** sia	**non** abbia
(noi)	siamo	abbiamo	**non** siamo	**non** abbiamo

(voi)	siate	abbiate	**non** siate	**non** abbiate
(Loro)	siano	abbiano	non siano	non abbiano

VERNEINUNG

No bedeutet *nein*. Am Ende eines Satzes bedeutet es *nicht*:

Sei di Milano? – **No**, sono di Roma.	Bist du aus Mailand? – **Nein**, ich bin aus Rom.
Vorresti un gelato? – **No**, grazie.	Möchtest du ein Eis? – **Nein**, danke.
Andiamo al cinema? – Perché **no**?	Gehen wir ins Kino? – Warum **nicht**?

Non bedeutet *nicht* und steht gewöhnlich vor dem konjugierten Verb.

(Io) **non** so.	Ich weiß **nicht**.
(Lui) **non** ha prenotato la camera.	Er hat das Zimmer **nicht** gebucht.
Rosa **non** è venuta.	Rosa ist **nicht** gekommen.

Non kann auch *kein* bedeuten.

Non ho denaro.	Ich habe **kein** Geld.

Die Negationen niente (*nichts*), per niente (*gar nicht*), mai (*nie*) und né ... né (*weder ... noch*) verlangen im Italienischen ein zusätzliches non (doppelte Verneinung).

Non mi ha detto **niente**.	Er/Sie hat mir **nichts** gesagt.
Non ho **per niente** fame.	Ich habe gar **keinen** Hunger.
Non sono **mai** stata in Italia.	Ich bin noch **nie** in Italien gewesen.
Non leggo **né** giornali **né** riviste.	Ich lese **weder** Zeitungen **noch** Zeitschriften.

Präpositionen

Präpositionen sind Verhältniswörter, die verschiedene Wörter bzw. Wortgruppen verbinden. Die wichtigsten italienischen Präpositionen sind: di, a, da, in, con, su, per, tra/fra.

Die Präpositionen di, a, da, in und su werden mit dem nachfolgenden bestimmten Artikel verschmolzen.

+	il	lo	l'	la	i	gli	le
di	del	dello	dell'	della	dei	degli	delle
a	al	allo	all'	alla	ai	agli	alle
da	dal	dallo	dall'	dalla	dai	dagli	dalle
in	nel	nello	nell'	nella	nei	negli	nelle
su	sul	sullo	sull'	sulla	sui	sugli	sulle

Im Folgenden erhalten Sie einen Überblick über den Gebrauch der wichtigsten Präpositionen:

Die Präposition di

– Besitzangaben (auch als Wiedergabe des deutschen Genitivs):

il cellulare **di** Cristina	das Handy **von** Cristina / Cristinas Handy

– Herkunftsangaben (mit essere):

Sono **di** Roma.	Ich komme **aus** Rom.

– Zeitangaben:

di giorno / **di** notte	tagsüber / nachts
di lunedì	jeden Montag / montags

– Inhaltsangaben:

una bottiglia **di** vino	eine Flasche Wein

– Mengenangaben:

un chilo **di** pomodori	ein Kilo Tomaten

– Themenangaben:

il libro **di** italiano	das Italienischbuch

– Materialangaben:

il bicchiere **di** plastica	der Plastikbecher

Die Präposition a

– Angaben von indirekten Objekten (Dativ):

Ha prestato la macchina **a** un amico.	Er hat das Auto **einem** Freund geliehen.

– Orts- und Richtungsangaben mit Namen von Städten:

Vivo **a** Firenze.	Ich wohne **in** Florenz.
Il treno va **a** Milano.	Der Zug fährt **nach** Mailand.

– in distributiver Funktion:

80 € **a** persona	80 € **pro** Person

– Angaben der Art und Weise:

risotto **alla** Milanese	Reisgericht Mailänder Art
andare **a** piedi	zu Fuß gehen

– Zeit- und Häufigkeitsangaben:

a mezzogiorno	**am** Mittag
alle dieci	**um** zehn Uhr
una volta **all'**anno	einmal **pro** Jahr

Die Präposition da

– Herkunftsangaben:

Il treno viene **da** Roma.	Der Zug kommt **aus** Rom.

– Zeitangaben (auch zusammen mit a):

da maggio **a** ottobre	**von** Mai **bis** Oktober
dal lunedì **al** venerdì	**von** Montag **bis** Freitag
dalle 9 **alle** 13.00	**von** 9.00 **bis** 13.00 Uhr
da due anni	**seit** zwei Jahren
dalle 17.00	**ab** 17.00 Uhr

– Zweckangaben:

gli scarponi **da** sci	die Skischuhe

– bei Orts- und Richtungsangaben mit Personen:

ristorante **da** Mario	Restaurant **bei** Mario
Vado **dal** medico.	Ich gehe **zum** Arzt.

Die Präposition in

– Orts- (Länder, große Inseln) und Richtungsangaben:

Viviamo **in** Germania.	Wir leben **in** Deutschland.
Andiamo in vacanza **in** Sardegna.	Wir fahren in den Urlaub **nach** Sardinien.

– Zeitangaben:

in luglio	**im** Juli
nel 2011	**im** Jahr 2011

– Angaben der Art und Weise:

Vengo **in** macchina.	Ich fahre **mit** dem Auto.

Die Präposition per

– Zweck- und Grundangaben:

Vado in Italia **per** lavoro.	Ich fahre geschäftlich nach Italien.
chiuso **per** ferie	geschlossen **wegen** Urlaubs

– Wiedergabe von *um ... zu*:

Studio **per** superare l'esame.	Ich lerne, **um** die Prüfung **zu** bestehen.

– Wiedergabe von *für*:

Per me un tè, **per** la signora un caffè.	**Für** mich einen Tee, **für** die Dame einen Kaffee.

– Zeitangaben:

per una settimana	eine Woche **lang**

Die Präposition tra/fra

– Ortsangaben:

L'ospedale si trova **tra** la Banca e la Posta.	Das Krankenhaus befindet sich **zwischen** der Bank und dem Postamt.

– Zeitangaben:

tra un'ora	**in** einer Stunde

Weitere wichtige Präpositionen:

con	dietro	senza	sopra	sotto	su	verso	dopo
mit	hinter	ohne	auf	unten	auf	gegen	nach

Bildtafeln zum Zeigen

Von A bis Z
Deutsch–Italienisch

Bei Verbeinträgen werden neben dem Infinitiv auch die erste Person Präsens und die erste Person des „passato prossimo" angegeben. In sinnvollen Ausnahmefällen, in denen die erste Person nicht relevant ist (z. B. „es regnet") wird stattdessen die 3. Person angeboten. Beim Partizip Perfekt, das den zweiten Teil dieser zusammengesetzten Zeit darstellt, wird, wo zutreffend, nach dem Schrägstrich die weibliche Form aufgeführt.

A

ab da [da]

Abend sera ['ßera] *f.*, Guten Abend! Buona sera! ['buɔna 'ßera], heute Abend stasera [ßta'ßera], zu Abend essen cenare [tsche'nare]

Abendessen cena ['tschena] *f.*

abends di sera [di 'ßera]

aber ma [ma]

abfahren partire [par'tire] <parto, sono partito/partita>

Abfahrt partenza [par'tänza] *f.*

abfliegen *(Flugzeug)* decollare [dekol'lare] <decolla, è decollato>, *(Person)* partire in aereo [par'tire in a'|äreo] <parto in aereo, sono partito/partita in aereo>

Abflug decollo [de'kɔllo] *m.*

abheben *(Geld vom Konto)* prelevare [prele'ware] <prelevo, ho prelevato>, *(Flugzeug vom Boden)* decollare [dekol'lare] <decolla, è decollato>, *(Telefonhörer)* rispondere [riß'pondere] <rispondo, ho risposto>

abholen *(Person)* passare a prendere [paß'ßare a 'prändere] <passo a prendere, sono passato/passata a prendere>, *(Gegenstand)* ritirare [riti'rare] <ritiro, ho ritirato>

Absender mittente [mit'tänte] *m.*

absolut *(Adverb)* assolutamente [aßßoluta'mente]

Achtung! Attenzione! [atten'zjone]

Adapter adattatore [adatta'tore] *m.*

addieren sommare [ßom'mare] <sommo, ho sommato>, etw. zu etw. addieren aggiungere qc. a qc. [addschun'dschere] <aggiungo, ho aggiunto>

Adresse indirizzo [indi'rizzo] *m.*

Aids aids ['a|ids] *m.*

Akku batteria ricaricabile [batte'ria rikari'kabile] *f.*

Alkohol alcol ['alkol] *m.*

alkoholfrei ♂ analcolico [anal'kɔliko], ♀ analcolica [anal'kɔlika]

alle ♂ tutti ['tutti], ♀ tutte ['tutte]

allein *(Adjektiv)* ♂ solo ['ßolo], ♀ sola ['ßola], *(Adverb)* solamente [ßola'mente]

Allergie allergia [aller'dschia] *f.*

Allgemeinmediziner, **Allgemeinmedizinerin** medico di base ['mädiko di 'base] *m./f.*

als *(zeitlich)* quando ['ku̯ando], als ob/als wenn come se ['kome ße], als Kind da bambino [da bam'bino], *(nach einem Komparativ)* di [di], che [ke] *→Kurzgrammatik S. 153–154*

also *(gefolgt von einer Erläuterung)* dunque ['dunku̯e], *(gefolgt von einem Nebensatz)* quindi ['ku̯indi]

alt *(nicht mehr neu oder jung)* ♂ vecchio ['wäkkjo], ♀ vecchia ['wäkkja], *(nicht mehr jung: Personen)* ♂ anziano [an'zjano], ♀ anziana [an'zjana]

Alter età [e'ta] *f.*

Ameise formica [for'mika] *f.*

Ampel semaforo [ße'maforo] *m.*

an a [a], an die Tür klopfen bussare alla porta [buß'ßare 'alla 'pɔrta] <busso, ho bussato>, an der Kreuzung links abbiegen all'incrocio svoltare a sinistra [allin'krotscho swol'tare a ßi'nißtra] <svolto, ho svoltato>, am 20. Juli 2011 il 20 luglio 2011 [il 'wenti 'luljo duemila'unditschi], am Abend di sera [di 'ßera], am Strand in spiaggia [in 'ßpjaddscha]

anbieten offrire [of'frire] <offro, ho offerto>

anderer, **andere**, **anderes** ♂ altro ['altro], ♀ altra ['altra]

anders diversamente [diwerßa'mente], anders sein als essere diverso/diversa da ['äßßere di'wärßo/di'wärßa da]

Anfahrtsbeschreibung descrizione del percorso [deßkri'zjone del per'korßo] *f.*

Anfang inizio [i'nizjo] *m.*, am Anfang all'inizio [alli'nizjo], Anfang Mai ai primi di maggio [ai̯ 'primi di 'maddscho]

anfangen iniziare [ini'zjare] <inizio, ho iniziato>

Angebot offerta [of'färta] *f.*, im Angebot sein essere in offerta [äß'ßere in of'färta], *(Warenangebot)* scelta ['schelta] *f.*

ankommen arrivare [arri'ware] <arrivo, sono arrivato/arrivata>

Ankunft arrivo [ar'riwo] *m.*

anmelden *(bei einer zuständigen Stelle eintragen lassen)* jdn anmelden far registrare [far redschiß'trare] <faccio registrare, ho fatto registrare>, sich anmelden farsi registrare [far'ßi redschiß'trare] <mi faccio registrare, mi sono fatto/fatta registrare>, *(für einen Kurs, eine Schule)* jdn anmelden iscrivere [iß'kriwere] <iscrivo, ho iscritto>, sich anmelden iscriversi [iß'kriwerßi] <mi iscrivo, mi sono iscritto/iscritta>

Anruf chiamata [kja'mata] *f.*

anrufen chiamare [kja'mare] <chiamo, ho chiamato>

Anschluss *(auf Reisen)* collegamento [kollega'mento] *m., (Verkehrsverbindung)* coincidenza [ko|intschi'dänza] *f.*

Anschlussflug volo di coincidenza ['wolo di ko|intschi'dänza] *m.*

Anspitzer temperamatite [tämperama'tite] *m.*

Antibiotika antibiotici [anti'bjɔtitschi] *m. Pl.*

Antrag richiesta [ri'kjäßta] *f.*

Antwort risposta [riß'poßta] *f., (Entgegnung)* replica ['räplika] *f.*

antworten rispondere [riß'pondere] <rispondo, ho risposto>, *(erwidern)* ricambiare [rikam'bjare] <ricambio, ho ricambiato>

anzahlen etw. anzahlen pagare un acconto [pa'gare un ak'konto] <pago, ho pagato>

Anzahlung acconto [ak'konto] *m.*, eine Anzahlung leisten versare un acconto [wer'ßare un ak'konto] <verso, ho versato>

Anzeige *(Annonce)* annuncio [an'nuntscho] *m., (Strafanzeige)* denuncia [de'nuntscha] *f.*, Anzeige gegen jdn erstatten denunciare qn. [denun'tschare] <denuncio, ho denunciato>

Anzug abito da uomo ['abito da 'u̯ɔmo] *m.*

Apfel mela ['mela] *f.*

Apotheke farmacia [farma'tschia] *f.*

April aprile [a'prile] *m.*

Arbeit lavoro [la'woro] *m.*

arbeiten lavorare [lawo'rare] <lavoro, ho lavorato>

Arbeitserlaubnis permesso di lavoro [per'meßßo di la'woro] *m.*

arm *(Adjektiv)* ♂ povero ['pɔwero], ♀ povera ['pɔwera]

Arm braccio ['brattscho] *m.*, Arme braccia ['brattscha] *f. Pl.*

Armband braccialetto [brattscha'letto] *m.*

Armbanduhr orologio da polso [oro'lɔdscho da 'polßo] *m.*

Arzt, Ärztin medico ['mädiko] *m./f.*

auch anche ['anke], auch nicht neanche [ne'anke], Er spricht auch kein Italienisch. Anche lui non parla italiano. ['anke 'lui non 'parla ita'ljano], *(außerdem, überdies)* inoltre [i'noltre]

auf *(räumlich)* su [ßu], Die Zeitung liegt auf dem Tisch. Il giornale è sul tavolo. [il dschor'nale ä ßul 'tawolo], *(in Institution)* a [a], Sie geht auf die Fachhochschule. Va al politecnico. [wa al poli'täkniko], *(geöffnet, offen)* ♂ aperto [a'pärto], ♀ aperta [a'pärta], *(stehend, nicht liegend)* in piedi [in 'pjädi], Bist du noch auf? Sei ancora in piedi? [ßäi an'kora in 'pjädi]

Aufenthalt soggiorno [ßod'dschorno] *m.*, *(Zwischenstopp)* sosta ['ßɔßta] *f.*

aufhören smettere ['smettere] <smetto, ho smesso>, aufhören, etw. zu tun smettere di fare qc. ['smettere di 'fare]

aufstehen alzarsi [al'zarßi] <mi alzo, mi sono alzato/alzata>

Auge occhio ['ɔkkjo] *m.*

August agosto [a'goßto] *m.*, im August in agosto [in a'goßto]

aus *(von einem Ort)* da [da], Ich komme aus Leipzig. Vengo da Lipsia. ['wängo da 'Lipsja], *(zeitlich: vorbei)* ♂ finito [fi'nito], ♀ finita [fi'nita], Das Spiel ist aus. Il gioco è finito. [il 'dschɔko ä fi'nito], *(zur Angabe des Materials)* di [di], aus Holz di legno [di 'lenjo]

Ausdruck stampa ['ßtampa] *f.*, *(Wendung, Wort)* espressione [eßpreß'ßjone] *f.*

ausdrucken stampare [ßtam'pare] <stampo, ho stampato>

Ausfahrt uscita [u'schita] *f.*

Ausflug gita ['dschita] *f.*

ausfüllen compilare [kompi'lare] <compilo, ho compilato>

Ausgang uscita [u'schita] *f.*, *(Ort, an dem etw. endet)* fine ['fine] *f.*

ausgebucht ♂ completo [kom'pläto], ♀ completa [kom'pläta]

Auskunft informazione [informa'zjone] *f.*, *(Informationsstelle)* (servizio) informazioni [ßer'wizjo informa'zjoni] *f. Pl.*

ausmachen spegnere ['ßpänjere] <spengo, ho spento>

Ausschlag eruzione cutanea [eru'zjone ku'tanea] *f.*

aussehen sembrare [ßem'brare] <sembro, sono sembrato/sembrata>

aussteigen scendere ['schendere] <scendo, sono sceso/scesa>

Ausweis documento [doku'mento] *m.*, *(um eine Mitgliedschaft nachzuweisen)* tessera ['täßßera] *f.*

Auto automobile [auto'mɔbile] *f.*

Autobahn autostrada [auto'ßtrada] *f.*

Autobahnauffahrt raccordo di entrata [rak'kɔrdo di en'trata] *m.*

Automat distributore automatico [dißtribu'tore auto'matiko] *m.*, *(Geldautomat)* bancomat ['bankomat] *m.*

automatisch *(Adjektiv)* ♂ automatico [auto'matiko], ♀ automatica [auto'matika]

B

Baby bebè [be'bä] *m.*

Babyfläschchen biberon [bibe'rɔn] *m.*

Babynahrung alimenti per neonati [ali'menti per neo'nati] *m. Pl.*

Babypuder talco per bambini ['talko per bam'bini] *m.*

Bach ruscello [ru'schällo] *m.*

Bäcker, Bäckerin panettiere [panet'tjäre] *m.*, panettiera [panet'tjära] *f.*

Bäckerei panetteria [panette'ria] *f.*

Bad bagno ['banjo] *m.*

baden fare il banjo ['fare il 'banjo] <faccio, ho fatto>

Badewanne vasca da bagno ['waßka da 'banjo] *f.*

Bahn *(Zug)* treno ['träno] *m.*, *(Institution)* ferrovia [ferro'wia] *f.*

Bahnhof stazione [ßta'zjone] *f.*

Bahnsteig banchina [ban'kina] *f.*

bald presto ['präßto]

Balkon balcone [bal'kone] *m.*

Ball palla ['palla] *f.*

Banane banana [ba'nana] *f.*

Bank banca ['banka] *f.*

Bankleitzahl coordinate bancarie [ko|ordi'nate ban'karje] *f. Pl.*

bar in bar in contanti [in kon'tanti]

Bargeld denaro contante [de'naro kon'tante] *m.*

Batterie batteria [batte'ria] *f.*

Bauch pancia ['pantscha] *f.*

Baum albero ['albero] *m.*

Becher coppa ['kɔppa] *f.*

bedeuten significare [ßinjifi'kare] <significa, ha significato>

beginnen iniziare [ini'zjare] <inizio, ho iniziato>

behalten *(nicht weggeben)* tenere [te'nere] <tengo, ho tenuto>, *(nicht vergessen)* ricordare [rikor'dare] <ricordo, ho ricordato>

behindert ♂♀ disabile [di'sabile]

Behinderte disabile [di'sabile] *m./f.*

Behindertenausweis tessera di riconoscimento per disabili ['täßßera di rikonoschi'mento per di'sabili] *f.*

behindertengerecht per disabili [per di'sabili]

bei *(in der Nähe von)* presso ['präßßo], *(gleich daneben)* vicino [wi'tschino]

beide ♂ entrambi [en'trambi], ♀ entrambe [en'trambe]

Bein *(eines Menschen, einer Hose, von Möbeln)* gamba ['gamba] *f.*, *(eines Tieres)* zampa ['zampa] *f.*

bekommen ricevere [ri'tschewere] <ricevo, ho ricevuto>, ein Kind bekommen avere un bambino [a'were un bam'bino] <ho, ho avuto>

benutzen usare [u'sare] <uso, ho usato>, *(ein Verkehrsmittel oder eine Straße nehmen)* prendere ['prändere] <prendo, ho preso>

Berg monte ['monte] *m.*

Beruf professione [profeß'ßjone] *f.*

Beschwerde reclamo [re'klamo] *m.*, *(Schmerz)* disturbo [diß'turbo] *m.*

beschweren sich beschweren reclamare [rekla'mare] <reclamo, ho reclamato>, sich über etw. beschweren lamentarsi di qc. [lamen'tarßi di] <mi lamento, mi sono lamentato/lamentata>

besetzt *(Toilette, Umziehkabine, Telefonleitung)* ♂ occupato [okku'pato], ♀ occupata [okku'pata], Die Leitung ist besetzt. La linea è occupata. [la 'linea ä okku'pata]

besser *(Adjektiv)* ♂ ♀ migliore [mi'ljore], *(Adverb)* meglio ['mäljo]

bestätigen confermare [konfer'mare] <confermo, ho confermato>

Bestätigung conferma [kon'ferma] *f.*

bestellen ordinare [ordi'nare] <ordino, ho ordinato>

besuchen andare a trovare qn. [an'dare a tro'ware] <vado a trovare, sono andato/andata a trovare>, *(Orte, Veranstaltungen)* visitare [wisi'tare] <visito, ho visitato>, *(Schulen, Kurse)* frequentare [freku̯än'tare] <frequento, ho frequentato>

Bett letto ['lätto] *m.*, ins Bett gehen andare a letto [an'dare a 'lätto] <vado, sono andato/andata>

Bettbezug copriletto [kopri'lätto] *m.*

Bettlaken lenzuolo [len'zu̯ɔlo] *m.*

Bettzeug biancheria da letto [bjanke'ria da 'lätto] *f.*

bezahlen pagare [pa'gare] <pago, ho pagato>

Bier birra ['birra] *f.*

Bild immagine [im'madschine] *f.*, *(in einem Buch)* illustrazione [illußtra'zjone] *f.*, *(Gemälde)* quadro ['ku̯adro] *m.*, *(selbstgemalt)* dipinto [di'pinto] *m.*

billig *(günstig)* ♂ economico [eko'nɔmiko], ♀ economica [eko'nɔmika], *(von schlechter Qualität)* da poco [da 'pɔko], *(schäbig)* ♂ meschino [meß'kino], ♀ meschina [meß'kina]

Birne pera ['pera] *f.*

bis fino a ['fino a], bis Bremen fino a Brema ['fino a 'Brema], bis sechzehn Uhr fino alle sedici ['fino 'alle 'ßeditschi]

bisschen poco ['pɔko], ein bisschen un poco [un 'pɔko], kein bisschen neanche un poco [ne'anke un 'pɔko]

bitte *(wenn man um etw. bittet)* per favore [per fa'wore], *(wenn man etw. anbietet)* prego ['prägo]

Bitte domanda [do'manda] *f.*

bitten jdn um etw. bitten pregare qn. per qc. [pre'gare per]

bitter ♂ amaro [a'maro], ♀ amara [a'mara]

Blase *(Organ)* vescica [we'schika] *f.*, *(am Fuß, Lufteinschluss)* bolla ['bolla] *f.*

blau ♂ azzurro [az'zurro], ♀ azzurra [az'zurra]

bleiben rimanere [rima'nere] <rimango, sono rimasto/rimasta>

bleifrei senza piombo ['ßänza 'pjombo]

Bleistift matita [ma'tita] *f.*

blind ♂ cieco ['tschäko], ♀ cieca ['tschäka]

Blindenhund cane guida ['kane 'gu̯ida] *m.*

Blume fiore ['fjore] *m.*

Blumenladen negozio di fiori [ne'gɔzjo di 'fjori] *m.*
Bluse camicetta [kami'tschetta] *f.*
Blut sangue ['ßangue] *m.*
brauchen avere bisogno di [a'were bi'sonjo di] <ho bisogno di, ho avuto bisogno di>
braun ♂ ♀ marrone [mar'rone]
Brei *(für Babys)* farina lattea [fa'rina 'lattea] *f.*
breit ♂ largo ['largo], ♀ larga ['larga]
Breite larghezza [lar'gezza] *f.*
Bremse *(eines Fahrzeugs)* freno ['freno] *m.*, *(Stechfliege)* tafano [ta'fano] *m.*
bremsen frenare [fre'nare] <freno, ho frenato>
Brief lettera ['lättera] *f.*
Briefmarke francobollo [franko'bollo] *m.*
bringen portare [por'tare] <porto, ho portato>, **Können Sie mich zum Bahnhof bringen?** Mi può portare alla stazione? [mi puo por'tare 'alla ßta'zjone], *(mitbringen)* portare con sé [por'tare kon ße]
Bronchitis bronchite [bron'kite] *f.*
Brot pane ['pane] *m.*
Brötchen panino [pa'nino] *m.*
Bruder fratello [fra'tällo] *m.*
Brust petto ['pätto] *m.*
Buch libro ['libro] *m.*
buchen prenotare [preno'tare] <prenoto, ho prenotato>
Buchstabe lettera ['lättera] *f.*
buchstabieren compitare [kompi'tare] <compito, ho compitato>
Buchung prenotazione [prenota'zjone] *f.*
Büro ufficio [uf'fitscho] *m.*
Bus autobus ['autobuß] *m.*, *(Überlandbus)* autocorriera [autokor'rjära] *f.*, *(Reisebus)* pullman ['pulman] *m.*
Bushaltestelle fermata (dell'autobus) [fer'mata (del'lautobuß)] *f.*
Bußgeld multa ['multa] *f.*
Butter burro ['burro] *m.*

C

Café caffè [kaf'fä] *m.*
campen campeggiare [kamped'dschare] <campeggio, ho campeggiato>
Campingplatz camping [käm'ping] *m.*
CD cd [tschi'di] *m.*
Cent centesimo [tschen'täsimo] *m.*
Chance possibilità [poßßibili'ta] *f.*, *(Aussichten auf Erfolg)* probabilità di successo [probabili'ta di su'tschäßßo] *f.*
Chef, Chefin capo ['kapo] *m.*
christlich ♂ cristiano [kriß'tjano], ♀ cristiana [kriß'tjana]
Cola coca ['kɔka] *f.*
Computer computer [kom'pjuter] *m.*
Cousin, Cousine cugino [ku'dschino] *m.*, cugina [ku'dschina] *f.*
Creme crema ['kräma] *f.*

D

da *(weil)* perché [per'ke], *(in dem Moment)* in questo momento [in 'kueßto mo'mento], *(dort)* là [la]

Dach tetto ['tetto] *m.*

Dame signora [ßi'njora] *f.*

Damenbinde assorbente [aßßor'bänte] *m.*

Damentoilette toilette delle signore [toa'lät 'delle ßi'njore] *f.*

daneben *(räumlich neben einer Sache)* accanto [ak'kanto], (Da ist Peter.) Wer sitzt daneben? (Qui c'è Peter.) Chi gli siede accanto? [(kui tschä Peter) ki lji 'ßjede ak'kanto]

Dank gratitudine [grati'tudine] *f.*, Vielen Dank! molte grazie ['molte 'grazje]

danke grazie ['grazje]

danken ringraziare [ringra'zjare] <ringrazio, ho ringraziato>

dann *(zeitlich)* poi [pɔi], *(eine Konsequenz ausdrückend)* allora [al'lora]

das ♂ il [il], ♀ la [la]

dass che [ke]

Datum data ['data] *f.*

Daumen pollice ['pɔllitsche] *m.*

Decke coperta [ko'pärta] *f.*

defekt ♂ guasto ['guaßto], ♀ guasta ['guaßta]

dein, deine ♂ tuo ['tuo], ♀ tua ['tua]

denken pensare [pen'ßare] <penso, ho pensato>

denn perché [per'ke]

der ♂ il [il], ♀ la [la]

deutsch ♂ tedesco [te'deßko], ♀ tedesca [te'deßka]

Deutscher, Deutsche tedesco [te'deßko] *m.*, tedesca [te'deßka] *f.*

Deutschland Germania [dscher'manja] *f.*

Dezember dicembre [di'tschämbre] *m.*

Diät dieta ['djäta] *f.*

die ♂ il [il], ♀ la [la]

dich *(reflexiv)* ti [ti]

dick *(Person)* ♂ grasso ['graßßo], ♀ grassa ['graßßa], *(Schicht, Brett etc.)* ♂ spesso ['ßpeßßo], ♀ spessa ['ßpeßßa]

Dienstag martedì [marte'di] *m.*

dies ♂ questo ['kueßto], ♀ questa ['kueßta]

dieser, diese, dieses ♂ questo ['kueßto], ♀ questa ['kueßta]

Ding cosa ['kɔßa] *f.*

Diphtherie difterite [difte'rite] *f.*

direkt ♂ diretto [di'rätto] *m.*, ♀ diretta [di'rätta] *f.*

Direktflug volo diretto ['wolo di'rätto] *m.*

Dom duomo ['duɔmo] *m.*

Donnerstag giovedì [dschowe'di] *m.*

doppelt ♂ doppio ['doppjo], ♀ doppia ['doppja]

Doppelzimmer camera doppia ['kamera 'doppja] *f.*

Dorf villaggio [wil'laddscho] *m.*

dort là [la], dort drüben di là [di la]

Dose lattina [lat'tina] *f.*
draußen fuori ['fuɔri]
drinnen dentro ['dentro]
Drittel terzo ['tärzo] *m.*
drücken stringere ['ßtrindschere] <stringo, ho stretto>, *(Knopf)* premere ['prämere] <premo, ho premuto>
Drucker stampante [ßtam'pante] *f.*
du tu [tu]
dunkel ♂ scuro ['ßkuro], ♀ scura ['ßkura]
durch *(räumlich)* attraverso [attra'wärßo], eine Reise durch Italien un viaggio per l'Italia [un 'wjaddscho per li'talja]
Durchsage comunicato [komuni'kato] *m.*
dürfen potere [po'tere] <posso, ho potuto>
Durst sete ['ßete] *f.*, Durst haben avere sete [a'were 'ßete]
Dusche doccia ['dottscha] *f.*
duschen fare la doccia ['fare la 'dottscha] <faccio, ho fatto>

E

EC-Karte tessera bancomat ['täßßera 'bankomat] *f.*
Ehe matrimonio [matri'mɔnjo] *m.*
Ehefrau moglie ['molje] *f.*
Ehemann marito [ma'rito] *m.*
Ehepaar coppia di coniugi ['koppja di 'kɔnjudschi] *f.*
Ei uovo ['uɔvo] *m.*
eigener, **eigener**, **eigenes** ♂ proprio ['prɔprjo], ♀ propria ['prɔprja]
eilig *(schnell)* ♂ frettoloso [fretto'loso], ♀ frettolosa [fretto'losa], *(dringend)* ♂ ♀ urgente [ur'dschänte]
ein, **eine** *(unbestimmter Artikel)* ♂ un/uno [un/'uno], ♀ una ['una], *(Zahlwort)* ♂ uno ['uno], ♀ una ['una]
einfach ♂ ♀ facile ['fatschile]
Eingang ingresso [in'gräßßo] *m.*
einkaufen fare la spesa ['fare la 'ßpesa] <faccio, ho fatto>, etw. einkaufen comprare qc. [kom'prare] <compro, ho comprato>
Einkaufszentrum centro commerciale ['tschäntro kommer'tschale] *m.*
einladen invitare [inwi'tare] <invito, ho invitato>
Einladung invito [in'wito] *m.*
einlösen *(Scheck, Gutschein)* riscuotere [riß'kuɔtere] <riscuoto, ho riscosso>
einmal una volta ['una 'wɔlta]
einpacken impacchettare [impakket'tare] <impacchetto, ho impacchettato>, *(in Papier)* avvolgere [aw'wɔldschere] <avvolgo, ho avvolto>
einsteigen salire [ßa'lire] <salgo, sono salito/salita>
Einweg... ... a perdere [a 'pärdere]
Einzelzimmer camera singola ['kamera 'ßingola] *f.*
Eis ghiaccio ['gjattscho] *m.*, *(zum Essen)* gelato [dsche'lato] *m.*

Eisstadion palazzetto del ghiaccio [palaz'zetto del 'gjattscho] *m.*

Eltern genitori [dscheni'tori] *m. Pl.*

E-Mail e-mail [i'mäil] *f.*

Empfänger, Empfängerin destinatario [deßtina'tarjo] *m.*, destinataria [deßtina'tarja] *f.*

empfehlen raccomandare [rakkoman'dare] <raccomando, ho raccomandato>

Ende fine ['fine] *f.*

entgräten togliere la lisca ['toljere la 'lißka] <tolgo la lisca, ho tolto la lisca>

entschuldigen jdn entschuldigen scusare [ßku'sare] <scuso, ho scusato>, sich entschuldigen scusarsi [ßku'sarßi] <mi scuso, mi sono scusato/scusata>

Entschuldigung scusa ['ßkusa] *f.*, Entschuldigung! Scusa! ['ßkusa], *(höflicher)* Mi scusi! [mi 'ßkusi]

entspannen sich entspannen rilassarsi [rilaß'ßarßi] <mi rilasso, mi sono rilassato/rilassata>

entwickeln sviluppare [swilup'pare] <sviluppo, ho sviluppato>

Entwicklung sviluppo [swi'luppo] *m.*

er lui ['lui]

Erdbeere fragola ['fragola] *f.*

Erdgeschoss pianterreno [pjanter'reno] *m.*

erklären spiegare [ßpje'gare] <spiego, ho spiegato>

erlauben permettere [per'mettere] <permetto, ho permesso>

Ermäßigung riduzione [ridu'zjone] *f.*

erster, erste, erstes ♂ primo ['primo], ♀ prima ['prima]

erwachsen ♂ adulto [a'dulto], ♀ adulta [a'dulta]

Erwachsener, Erwachsene adulto [a'dulto] *m.*, adulta [a'dulta] *f.*

erzählen raccontare [rakkon'tare] <racconto, ho raccontato>

essen mangiare [man'dschare] <mangio, ho mangiato>, zum Essen ausgehen andare a mangiare fuori [an'dare a man'dschare 'fuori] <vado, sono andato/andata>

Essig aceto [a'tscheto] *m.*

Etage piano ['pjano] *m.*

Etikett etichetta [eti'ketta] *f.*

euch voi [woi]

euer, eure ♂ il vostro [il 'wɔßtro], ♀ la vostra [la 'wɔßtra]

Euro euro ['äluro] *m.*

Europa Europa [älu'rɔpa] *f.*

Europäer, Europäerin europeo [älurɔ'päo] *m.*, europea [älurɔ'päa] *f.*

europäisch ♂ europeo [älurɔ'päo], ♀ europea [älurɔ'päa]

F

Fabrik fabbrica ['fabbrika] *f.*

Fahne bandiera [ban'djära] *f.*

Fähre traghetto [tra'getto] *m.*

fahren andare [an'dare] <vado, sono andato/andata>, mit dem Auto fahren andare in automobile [an'dare in auto'mɔbile], *(selber am Steuer)* guidare [gui'dare] <guido, ho guidato>

Fahrer, Fahrerin conducente [kondu'tschänte] *m./f.*, *(professioneller Fahrer)* autista [au'tißta] *m./f.*

Fahrkarte biglietto [bi'ljetto] *m.*

Fahrplan orario [o'rarjo] *m.*

Fahrrad bicicletta [bitschi'kletta] *f.*

Fahrt *(im Auto, Motorrad)* viaggio ['wjaddscho] *m.*, *(Strecke)* corsa ['korßa] *f.*

Fahrzeugschein libretto del veicolo [li'bretto del we'li:kolo] *m.*

fallen cadere [ka'dere] <cado, sono caduto/caduta>, etw. fallen lassen far cadere qc. [far ka'dere] <faccio, ho fatto>

falsch ♂ sbagliato [sba'ljato], ♀ sbagliata [sba'ljata]

Familie famiglia [fa'milja] *f.*

familienfreundlich ideale per famiglie [ide'ale per fa'milje], familienfreundlich sein essere ideale per famiglie ['äßßere]

Familienname cognome [ko'njome] *m.*

Familienstand stato civile ['ßtato tschi'wile] *m.*

Farbe colore [ko'lore] *m.*, *(Gesichtsfarbe)* colorito [kolo'rito] *m.*

Fass botte ['botte] *f.*, vom Fass alla spina ['alla 'ßpina]

fast quasi ['kuasi]

Fax fax [fax] *m.*

faxen faxare [fa'xare] <faxo, ho faxato>

Faxnummer numero di fax ['numero di fax] *m.*

Februar febbraio [feb'brajo] *m.*

fehlen mancare [man'kare] <manca, è mancato/mancata>, Eine Person fehlt noch. Manca ancora una persona. ['manka an'kora 'una per'ßona]

Fehler errore [er'rore] *m.*

Feier festa ['fäßta] *f.*

Feiertag giorno festivo ['dschorno feß'tiwo] *m.*

Feld campo ['kampo] *m.*

Fels roccia ['rɔttscha] *f.*

Fenster finestra [fi'näßtra] *f.*

Ferien ferie ['färje] *f. Pl.*

Ferienhaus casa per le vacanze ['kaßa per le wa'kanze] *f.*

Fernglas binocolo [bi'nɔkolo] *m.*

fernsehen guardare la televisione [guar'dare la telewi'sjone] <guardo, ho guardato>

Fernsehen televisione [telewi'sjone] *f.*

fertig ♂ pronto ['pronto], ♀ pronta ['pronta]

Fertiggericht piatto pronto ['pjatto 'pronto] *m.*

Festland continente [konti'nänte] *m.*, das europäische Festland il continente europeo [il konti'nänte äluro'päo]

Feuer fuoco ['fuɔko] *m.*

Feuerzeug accendino [attschen'dino] *m.*

Fieber febbre ['fäbbre] *f.*

Fieberthermometer termometro [ter'mɔmetro] *m.*

Film *(im Fernsehen, Kino)* film [film] *m.*, *(Bildträger)* pellicola [pel'likola] *f.*

finden *(Gesuchtes auffinden)* finden trovare [tro'ware] <trovo, ho trovato>, *(beurteilen)* gut finden trovare buono [tro'ware 'buɔno], Wie findest du ...? Come trovi? ['kome 'trɔwi]

Finger dito ['dito] *m.*

Firma ditta ['ditta] *f.*

Fisch pesce ['pesche] *m.*

Fischstäbchen bastoncini di pesce [baston'tschini di 'pesche] *m. Pl.*

flach ♂ piatto ['pjatto], ♀ piatta ['pjatta]

Flasche bottiglia [bot'tilja] *f.*

Flaschenöffner apribottiglie [apribot'tilje] *m.*

Fleisch carne ['karne] *f.*

Fleischer, **Fleischerin** macellaio [matschel'lajo] *m.*, macellaia [matschel'laja] *f.*

Fleischerei macelleria [matschelle'ria] *f.*

fliegen *(durch die Luft)* volare [wo'lare] <volo, ho volato>

Flug volo ['wolo] *m.*

Flughafen aeroporto [a|äro'pɔrto] *m.*

Flugzeug aereo [a'|äreo] *m.*

Fluss fiume ['fjume] *m.*

Formular modulo ['mɔdulo] *m.*, ein Formular ausfüllen compilare un modulo [kompi'lare un 'mɔdulo] <compilo, ho compilato>

Foto fotografia [fotogra'fia] *f.*

fotografieren fotografare [fotogra'fare] <fotografo, ho fotografato>

Frage domanda [do'manda] *f.*

fragen domandare [doman'dare] <domando, ho domandato>

französisch ♂ ♀ francese [fran'tschese]

Frau donna ['dɔnna] *f.*, *(Anrede für verheiratete Frau)* signora [si'njora]

frei ♂ libero ['libero], ♀ libera ['libera]

Freitag venerdì [wener'di] *m.*

Freizeit tempo libero ['tämpo 'libero] *m.*

fremd *(nicht bekannt)* ♂ estraneo [eß'traneo], ♀ estranea [eß'tranea], *(von einem anderen Land oder Volk)* ♂ straniero [ßtra'njero], ♀ straniera [ßtra'njera]

Fremdenverkehrsbüro ufficio per il turismo [uf'fitscho per il tu'rismo] *m.*

freuen sich freuen essere contento/contenta ['äßßere kon'tänto/kon'tänta] <sono contento/contenta, sono stato contento/contenta>, sich über etw. freuen essere contento/contenta di qc. ['äßßere kon'tänto/kon'tänta di]

Freund, **Freundin** amico [a'miko] *m.*, amica [a'mika] *f.*, *(Partner in einer Beziehung)* ragazzo [ra'gazzo] *m.*, ragazza [ra'gazza] *f.*

Friseur, **Friseurin** parrucchiere [parruk'kjäre] *m.*, parrucchiera [parruk'kjära] *f.*
früh *(Adverb)* presto ['präßto]
früher *(Komparativ von „früh")* più presto [pju 'präßto], Gibt es einen früheren Flug? C'è un volo prima? [tschä un 'wolo 'prima], *(einst)* un tempo [un 'tämpo]
Frühling primavera [prima'wära] *f.*
Frühstück colazione [kola'zjone] *f.*
frühstücken fare colazione ['fare kola'zjone] <faccio, ho fatto>
führen guidare [gu̯i'dare] <guido, ho guidato>
Führerschein patente [pa'tänte] *f.*
für per [per]
Fuß piede ['pjäde] *m.*
Fußball calcio ['kaltscho] *m.*

G

Gabel *(Essbesteck)* forchetta [for'ketta] *f.*, *(des Fahrrads)* forcella [for'tschälla] *f.*
Garage garage [ga'rasch] *m.*
Garten giardino [dschar'dino] *m.*
Gärtner, **Gärtnerin** giardiniere [dschardi'njäre] *m.*, giardiniera [dschardi'njära] *f.*
Gast ospite ['ɔßpite] *m./f.*, *(im Lokal)* cliente [kli'änte] *m./f.*
Gebäude edificio [edi'fitscho] *m.*
geben dare ['dare] <do, ho dato>
Gebirge montagne [mon'tanje] *f. Pl.*
geboren ♂ nato ['nato], ♀ nata ['nata], Wann sind Sie geboren? Quando è nato/nata? ['ku̯ando ä 'nato/'nata]
Geburtsdatum data di nascita ['data di 'naschita] *f.*
Geburtsort luogo di nascita ['lu̯ɔgo di 'naschita] *m.*
Geburtstag compleanno [komple'anno] *m.*, Herzlichen Glückwunsch zum Geburtstag! Tanti auguri di buon compleanno! ['tanti a̯u'guri di bu̯ɔn komple'anno]
Gedeck coperto [ko'pärto] *m.*
gefallen jdm gefallen piacere a qn. [pja:'tschere] <mi piace, mi è piaciuto/piaciuta>, Das Rot gefällt mir. Mi piace il rosso. [mi 'pja:tsche il 'roßßo]
Gefängnis prigione [pri'dschone] *f.*
gegen *(Ablehnung ausdrückend)* contro ['kontro], *(ungefähr)* circa ['tschirka], gegen 20 Uhr verso le otto di sera ['wärßo le 'ɔtto di 'ßera]
Gegend *(Stadtteil, Region)* zona ['zɔna] *f.*, *(Umgebung)* dintorni [din'torni] *m. Pl.*
gehen andare [an'dare] <vado, sono andato/andata>, Das Radio geht nicht. La radio non funziona. [la 'radjo non fun'zjona]
gehören appartenere [apparte'nere] <appartengo, sono appartenuto/appartenuta>
gelb ♂ giallo ['dschallo], ♀ gialla ['dschalla]
Geld denaro [de'naro] *m.*
Gemüse verdura [wer'dura] *f.*
Gepäck bagaglio [ba'galjo] *m.*

gerade *(zeitlich)* adesso [a'däßßo], *(nicht krumm)* ♂ diritto [di'ritto], ♀ diritta [di'ritta]
geradeaus dritto ['dritto]
Gericht *(zum Essen)* piatto ['pjatto] *m.*
gern volentieri [wolen'tjäri]
Geschäft negozio [ne'gɔzjo] *m.*
Geschenk regalo [re'galo] *m.*
geschieden ♂ separato [ßepa'rato], ♀ separata [ßepa'rata]
Geschmack gusto ['gußto] *m.*
Gesicht viso ['wiso] *m.*
Gespräch conversazione [konwerßa'zjone] *f.*
gestern ieri ['järi]
gesund ♂ sano ['ßano], ♀ sana ['ßana]
Gesundheit salute [ßa'lute] *f.*, Gesundheit! Salute! [ßa'lute]
Getränk bevanda [be'wanda] *f.*
Gewicht peso ['peso] *m.*
Glas *(Trinkglas)* bicchiere [bik'kjäre] *m.*, *(mit Fuss)* calice ['kalitsche] *m.*
glauben credere ['kredere] <credo, ho creduto>
gleich *(sofort)* subito ['ßubito], *(übereinstimmend aber nicht identisch)* ♂ ♀ uguale [u'gu̯ale]
Gleis *(Schienen)* binario [bi'narjo] *m.*, *(Bahnsteig)* banchina [ban'kina] *f.*
Gleitschirmfliegen parapendio [parapen'dio] *m.*
Glück felicità [felitschi'ta] *f.*, *(zufallsbedingt)* fortuna [for'tuna] *f.*, Glück haben avere fortuna [a'were for'tuna]
glücklich ♂ ♀ felice [fe'litsche], *(zufallsbedingt)* ♂ fortunato [fortu'nato], ♀ fortunata [fortu'nata]
Golf golf [gɔlf] *m.*
Golfplatz campo da golf ['kampo da gɔlf] *m.*
Grad grado ['grado] *m.*
Gramm grammo ['grammo] *m.*
Gräte lisca ['lißka] *f.*
gratulieren fare le congratulazioni ['fare le kongratula'zjoni] <faccio, ho fatto>
grau ♂ grigio ['gridscho], ♀ grigia ['gridscha]
groß ♂ grosso ['grɔßßo], ♀ grossa ['grɔßßa], *(hochgewachsen)* ♂ alto ['alto], ♀ alta ['alta]
Größe taglia ['talja] *f.*, *(von Schuhen)* numero ['numero] *m.*, *(Höhe)* altezza [al'tezza] *f.*
Großeltern nonni ['nɔnni] *m. Pl.*
Großmutter nonna ['nɔnna] *f.*
Großvater nonno ['nɔnno] *m.*
grün ♂ ♀ verde ['werde]
Gruß saluto [ßa'luto] *m.*, Schöne Grüße an ...! Cari saluti a ...! [kari ßa'luti a]
grüßen salutare [ßalu'tare] <saluto, ho salutato>, Grüß ... von mir! Saluta ... da parte mia! [ßa'luta ... da 'parte mia]
gültig ♂ valido ['waːlido], ♀ valida ['waːlida]
Gurke cetriolo [tschetri'ɔlo] *m.*

gut *(Adjektiv)* ♂ buono ['buɔno], ♀ buona ['buɔna], *(Adverb)* bene ['bäne], gut gemacht ben fatto [bän 'fatto]

H

Haar capello [ka'pello] *m.*, *(Gesamtheit aller Kopfhaare)* capigliatura [kapilja'tura] *f.*

haben avere [a'were] <ho, ho avuto>

Hähnchen pollo ['pollo] *m.*

halb halb drei le due e mezzo [le 'due e 'mäzzo]

halber, **halbe**, **halbes** ♂ mezzo ['mäzzo], ♀ mezza ['mäzza], ein halbes Kilo mezzo chilo ['mäzzo 'kilo]

Halbpension mezza pensione ['mäzza pen'ßjone] *f.*

Hälfte metà [me'ta] *f.*

hallo ciao ['tschao], *(am Telefon)* pronto ['pronto]

Hals *(außen)* collo ['kɔllo] *m.*, *(innen)* gola ['gola] *f.*, Halsschmerzen mal di gola [mal di 'gola]

Halskette collana [kol'lana] *f.*

halten tenere [te'nere] <tengo, ho tenuto>

Hand mano ['mano] *f.*

Handschuh guanto ['guanto] *m.*

Handtuch asciugamano [aschuga'mano] *m.*

Handy cellulare [tschellu'lare] *m.*

Hauptspeise piatto principale ['pjatto printschi'pale] *m.*

Haus casa ['kaßa] *f.*, zu Hause a casa [a 'kaßa]

Haustier animale domestico [ani'male do'mäßtiko] *m.*

Hauswein vino della casa ['wino 'della 'kaßa] *m.*

heiraten sposare [ßpo'sare] <sposo, ho sposato>

heiß ♂ ♀ bollente [bol'länte]

helfen aiutare [aju'tare] <aiuto, ho aiutato>

hell ♂ chiaro ['kjaro], ♀ chiara ['kjara]

Hemd camicia [ka'mitscha] *f.*

Hepatitis epatite [epa'tite] *f.*

Herbst autunno [au'tunno] *m.*

Herd fornello [for'nällo] *m.*

Herr *(in der Anrede)* signor [ßi'njor] *m.*, *(höflich für „Mann")* signore [ßi'njore] *m.*

Herrentoilette toilette per uomini [toa'lät per 'uɔmini] *f.*

heute oggi ['ɔddschi], heute Nacht stanotte [ßta'nɔtte]

hier qui [kui], hier entlang per di qua [per di kua]

Hilfe aiuto [a'juto] *m.*, Erste Hilfe pronto soccorso ['pronto ßok'korßo] *m.*

Himbeere lampone [lam'pone] *m.*

hinten dietro ['djätro], *(auf der rückwärtigen Seite)* di dietro [di 'djätro]

hoch ♂ alto ['alto], ♀ alta ['alta]

Hochglanz lucentezza [lutschen'tezza] *f.*

Hochstuhl seggiolone [ßeddscho'lone] *m.*

Höhe altezza [al'tezza] *f.*, *(über dem Meeresspiegel)* altitudine [alti'tudine] *f.*

Höhle caverna [ka'werna] *f.*, *(künstlich oder mit verzweigten Gängen)* grotta ['grɔtta] *f.*

holen andare a prendere [an'dare a 'prändere] <vado, sono andato/andata>

homosexuell ♂ ♀ omosessuale [omoßeßßu'ale]

Honig miele ['mjäle] *m.*

hören sentire [ßen'tire] <sento, ho sentito>, *(zuhören)* ascoltare [aßkol'tare] <ascolto, ho ascoltato>

Hose pantaloni [panta'loni] *m. Pl.*, kurze Hose pantaloncini [pantalon'tschini] *m. Pl.*

Hotel hotel [o'täl] *m.*

hübsch ♂ carino [ka'rino], ♀ carina [ka'rina]

Huhn gallina [gal'lina] *f.*

Hund cane ['kane] *m.*

Hunger fame ['fame] *f.*, Hunger haben avere fame [a'were 'fame]

hungrig ♂ affamato [affa'mato], ♀ affamata [affa'mata]

Husten tosse ['toßße] *f.*

Hustensaft sciroppo per la tosse [schi'rɔppo per la 'toßße] *m.*

I

ich io ['io]

Idee idea [i'däa] *f.*

ihr *(Personalpronomen: 2. Person Plural)* voi [woi] →*Kurzgrammatik S. 156*

ihr, ihre *(Possessivbegleiter: 3. Person, Singular)* ♂ il suo [il 'ßuo], ♀ la sua [la 'ßua], *(Possessivbegleiter: 3. Person Plural)* il loro [il 'loro] →*Kurzgrammatik S. 159*

Ihr, Ihre ♂ Suo ['ßuo], ♀ Sua ['ßua] →*Kurzgrammatik S. 159*

immer sempre ['ßämpre], immer noch ancora [an'kora]

Impfpass certificato di vaccinazione [tschertifi'kato di wattschina'zjone] *m.*

in in [in], in Florenz a Firenze [a fi'ränze], *(vor Zeitangaben)* tra [tra]

Information informazione [informa'zjone] *f.*

innen dentro ['dentro]

innerhalb *(räumlich)* innerhalb (von) all'interno di [allin'tärno di], *(zeitlich)* entro ['entro]

Insekt insetto [in'ßätto] *m.*

Insektenbiss puntura d'insetto [pun'tura din'ßätto] *f.*

Insel isola ['isola] *f.*

Insulin insulina [inßu'lina] *f.*

interessant ♂ ♀ interessante [intereß'ßante]

Internet Internet ['internät] *m.*

Italien Italia [i'talja] *f.*

Italiener, Italienerin italiano [ita'ljano] *m.*, italiana [ita'ljana] *f.*

italienisch ♂ italiano [ita'ljano], ♀ italiana [ita'ljana]

J

ja sì [ßi]

Jacke giacca ['dschakka] *f.*, *(aus Wolle)* cardigan ['kardigan] *m.*

Jagd caccia ['kattscha] *f.*

Jahr anno ['anno] *m.*

Jahreszeit stagione [ßta'dschone] *f.*
Januar gennaio [dschen'najo] *m.*
Jeans jeans ['dschins] *m. Pl.*
jeder, **jede**, **jedes** *(vor dem Nomen)* ♂ ♀ ogni ['onji], *(als Pronomen)* ♂ ciascuno [tschaß'kuno], ♀ ciascuna [tschaß'kuna]
jemand ♂ qualcuno [ku̯al'kuno], ♀ qualcuna [ku̯al'kuna]
jetzt adesso [a'däßßo]
Joghurt yogurt ['jɔgurt] *m.*
Jucken prurito [pru'rito] *m.*
Jugendherberge ostello della gioventù [o'ßtällo 'della dschowen'tu] *m.*
Jugendlicher, **Jugendliche** giovane ['dschowane] *m./f.*
Juli luglio ['luljo] *m.*
jung ♂ ♀ giovane ['dschowane]
Junge ragazzo [ra'gazzo] *m.*
Juni giugno ['dschunjo] *m.*
Juwelier, **Juwelierin** gioielliere [dschojel'ljäre] *m.*, gioielliera [dschojel'ljära] *f.*

K

Kabel cavo ['kawo] *m.*
Kaffee caffè [kaf'fä] *m.*
Kakao *(Pulver)* cacao [ka'kao] *m.*, *(zum Trinken: heiß)* cioccolata [tschokko'lata] *f.*
Kakerlake scarafaggio [ßkara'faddscho] *m.*
kalt ♂ freddo ['freddo], ♀ fredda ['fredda]
Kamera macchina fotografica ['makkina foto'grafika] *f.*
Kamm pettine ['pättine] *m.*
kämmen pettinare [petti'nare] <pettino, ho pettinato>
kämpfen combattere [kom'battere] <combatto, ho combattuto>
Kappe cuffia ['kuffja] *f.*
kaputt ♂ rotto ['rotto], ♀ rotta ['rotta], **kaputt machen** rompere ['rompere] <rompo, ho rotto>
Karotte carota [ka'rɔta] *f.*
Karte *(Visitenkarte)* biglietto da visita [bi'ljetto da 'wisita], *(Spielkarte)* carta da gioco ['karta da 'dschɔko] *f.*, *(Postkarte)* cartolina [karto'lina] *f.*, *(Landkarte)* cartina [kar'tina] *f.*, *(Speisekarte)* menù [me'nu] *m.*
Kartoffel patata [pa'tata] *f.*
Käse formaggio [for'maddscho] *m.*
Kasse cassa ['kaßßa] *f.*
Katze gatto ['gatto] *m.*
kaufen comprare [kom'prare] <compro, ho comprato>
Kaufhaus grandi magazzini ['grandi magaz'zini] *m. Pl.*
Kaugummi gomma da masticare ['gomma da maßti'kare] *f.*
Kehle gola ['gola] *f.*
kein, **keine** *(Indefinitartikel)* ♂ nessun [neß'ßun] *m.*, ♀ nessuna [neß'ßuna] *f.*, *(vor Subst.)* **Ich habe keine Zeit.** Non ho tempo. [non ho 'tämpo]

keiner, **keine** *(Pronomen)* ♂ nessuno [neß'ßuno] *m.*, ♀ nessuna [neß'ßuna] *f.*
Keks biscotto [biß'kɔtto] *m.*
Keller cantina [kan'tina] *f.*
Kellner, **Kellnerin** cameriere [kame'rjäre] *m.*, cameriera [kame'rjära] *f.*
kennen conoscere [ko'noschere] <conosco, ho conosciuto>
Ketchup ketchup ['ketschap] *m.*
Kilogramm chilogrammo [kilo'grammo] *m.*
Kilometer chilometro [ki'lɔmetro] *m.*
Kind bambino [bam'bino] *m.*, bambina [bam'bina] *f.*
Kinderbecken piscina per bambini [pi'schina per bam'bini] *f.*
kinderfreundlich ideale per bambini [ide'ale per bam'bini]
Kindergarten asilo [a'silo] *m.*
Kinderwagen *(für Babys, zum Darin-Liegen)* carrozzina [karroz'zina] *f.*, *(für Kleinkinder, zum Darin-Sitzen)* passeggino [paßßed'dschino] *m.*
Kino cinema ['tschinema] *m.*
Kiosk chiosco ['kjɔßko] *m.*, *(für Zeitschriften)* edicola [e'dikola] *f.*, *(für Rauchwaren)* tabaccaio [tabak'kajo] *m.*
Kirche chiesa ['ki̯eßa] *f.*
Kissen cuscino [ku'schino] *m.*
Kissenbezug federa ['fädera] *f.*
Kleid vestito [weß'tito] *m.*
Kleidung abbigliamento [abbilja'mento] *m.*
klein ♂ piccolo ['pikkolo], ♀ piccola ['pikkola]
Kleingeld spiccioli ['ßpittscholi] *m. Pl.*
Kneipe osteria [oßte'ria] *f.*
Knochen osso ['ɔßßo] *m.*
Knopf *(zum Darauf-Drücken)* pulsante [pul'ßante] *m.*, *(an der Kleidung)* bottone [bot'tone] *m.*
Koch, **Köchin** cuoco ['ku̯ɔko] *m.*, cuoca ['ku̯ɔka] *f.*
kochen etw. kochen cucinare qc. [kutschi'nare] <cucino, ho cucinato>, *(sieden)* bollire [bol'lire] <bolle, ha bollito>
Koffer valigia [wa'lidscha] *f.*
kommen venire [we'nire] <vengo, sono venuto/venuta>, *(ankommen)* arrivare [arri'ware] <arrivo, sono arrivato/arrivata>
Kommission commissione [kommiß'ßjone] *f.*
Kompass bussola ['bußßola] *f.*
Konditorei pasticceria [paßtittsche'ria] *f.*
Kondom preservativo [preserwa'tiwo] *m.*
können potere [po'tere] <posso, ho potuto>, *(die Fähigkeit oder das Wissen haben)* sapere [ßa'pere] <so, ho saputo>
Konsulat consolato [konßo'lato] *m.*
Kontinent continente [konti'nänte] *m.*
Konto conto ['konto] *m.*
Kontonummer numero di conto ['numero di 'konto] *m.*
Kontrolle controllo [kon'trɔllo] *m.*

kontrollieren controllare [kontrol'lare] <controllo, ho controllato>
Konzert concerto [kon'tschärto] *m.*
Kopf testa ['täßta] *f.*
Kopfweh mal di testa [mal di 'täßta] *m.*
Korb cesto ['tscheßto] *m.*
Korken tappo ['tappo] *m.*
Korkenzieher cavatappi [kawa'tappi] *m.*
Körper corpo ['kɔrpo] *m.*
kosten costare [koß'tare] <costa, è costato/costata>
Kostüm *(Jackett und Rock)* tailleur [ta'jör] *m.*, *(Verkleidung)* costume [koß'tume] *m.*
Krabbe granchio ['grankjo] *m.*
krank ♂ malato [ma'lato], ♀ malata [ma'lata]
Krankenhaus ospedale [oßpe'dale] *m.*
Krankenpfleger, **Krankenpflegerin** infermiere [infer'mjäre] *m.*, infermiera [infer'mjära] *f.*
Krankenschwester infermiera [infer'mjära] *f.*
Krankenwagen ambulanza [ambu'lanza] *f.*
Krankheit malattia [malat'tia] *f.*
Kreditkarte carta di credito ['karta di 'kredito] *f.*
Kreditkartennummer numero di carta di credito ['numero di 'karta di 'kredito] *m.*
Krieg guerra ['gu͜ärra] *f.*
kriegen ricevere [ri'tschewere] <ricevo, ho ricevuto>
Krücke stampella [ßtam'pälla] *f.*
Küche cucina [ku'tschina] *f.*, die italienische Küche la cucina italiana [la ku'tschina ita'ljana]
Kuchen dolce ['doltsche] *m.*
Kugelschreiber biro® ['biro] *f.*
kühlen raffreddare [raffred'dare] <raffreddo, ho raffreddato>
Kühlschrank frigorifero [frigo'rifero] *m.*
Kunst arte ['arte] *f.*
Kunsthandwerk artigianato [artidscha'nato] *m.*
Kupplung frizione [fri'zjone] *f.*
Kurs corso ['korßo] *m.*
kurz ♂ corto ['korto], ♀ corta ['korta]
Kuss bacio ['batscho] *m.*
küssen baciare [ba'tschare] <bacio, ho baciato>
Küste costa ['kɔßta] *f.*

L

lächeln sorridere [ßor'ridere] <sorrido, ho sorriso>
lachen ridere ['ridere] <rido, ho riso>
Ladegerät caricabatterie [karikabatte'rie] *m.*
laden caricare [kari'kare] <carico, ho caricato>
Laden negozio [ne'gɔzjo] *m.*
Laken lenzuolo [len'zu͜ɔlo] *m.*
Land paese [pa'ese] *m.*
lang *(Adjektiv)* ♂ lungo ['lungo], ♀ lunga ['lunga], Wie lang wird das dauern? Quanto tempo durerà? ['ku͜anto 'tämpo dure'ra]

lange a lungo [a 'lungo], Müssen wir lange warten? Dobbiamo aspettare a lungo? [dob'bjamo aßpet'tare a 'lungo]

Länge lunghezza [lun'gezza] *f.*

langsam *(Adjektiv)* ♂ lento ['länto], ♀ lenta ['länta], *(Adverb)* lentamente [lenta'mente]

Lastwagen autocarro [auto'karro] *m.*

Lauch porro ['pɔrro] *m.*

laufen *(rennen)* correre ['korrere] <corro, ho corso>, *(zu Fuß unterwegs sein)* camminare [kammi'nare] <cammino, ho camminato>

Laus pidocchio [pi'dɔkkjo] *m.*

laut ♂ ♀ forte ['fɔrte], *(unangenehm)* ♂ rumoroso [rumo'roso], ♀ rumorosa [rumo'rosa]

leben vivere ['wiwere] <vivo, ho vissuto>

Leben vita ['wita] *f.*

Lebensmittel alimentari [alimen'tari] *m. Pl.*

Leber fegato ['fegato] *m.*

lecker ♂ delizioso [deli'zjoso], ♀ deliziosa [deli'zjosa]

Leder pelle ['pälle] *f.*

ledig ♂ celibe ['tschälibe], ♀ nubile ['nubile]

leer ♂ vuoto ['wuɔto], ♀ vuota ['wuɔta]

legal ♂ ♀ legale [le'gale]

legen mettere ['mettere] <metto, ho messo>

leicht *(Gewicht)* ♂ leggero [led'dschäro], ♀ leggera [led'dschära], *(einfach)* ♂ ♀ facile ['fatschile]

leider purtroppo [pur'trɔppo]

leihen noleggiare [noled'dschare] <noleggio, ho noleggiato>, sich etw. leihen farsi prestare qc. ['farßi preß'tare] <mi faccio prestare, mi sono fatto/fatta prestare>, jdm etw. leihen prestare qc. a qn. [preß'tare] <presto, ho prestato>

Leine *(für die Wäsche)* corda per il bucato ['kɔrda per il bu'kato] *f.*, *(für den Hund)* guinzaglio [guin'zaljo] *m.*

leise ♂ silenzioso [ßilen'zjoso], ♀ silenziosa [ßilen'zjosa]

lenken guidare [gui'dare] <guido, ho guidato>

lernen imparare [impa'rare] <imparo, ho imparato>, *(für Prüfung)* studiare [ßtu'djare] <studio, ho studiato>

lesbisch ♂ lesbico ['läsbiko] ♀ lesbica ['läsbika]

lesen leggere ['läddschere] <leggo, ho letto>

letzter, letzte, letztes ♂ ultimo ['ultimo], ♀ ultima ['ultima]

Leute gente ['dschänte] *f.*

Licht luce ['lu:tsche] *f.*

Liebe amore [a'more] *m.*

lieben amare [a'mare] <amo, ho amato>

Lied canzone [kan'zone] *f.*

liegen *(in horizontaler Position)* stare sdraiato/sdraiata ['ßtare sdra'jato/sdra'jata] <sto sdraiato,

sono stato sdraiato/stata sdraiata>, *(sich befinden)* trovarsi [tro'warßi] <mi trovo, mi sono trovato/trovata>

Likör liquore [li'ku̯ɔre] *m.*

lila lilla ['lilla] *m./f.*

Limonade gassosa [gaß'ßosa] *f.*

links a sinistra [a ßi'nißtra]

Linse *(Hülsenfrucht)* lenticchia [lentik'kja] *f.*, *(einer Kamera, des Auges, Kontaktlinse)* lente ['länte] *f.*

Lippe labbro ['labbro] *m.*, sich auf die Lippen beißen mordersi le labbra ['mɔrderßi le 'labbra] *f. Pl.*

Lippenstift rossetto [roß'ßetto] *m.*

Liter litro ['litro] *m.*

Lkw camion ['kamjon] *m.*

Locke ricciolo [rit'tscholo] *m.*

Löffel cucchiaio [kuk'kjajo] *m.*, *(für den Nachtisch)* cucchiaino [kukkja'ino] *m.*

Lösung soluzione [ßolu'zjone] *f.*

Lotion lozione [lo'zjone] *f.*

Luft aria ['arja] *f.*

Lunge polmone [pol'mone] *m.*

Lust voglia ['wɔlja] *f.*

lustig ♂ ♀ divertente [diwer'tänte]

M

machen fare ['fare] <faccio, ho fatto>

Mädchen ragazza [ra'gazza] *f.*

Mädchenname nome da ragazza ['nome da ra'gazza] *m.*

Magen stomaco ['ßtɔmako] *m.*

Mai maggio [mad'dscho] *m.*

man si [ßi], Wie sagt man ...? Come si dice ...? ['kome ßi 'ditsche]

manchmal talvolta [tal'wɔlta]

Mangel *(Defekt)* difetto [di'fätto] *m.*, *(zu geringes Vorhandensein)* ein Mangel an etw. mancanza [man'kanza] *f.*

Mann uomo ['u̯ɔmo] *m.*

männlich *(biologisch, grammatikalisch)* ♂ ♀ maschile [maß'kile]

Mantel cappotto [kap'pɔtto] *m.*

Markt mercato [mer'kato] *m.*

Marmelade marmellata [marmel'lata] *f.*

März marzo ['marzo] *m.*

Maschine apparecchio [appa'rekkjo] *m.*

Masern morbillo [mor'billo] *m.*

Maß misura [mi'sura] *f.*, *(Stab o. Ä. zum Messen)* metro ['mätro] *m.*

Massage massaggio [maß'ßaddscho] *m.*

Matratze materasso [mate'raßßo] *m.*

matt *(nicht glänzend)* ♂ opaco [o'pako], ♀ opaca [o'paka]

Matte stuoia ['ßtu̯ɔja] *f.*, *(für den Sport)* materassino [materaß'ßino] *m.*

Maus topo ['tɔpo] *m.*

Maut pedaggio [pe'daddscho] *m.*

Mayonnaise maionese [majo'nese] *f.*

Medizin *(Heilkunst, Medikamente)* medicina [medi'tschina] *f.*

Meer mare ['mare] *m.*

Meeresfrüchte frutti di mare ['frutti di 'mare] *m. Pl.*
Mehl farina [fa'rina] *f.*
mehr più [pju], Etwas mehr, bitte. Un po' di più, per favore. [un pɔ di pju per fa'wore]
mein, **meine** ♂ mio ['mio] *m.*, ♀ mia ['mia] *f.* →*Kurzgrammatik S. 159*
meinen pensare [pen'ßare] <penso, ho pensato>, Was meinst du damit? Con questo cosa intendi dire? [kon 'kueßto 'kɔßa in'tändi 'dire]
Meinung opinione [opi'njone] *f.*
meist di solito [di 'ßɔlito]
Melone melone [me'lone] *m.*
Mensch *(Person)* uomo ['uɔmo] *m.*, *(im Gegensatz zu Tier)* essere umano ['äßßere u'mano] *m.*
Menstruation mestruazione [meßtrua'zjone] *f.*
Menü *(mehrgängiges Gericht, einer Software)* menù [me'nu] *m.*
Messe fiera ['fjära] *f.*
Messer coltello [kol'tällo] *m.*
Metal metallo [me'tallo] *m.*
Meter metro ['mätro] *m.*
Metzger, **Metzgerin** macellaio [matschel'lajo] *m.*, macellaia [matschel'laja] *f.*
mich *(reflexiv)* mi [mi]
Miete affitto [af'fitto] *m.*
mieten affittare [affit'tare] <affitto, ho affittato>
Migräne emicrania [emi'kranja] *f.*
Mikrowelle microonde [mikro'onde] *m.*
Milch latte ['latte] *m.*
Milchprodukte latticini [latti'tschini] *m. Pl.*
Milchpulver latte in polvere ['latte in 'polwere] *m.*
mild ♂ delicato [deli'kato], ♀ delicata [deli'kata]
Militär militare [mili'tare] *m.*
minus meno ['meno]
Minute minuto [mi'nuto] *m.*
mischen mischiare [miß'kjare] <mischio, ho mischiato>
mit con [kon]
mitbringen portare [por'tare] <porto, ho portato>
mitnehmen portare [por'tare] <porto, ho portato>
Mittag mezzogiorno [mezzo'dschorno] *m.*, heute Mittag oggi a mezzogiorno ['ɔddschi a mezzo'dschorno], zu Mittag essen pranzare [pran'zare] <pranzo, ho pranzato>
Mittagessen pranzo ['pranzo] *m.*
mittags a mezzogiorno [a mezzo'dschorno]
Mittagsmenü menu del pranzo [me'nu del 'pranzo] *m.*
Mitte centro ['tschäntro] *m.*, Mitte Januar/des Monats metà gennaio/del mese [me'ta dschen'najo/del 'mese]
Mittwoch mercoledì [merkole'di] *m.*
Möbel mobile ['mɔbile] *m.*
Mode *(Kleidung)* moda ['mɔda] *f.*
mögen *(als Modalverb, als Vollverb: haben wollen)* volere [wo'lere] <voglio, ho voluto>, *(als*

Vollverb: gern haben) piacere [pja:'tschere] <mi piace, mi è piaciuto/piaciuta>, jd mag jdn/etw. gern a qn. piace qn./qc. ['pja:tsche]

möglich ♂♀ possibile [poß'ßibile]

Moment momento [mo'mento] *m.*

Monat mese ['mese] *m.*

Mond luna ['luna] *f.*

Montag lunedì [lune'di] *m.*

morgen domani [do'mani], Bis morgen! A domani! [a do'mani]

Morgen mattina [mat'tina] *f.*, Guten Morgen! Buongiorno! [buɔn'dschorno], heute Morgen questa mattina ['kueßta mat'tina]

morgens di mattina [di mat'tina]

Moschee moschea [moß'käa] *f.*

Moskito zanzara [zan'zara] *f.*

Moskitonetz zanzariera [zandza'rjära] *f.*

Motor motore [mo'tore] *m.*

Motorrad motocicletta [mototschi'kletta] *f.*

müde ♂ stanco ['ßtanko], ♀ stanca ['ßtanka]

Müll spazzatura [ßpazza'tura] *f.*

Mund bocca ['bokka] *f.*

Münze moneta [mo'neta] *f.*

Musik musica ['musika] *f.*

muslimisch ♂ mussulmano [mußßul'mano], ♀ mussulmana [mußßul'mana]

müssen dovere [do'were] <devo, ho dovuto>, Wir müssen los! Dobbiamo andare! [dob'bjamo an'dare]

mutig ♂ coraggioso [korad'dschoso], ♀ coraggiosa [korad'dschosa]

Mutter madre ['madre] *f.*

Mütze berretto [ber'retto] *m.*

N

nach *(in einer Reihenfolge später oder weiter hinten)* dopo ['dopo], nach einer Stunde dopo un'ora ['dopo u'nora], *(zu einem bestimmten Ort)* a [a], nach Mailand/Ancona a Milano/ad Ancona [a mi'lano/adan'kona]

Nachmittag pomeriggio [pome'riddscho] *m.*, heute Nachmittag oggi pomeriggio ['ɔddschi pome'riddscho]

nachmittags di pomeriggio [di pome'riddscho]

Nachname cognome [ko'njome] *m.*

Nachricht notizia [no'tizja] *f.*

Nachspeise dessert [deß'ßär] *m.*

nächster, **nächste**, **nächstes** ♂ prossimo ['prɔßßimo], ♀ prossima ['prɔßßima], Der Nächste, bitte! Il prossimo, prego! [il 'prɔßßimo 'prägo]

Nacht notte ['nɔtte] *f.*, Gute Nacht! Buona notte! ['buɔna 'nɔtte], letzte Nacht la notte scorsa [la 'nɔtte 'ßkorßa]

nachts di notte [di 'nɔtte]

Nagel *(aus Metall)* chiodo ['kjɔdo] *m.*, *(am Finger)* unghia ['ungja] *f.*

Nagelknipser tagliaunghie [talja'ungje] *m.*
Nagellack smalto per le unghie ['smalto per le 'ungje] *m.*
nah ♂ vicino [wi'tschino], ♀ vicina [wi'tschina]
nähen cucire [ku'tschire]
Nahverkehrszug treno locale ['träno lo'kale] *m., (Schnellbahn)* ferrovia metropolitana [ferro'wia metropoli'tana] *f.*
Name nome ['nome] *m.*
Nase naso ['naso] *m.*
Nationalität nazionalità [nazjonali'ta] *f.*
Natur natura [na'tura] *f.*
Naturheilkunde medicina naturale [medi'tschina natu'rale] *f.*
neben *(räumlich)* accanto a [ak'kanto a]
neblig ♂ nebbioso [neb'bjoso], ♀ nebbiosa [neb'bjosa]
nehmen prendere ['prändere] <prendo, ho preso>
nein no [nɔ]
nett ♂ ♀ gentile [dschen'tile]
Netz rete ['rete] *f.*
neu ♂ nuovo ['nu̯ɔwo], ♀ nuova ['nu̯ɔwa]
nicht non [non], nicht mehr non più [non pju], überhaupt nicht assolutamente no [aßßoluta'mente nɔ]
Nichtraucher, Nichtraucherin non fumatore [non fuma'tore] *m.,* non fumatrice [non fuma'tritsche] *f.*
nichts niente ['njänte], Ich möchte nichts essen. Non vorrei mangiare niente. [non wor'räi man'dschare 'njänte]
nie mai [mai], nie wieder/mehr mai più [ma̯i pju]
noch ancora [an'kora], noch einmal ancora una volta [an'kora una 'wɔlta], noch nicht non ancora [non an'kora]
Norden nord [nɔrd] *m.*
normal ♂ ♀ normale [nor'male]
Notfall emergenza [emer'dschänza] *f.*
nötig ♂ necessario [netscheß'ßarjo], ♀ necessaria [netscheß'ßarja]
November novembre [no'wämbre] *m.*
Nudeln pasta ['paßta]
Nummer numero ['numero] *m.*
nur solo ['ßolo], nur noch solamente [ßola'mente]
Nuss noce ['notsche] *f.*

O

ob se [ße]
oben sopra ['ßopra], nach oben in alto [in 'alto]
Obst frutta ['frutta] *f.*
oder oppure [op'pure]
Ofen *(um zu backen)* forno ['forno] *m., (um zu heizen)* stufa ['ßtufa] *f.*
offen ♂ aperto [a'pärto], ♀ aperta [a'pärta]
öffentlich ♂ pubblico ['pubbliko], ♀ pubblica ['pubblika]

öffnen aprire [a'prire] <apro, ho aperto>
oft spesso ['ßpeßßo]
ohne senza ['ßänza]
Ohr orecchio [o'rekkjo] *m.*
Ohrring orecchino [orek'kino] *m.*
Oktober ottobre [ot'tobre] *m.*
Öl olio ['ɔljo] *m.*
Onkel zio ['zio] *m.*
Oper opera ['ɔpera] *f.*
Optiker, **Optikerin** ottico ['ɔttiko] *m.*, ottica ['ɔttika] *f.*
Orange arancia [a'rantscha] *f.*
Ordnung ordine ['ordine] *m.*, in Ordnung a posto [a 'poßto]
Ort luogo ['luɔgo] *m.*
Osten est [äßt] *m.*
Österreich Austria ['aųßtrja] *f.*
Österreicher, **Österreicherin** austriaco [aųß'triːako] *m.*, austriaca [aųß'triːaka] *f.*
österreichisch ♂ austriaco [aųß'triːako], ♀ austriaca [aųß'triːaka]
Ozean oceano [o'tschäano] *m.*

P

Paar *(Schuhe, Socken etc.)* paio ['pajo] *m.*, *(zwei Menschen, die zusammengehören)* coppia ['koppja] *f.*
Päckchen pacchetto [pak'ketto] *m.*, Päckchen Zigaretten pacchetto di sigarette [pak'ketto di ßiga'rette] *m.*
packen *(ergreifen)* afferrare [affer'rare] <afferro, ho afferrato>, *(einpacken)* impacchettare [impakket'tare] <impacchetto, ho impacchettato>
Packung confezione [konfe'zjone] *f.*
Paket pacco ['pakko] *m.*
Palast palazzo [pa'lazzo] *m.*
Papier carta ['karta] *f.*, *(Ausweis etc.)* Papiere documenti [doku'menti] *m. Pl.*
Parfum profumo [pro'fumo] *m.*
Park parco ['parko] *m.*
parken parcheggiare [parked'dschare] <parcheggio, ho parcheggiato>
Parkverbot divieto di sosta [di'wjäto di 'ßosta] *m.*
Parlament parlamento [parla'mento] *m.*
Partei *(in der Politik)* partito [par'tito] *m.*
Partner, **Partnerin** compagno [kom'panjo] *m.*, compagna [kom'panja] *f.*
Party festa ['fäßta] *f.*
Pass passaporto [paßßa'pɔrto] *m.*
Patient, **Patientin** paziente [pa'zjänte] *m./f.*
Pause pausa ['paųsa] *f.*, *(im Theater)* intervallo [inter'wallo] *m.*
Pedal pedale [pe'dale] *m.*
Penis pene ['päne] *m.*
Pension *(für Gäste)* pensione [pen'ßjone] *f.*
Pfanne padella [pa'dälla] *f.*
Pfeffer pepe ['pepe] *m.*
Pfeife *(zum Rauchen)* pipa ['pipa] *f.*
Pferd cavallo [ka'wallo] *m.*

Pflanze pianta ['pjanta] *f.*
Pille pillola ['pillola] *f.*
Pilz fungo ['fungo] *m.*
Plan *(Vorhaben)* progetto [pro'dschätto] *m.*, *(Karte)* pianta ['pjanta] *f.*
Planschbecken piscinetta [pischi'netta] *f.*
Plastik plastica ['plaßtika] *f.*
Platz *(verfügbarer Raum, Stelle, an die etw./jdn gehört)* posto ['poßto] *m.*, *(Sitzplatz)* posto a sedere ['poßto a ße'dere] *m.*, *(in Straßenbezeichnungen, vor Gebäuden)* piazza ['pjazza] *f.*
Plätzchen *(Keks)* pasticcino [paßtit'tschino] *m.*
plus più [pju]
Polizei polizia [poli'zia] *f.*
Polizeiwache stazione di polizia [ßta'zjone di poli'zia] *f.*
Pollen polline ['pɔlline] *m.*
Porto affrancatura [affranka'tura] *f.*
Post *(Briefe, Päcken etc.)* posta ['pɔßta] *f.*, *(Filiale)* ufficio postale [uf'fitscho poß'tale] *m.*
Postkarte cartolina [karto'lina] *f.*
Postleitzahl codice di avviamento postale ['kɔditsche di awwja'mento poß'tale] *m.*
Praxis ambulatorio [ambula'tɔrjo] *m.*
Preis prezzo ['prätzzo] *m.*, *(in einer Lotterie etc.)* premio ['prämjo] *m.*
preiswert ♂♀ conveniente [konwe'njänte]
probieren provare [pro'ware] <provo, ho provato>
Problem problema [pro'bläma] *m.*
Programm programma [pro'gramma] *m.*
Prospekt prospetto [pro'ßpätto] *m.*
prost! salute! [ßa'lute]
protestieren protestare [proteß'tare] <protesto, ho protestato>
Prozent percentuale [pertschen'tu̯ale] *f.*
prüfen controllare [kontrol'lare] <controllo, ho controllato>
Pullover pullover [pul'lɔwer] *m.*
Pumpe pompa ['pompa] *f.*
Punkt punto ['punto] *m.*, *(zeitlich)* in punto [in 'punto]
pünktlich ♂♀ puntuale [puntu'ale]
Puppe bambola ['bambola] *f.*
putzen pulire [pu'lire] <pulisco, ho pulito>

Q

Quadratmeter metro quadrato ['mätro ku̯a'drato] *m.*
Qualität qualità [ku̯ali'ta] *f.*
Qualle medusa [me'dusa] *f.*
Quarantäne quarantena [ku̯aran'tena] *f.*
Quittung ricevuta [ritsche'wuta] *f.*

R

Rabatt sconto ['ßkonto] *m.*
Rad *(Scheibe als Teil eines Mechanismus)* ruota ['ru̯ɔta] *f.*, *(Fahrrad)* bicicletta [bitschi'kletta] *f.*, **Rad fahren** andare in bicicletta [an'dare in bitschi'kletta] <vado, sono andato/andata>

Radfahrer, Radfahrerin ciclista [tschi'klißta] *m./f.*
Radio radio ['radjo] *f.*
Radweg pista ciclabile ['pißta tschi'klabile] *f.*
rasieren radersi ['raderßi] <mi rado, mi sono rasato>
Rasierer rasoio [ra'sojo] *m.*
Rasierklinge lametta da barba [la'metta da 'barba] *f.*
Rasierschaum schiuma da barba ['ßkjuma da 'barba] *f.*
Ratte ratto ['ratto] *m.*
rauben rubare [ru'bare] <rubo, ho rubato>
rauchen fumare [fu'mare] <fumo, ho fumato>
Raucher, Raucherin *(Person)* fumatore [fuma'tore] *m.*, fumatrice [fuma'tritsche] *f.*
Raum *(Zimmer)* locale [lo'kale] *m.*, *(Platz)* spazio ['ßpazjo] *m.*
realistisch ♂ realistico [rea'lißtiko], ♀ realistica [rea'lißtika]
Rebe vite ['wite] *f.*
rechnen calcolare [kalko'lare] <calcolo, ho calcolato>
Rechnung calcolo ['kalkolo] *m.*, *(im Restaurant)* conto ['konto] *m.*
rechts a destra [a 'däßtra]
recyceln riciclare [ritschi'klare] <riciclo, ho riciclato>
Regal scaffale [ßkaf'fale] *m.*
Regen pioggia ['pjɔddscha] *f.*
Regenmantel impermeabile [imperme'abile] *m.*
Regenschirm ombrello [om'brällo] *m.*
Regierung governo [go'wärno] *m.*
regnen piovere ['pjɔwere] <piove, è piovuto>
reich ♂ ricco ['rikko], ♀ ricca ['rikka], **reich an** ricco di ['rikko di]
Reifen pneumatico [pneu'matiko] *m.*
rein *(Adjektiv)* ♂ puro ['puro], ♀ pura ['pura]
Reinigung *(Geschäft)* tintoria [tinto'ria] *f.*, *(Vorgang des Reinigens)* pulitura [puli'tura] *f.*
Reis riso ['riso] *m.*
Reise viaggio ['wjaddscho] *m.*
Reisebüro agenzia di viaggi [adschen'zia di 'wjaddschi] *f.*
Reiseführer *(Buch)* guida ['gu̯ida] *f.*
Reiseführer, Reiseführerin *(Person)* guida turistica ['gu̯ida tu'rißtika] *f.*
reisen viaggiare [wjad'dschare] <viaggio, ho viaggiato>
Reisepass passaporto [paßßa'pɔrto] *m.*
Reisescheck assegno turistico [aß'ßenjo tu'ristiko] *m.*
Reißverschluss cerniera lampo [tscher'njära 'lampo] *f.*
reiten andare a cavallo [an'dare a ka'wallo] <vado, sono andato/andata>
Religion religione [reli'dschone] *f.*
Rennbahn *(für Pferde)* ippodromo [ip'pɔdromo] *m.*, *(für Fahrräder)* velodromo [we'lɔdromo] *m.*, *(für Autos)* autodromo [au̯'tɔdromo] *m.*

Rentner, **Rentnerin** pensionato [penßjo'nato] *m.*, pensionata [penßjo'nata] *f.*

Reparatur riparazione [ripara'zjone] *f.*

reparieren riparare [ripa'rare] <riparo, ho riparato>

Reservat riserva naturale [ri'ßärwa natu'rale] *f.*

reservieren prenotare [preno'tare] <prenoto, ho prenotato>

Reservierung prenotazione [prenota'zjone] *f.*

Reservierungsnummer numero di prenotazione ['numero di prenota'zjone] *m.*

Restaurant ristorante [rißto'rante] *m.*

retten salvare [ßal'ware] <salvo, ho salvato>

Rettungsweste giubbotto di salvataggio [dschub'bɔtto di ßalwa'taddscho] *m.*

Rezept ricetta [ri'tschätta] *f.*

R-Gespräch telefonata a carico del destinatario [telefo'nata a 'kariko del deßtina'tarjo] *f.*

Richter, **Richterin** giudice ['dschuditsche] *m./f.*

richtig ♂ giusto ['dschußto], ♀ giusta ['dschußta]

Richtung direzione [dire'zjone] *f.*

riechen etw. riechen sentire l'odore di qc. [ßen'tire lo'dore di] <sento, ho sentito>, gut/schlecht riechen avere un buon/cattivo odore [a'were un buɔn/kat'tiwo o'dore] <ha, ha avuto>

Rindfleisch carne di manzo ['karne di 'manzo] *f.*

Ring anello [a'nällo] *m.*

Rock *(Kleidungsstück)* gonna ['gonna] *f.*

roh ♂ crudo ['krudo], ♀ cruda ['kruda]

Rollstuhl sedia a rotelle ['ßädja a ro'tälle] *f.*

Rolltreppe scala mobile ['ßkala 'mɔbile] *f.*

romantisch ♂ romantico [ro'mantiko], ♀ romantica [ro'mantika]

rosa ♂ ♀ rosa ['rɔsa]

Rose rosa ['rɔsa] *f.*

Rosé rosé [ro'sä] *m.*

Rost ruggine ['ruddschine] *f.*

rot ♂ rosso ['roßßo], ♀ rossa ['roßßa]

Rotwein vino rosso ['wino 'roßßo] *m.*

Route itinerario [itine'rarjo] *m.*

Rücken schiena ['ßkjäna] *f.*, *(eines Tieres, eines Gegenstandes)* dorso ['dorßo] *m.*

Rucksack *(für eine Wanderung oder einen Ausflug)* zaino ['zaino] *m.*

Ruder remo ['rämo] *m.*

ruhig ♂ tranquillo [tran'kuillo], ♀ tranquilla [tran'kuilla]

Ruine rovine [ro'wine] *f. Pl.*

rund ♂ rotondo [ro'tondo], ♀ rotonda [ro'tonda]

rutschen scivolare [schiwo'lare] <scivolo, sono scivolato/scivolata>

S

Safe cassetta di sicurezza [kaß'ßetta di ßiku'rezza] *f.*

Saft succo ['ßukko] *m.*

Sahne panna ['panna] *f.*

Salat *(grüne Blätter, Kopfsalat)* lattuga [lat'tuga] *f.*, *(angerichtet)* insalata [inßa'lata] *f.*

Salz sale ['ßale] *m.*

salzig ♂ salato [ßa'lato], ♀ salata [ßa'lata]

Samstag sabato ['ßabato] *m.*

Sand sabbia ['ßabbja] *f.*

Sandale sandalo ['ßandalo] *m.*

satt ♂ sazio ['ßazjo], ♀ sazia ['ßazja]

Sattel sella ['ßälla] *f.*

Satz frase ['frase] *f.*

sauber ♂ pulito [pu'lito], ♀ pulita [pu'lita]

sauer *(Geschmack)* ♂ acido ['atschido], ♀ acida ['atschida]

Sauerstoffflasche *(für Taucher)* bombola d'ossigeno ['bombola doß'ßidscheno] *f.*

Sauna sauna ['ßa͜una] *f.*

Schal sciarpa ['scharpa] *f.*

scharf *(Geschmack)* ♂ ♀ piccante [pik'kante], *(Klinge)* ♂ ♀ tagliente [ta'ljänte]

Scheckkarte tessera bancomat ['täßßera 'bankomat] *f.*

Schein *(Banknote)* banconota [banko'nɔta] *f.*, *(Anschein)* aspetto [aß'pätto] *m.*

scheinen *(Sonne)* splendere ['ßpländere] <splende, –>, *(einen Eindruck erwecken)* sembrare [ßem'brare] <sembra, è sembrato/sembrata>

Schere forbici ['fɔrbitschi] *f. Pl.*

Schiff nave ['nawe] *f.*

Schild insegna [in'ßenja] *f.*, *(Wegweiser)* cartello stradale [kar'tällo ßtra'dale] *m.*

Schinken prosciutto [pro'schutto] *m.*

schlafen dormire [dor'mire] <dormo, ho dormito>

Schlafzimmer camera da letto ['kamera da 'lätto] *f.*

Schläger *(für Tennis, Federball)* racchetta [rak'ketta] *f.*, *(für Golf)* mazza ['mazza] *f.*

Schlange *(Tier)* serpente [ßer'pänte] *m.*, *(wartende Menschen)* fila ['fila] *f.*

schlank ♂ snello ['snällo], ♀ snella ['snälla]

Schlauch *(für einen Reifen)* camera d'aria ['kamera 'darja] *f.*, *(zum Wässern)* tubo ['tubo] *m.*

schlecht *(Adjektiv)* ♂ ♀ scadente [ßka'dänte], *(Nahrungsmittel: verdorben)* ♂ avariato [awa'rjato], ♀ avariata [awa'rjata], *(charakterlich oder moralisch verwerflich)* ♂ cattivo [kat'tiwo], ♀ cattiva [kat'tiwa], **jdm ist schlecht** qn. sta male [ßta 'male]

schließen chiudere ['kjudere] <chiudo, ho chiuso>

Schließfach *(für Wertsachen)* cassetta di sicurezza [kaß'ßetta di ßiku'rezza] *f.*, *(für Gepäck)* armadietto [arma'djetto] *m.*

Schloss *(zum Abschließen)* serratura [ßerra'tura] *f.*, *(Gebäude)* castello [kaß'tällo] *m.*

Schluss termine ['tärmine] *m.*, am/zum Schluss al termine [al 'tärmine]

Schlüssel chiave ['kjawe] *f.*

schmal ♂ stretto ['ßtretto], ♀ stretta ['ßtretta]

schmecken gut schmecken avere un buon sapore [a'were un bu̯ɔn ßa'pore] <sa di, ha saputo di>, etw. schmecken sentire il sapore di qc. [ßen'tire il ßa'pore di] <sento, ho sentito>

Schmerz dolore [do'lore] *m.*

schmerzhaft ♂ doloroso [dolo'roso], ♀ dolorosa [dolo'rosa]

Schmerzmittel analgesico [anal'dschäsiko] *m.*

Schmetterling farfalla [far'falla] *f.*

schmutzig ♂ sporco ['ßpɔrko], ♀ sporca ['ßpɔrka]

Schnaps acquavite [akku̯a'wite] *f.*

Schnecke chiocciola ['kjɔttschola] *f.*, *(ohne Häuschen)* lumaca [lu'maka] *f.*

Schnee neve ['newe] *f.*

schneiden *(mit einer Klinge)* tagliare [ta'ljare] <taglio, ho tagliato>

Schneider, **Schneiderin** sarto ['ßarto] *m.*, sarta ['ßarta] *f.*

schnell *(Adjektiv)* ♂ ♀ veloce [we'lotsche], *(Adverb)* velocemente [welotsche'mente]

Schnorchel respiratore di superficie [reßpira'tore di ßuper'fitsche] *m.*

schnorcheln immergersi con il respiratore [im'märdscherßi kon il reßpira'tore] <mi immergo, mi sono immerso/immersa>

Schnuller ciuccio ['tschuttscho] *m.*

Schnürsenkel stringa ['ßtringa] *f.*

Schokolade cioccolato [tschokko'lato] *m.*

schon già [dscha]

schön *(Adjektiv)* ♂ bello ['bällo], ♀ bella ['bälla]

Schönheitssalon salone di bellezza [ßa'lone di bel'lezza] *m.*

Schrank armadio ['armadjo] *m.*

schreiben scrivere ['ßkriwere] <scrivo, ho scritto>

schreien gridare [gri'dare] <grido, ho gridato>, *(aus Not oder Schmerz, Baby)* strillare [ßtril'lare] <strillo, ho strillato>

schriftlich *(Adjektiv)* ♂ scritto ['ßkritto], ♀ scritta ['ßkritta], *(Adverb)* per iscritto [per i'ßkritto]

schüchtern ♂ timido ['timido], ♀ timida ['timida]

Schuh scarpa ['ßkarpa] *f.*

Schuhgeschäft negozio di scarpe [ne'gɔzjo di 'ßkarpe] *m.*

schuldig ♂ ♀ colpevole [kol'pewole]

Schule scuola ['ßku̯ɔla] *f.*

Schulter spalla ['ßpalla] *f.*

Schuppe *(vom Fisch)* squama ['ßku̯ama] *f.*

Schuppen forfora ['forfora] *f.*
Schüssel scodella [ßko'dälla] *f.*
schützen proteggere [pro'täddschere] <proteggo, ho protetto>
schwach *(Adjektiv: nicht kräftig)* ♂ ♀ debole ['debole]
schwanger ♀ incinta [in'tschinta]
Schwangerschaftstest test di gravidanza [täßt di grawi'danza] *m.*
schwarz ♂ nero ['nero], ♀ nera ['nera]
Schwarzbrot pane nero ['pane 'nero] *m.*
Schwein maiale [ma'jale] *m.*
Schweinefleisch carne di maiale ['karne di ma'jale] *f.*
Schweiz Svizzera ['swizzera] *f.*
Schweizer ♂ svizzero ['swizzero], ♀ svizzera ['swizzera]
Schweizer, Schweizerin svizzero ['swizzero] *m.*, svizzera ['swizzera] *f.*
schweizerdeutsch svizzero tedesco ['swizzero te'deßko]
schwer *(Gewicht)* ♂ ♀ pesante [pe'sante], *(schwierig)* ♂ ♀ difficile [dif'fitschile]
schwerhörig ♂ ♀ debole d'udito ['debole du'dito]
Schwester sorella [ßo'rälla] *f.*
Schwiegermutter suocera ['ßu͜ɔtschera] *f.*
Schwiegervater suocero ['ßu͜ɔtschero] *m.*
Schwimmbad piscina [pi'schina] *f.*
schwimmen nuotare [nu͜o'tare] <nuoto, ho nuotato>
schwitzen sudare [ßu'dare] <sudo, ho sudato>
schwul ♂ ♀ gay [gä͜i]
See *(Meer)* mare ['mare] *m.*, *(Binnengewässer)* lago ['lago] *m.*
seekrank ♂ ♀ sofferente di mal di mare [ßoffe'ränte di mal di 'mare]
sehen vedere [we'dere] <vedo, ho visto>
sehr molto ['molto]
Sehtest esame della vista [e'same della 'wißta] *m.*
Seide seta ['ßeta] *f.*
Seife sapone [ßa'pone] *m.*
Seil fune ['fune] *f.*
Seilbahn funivia [funi'wia] *f.*
sein essere ['äßßere] <sono, sono stato/stata>
sein, seine *(Possessivbegleiter)* ♂ suo ['ßuo] *m.*, ♀ sua ['ßua] *→Kurzgrammatik S. 159*
seit da [da], seit 2008 dal 2008 [dal duemila'ɔtto], seit drei Tagen da tre giorni [da tre 'dschorni]
Seite *(seitlicher Teil von etw.)* lato ['lato] *m.*, *(in einem Buch)* pagina ['padschina] *f.*
Sekt spumante [ßpu'mante] *m.*
Sekunde secondo [ße'kondo] *m.*
Selbstbedienung self-service [ßälf-'ßärwiß] *m.*
Selbstversorger für Selbstversorger con vitto a proprie spese [kon 'vitto a 'prɔprje 'ßpese]

selten *(Adjektiv: ungewöhnlich)* ♂ raro ['raro], ♀ rara ['rara], *(Adverb: nicht oft)* raramente [rara'mente]

Semmel panino [pa'nino] *m.*

senden spedire [ßpe'dire] <spedisco, ho spedito>, *(Rundfunk und Fernsehen)* trasmettere [tras'mettere] <trasmetto, ho trasmesso>

Senf senape ['ßänape] *f.*

September settembre [ßet'tämbre] *m.*

Serviette tovagliolo [towa'ljɔlo] *m.*

Sessel poltrona [pol'trona] *f.*

Sex sesso ['ßäßßo] *m.*

Shampoo shampoo ['schampo] *m.*

Show spettacolo [ßpet'takolo] *m.*

sich *(reflexiv)* si [ßi]

sicher ♂ sicuro [ßi'kuro], ♀ sicura [ßi'kura]

Sicherheitsgurt cintura di sicurezza [tschin'tura di ßiku'rezza] *m.*

sie *(Personalpronomen 3. Person: Singular)* lei [läi], *(Plural)* loro ['loro]

Sie *(Personalpronomen Höflichkeitsform: Singular)* Lei [läi], *(Plural informell)* voi [woi], *(Plural formell)* Loro ['loro]

Silber argento [ar'dschänto] *m.*

Silvester capodanno [kapo'danno] *m.*

singen cantare [kan'tare] <canto, ho cantato>

Sitz *(Sitzplatz)* posto ['poßto] *m.*

sitzen stare seduto/seduta ['ßtare ße'duto/ße'duta] <sto seduto/seduta, sono stato seduto/stata seduta>

Skateboard skateboard [ßkäit'board] *m.*

Ski sci [schi] *m.*

Skilift sciovia [schio'wia] *m.*

Skipass skipass [ßki'paß] *m.*

Skischuh scarpone da sci [ßkar'pone da schi] *m.*

Skistock bastoncino da sci [baßton'tschino da schi] *m.*

Skulptur scultura [ßkul'tura] *f.*

Slipeinlage proteggislip [pro'täddschi slip] *m.*

Snowboard snowboard ['snoubɔard] *m.*

so *(auf diese Art und Weise)* così [ko'si], **so schön/teuer** così bello/caro [ko'si 'bällo/'karo]

Socke calzino [kal'zino] *m.*

Sofa divano [di'wano] *m.*

sofort subito ['ßubito]

Sohn figlio ['filjo] *m.*

Sojabohne seme di soja ['ßeme di 'ßɔja] *m.*

Sojamilch latte di soja ['latte di 'ßɔja] *m.*

Soldat, **Soldatin** soldato [ßol'dato] *m.*, soldatessa [ßolda'teßßa] *f.*

sollen dovere [do'were] <devo, ho dovuto>, **Sie sollten ...** Dovreste ... [do'wreßte]

Sommer estate [eß'tate] *f.*

Sonne sole ['ßole] *m.*

Sonnenbrand scottatura [ßkotta'tura] *f.*

Sonnenschutz protezione solare [prote'zjone ßo'lare] *f.*
Sonnenstich insolazione [inßola'zjone] *f.*
Sonnenuntergang tramonto [tra'monto] *m.*
sonnig ♂ soleggiato [ßoled'dschato], ♀ soleggiata [ßoled'dschata]
Sonntag domenica [do'menika] *f.*
sorgen sich (um etw./jdn) sorgen preoccuparsi (per qc./qn.) [preokku'parsi] <mi preoccupo, mi sono preoccupato/preoccupata>, für etw./jdn sorgen provvedere a qc./qn. [prowwe'dere a] <provvedo, ho provveduto>
Soße salsa ['ßalßa] *f.*
Souvenir souvenir [ßuwe'nir] *m.*
sowohl ... als auch ... tanto ... quanto ['tanto ... 'kuanto]
sparen risparmiare [rißpar'mjare] <risparmio, ho risparmiato>, etw. sparen risparmiare qc. [rißpar'mjare]
Spaß divertimento [diwerti'mento] *m.*, etw. macht Spaß qc. è divertente [ä diwer'tänte], Viel Spaß! Buon divertimento! ['buɔn diwerti'mento]
spät *(Adjektiv)* ♂ tardo ['tardo], ♀ tarda ['tarda], *(Adverb)* tardi ['tardi]
später *(in der Zukunft, Adjektiv)* ♂ successivo [ßuttscheß'ßiwo], ♀ successiva [ßuttscheß'ßiwa], *(Adverb)* più tardi [pju 'tardi]
Spaziergang passeggiata [paßßed'dschata] *f.*
Speck *(vom Schwein)* pancetta [pan'tschetta] *f.*
Speisekarte menù [me'nu] *m.*
Speisewagen vagone ristorante [wa'gone rißto'rante] *m.*
Spezialist, Spezialistin specialista [ßpetscha'lißta] *m./f.*
Spezialität specialità [ßpetschali'ta] *f.*
Spiegel specchio ['ßpäkkjo] *m.*
Spiegelei uovo al tegamino ['uɔvo al tega'mino] *m.*
spielen giocare [dscho'kare] <gioco, ho giocato>, *(ein Instrument)* suonare [ßuo'nare] <suono, ho suonato>
Spielregeln regole del gioco ['rägole del 'dschɔko] *f. Pl.*
Spinat spinaci [ßpi'natschi] *m. Pl.*
Spinne ragno ['ranjo] *m.*
Spirituosen superalcolici [ßuperal'kɔlitschi] *m. Pl.*
Spitzname soprannome [ßopran'nome] *m.*
Sport sport ['ßpɔrt] *m.*
Sportgeschäft negozio di sport [ne'gɔzjo di 'ßpɔrt] *m.*
Sportler, Sportlerin sportivo [ßpor'tiwo] *m.*, sportiva [ßpor'tiwa] *f.*
Sprache lingua ['lingua] *f.*, *(Ausdrucksweise)* linguaggio [lin'guaddscho] *m.*
sprechen parlare [par'lare] <parlo, ho parlato>

springen saltare [ßal'tare] <salto, ho saltato>

Spritze iniezione [inje'zjone] *f.*, jdm eine Spritze geben fare un'iniezione a qn. ['fare uninje'zjone] <faccio, ho fatto>

Spülmittel detersivo per stoviglie [deter'ßiwo per ßto'wilje] *m.*

Spur *(einer Straße)* corsia [kor'ßia] *f.*

Staatsangehörigkeit cittadinanza [tschittadi'nanza] *f.*

Stadion stadio ['ßtadjo] *m.*

Stadt città [tschit'ta] *f.*

Stadtmauer mura della città ['mura 'della tschit'ta] *f. Pl.*

Stadtrundfahrt giro turistico della città ['dschiro tu'rißtiko 'della tschit'ta] *m.*

Stadtzentrum centro della città ['tschäntro 'della tschit'ta] *m.*

stark ♂ ♀ forte ['fɔrte]

Starthilfekabel cavo (caricabatteria) per avviamento d'emergenza ['kawo (karikabatte'ria) per awja'mento demer'dschänza] *m.*

Statue statua ['ßtatua] *f.*

stechen *(mit Stachel, mit spitzem Gegenstand)* pungere ['pundschere] <pungo, ho punto>

stehen stare (in piedi) ['ßtare (in 'pjädi)] <sto, sono stato/stata>

stehlen rubare [ru'bare] <rubo, ho rubato>

Steigbügel staffa ['ßtaffa] *f.*

steigen *(in die Luft, Höhe, auch figurativ)* salire [ßa'lire] <salgo, sono salito/salita>, *(auf einen Berg oder Baum)* auf etw. steigen salire su qc. [ßa'lire su]

steil ♂ ripido ['ripido], ♀ ripida ['ripida]

Steilküste costa a picco ['kɔßta a 'pikko] *f.*

Stein pietra ['pjätra] *f.*, *(klein und rund)* sasso ['ßaßßo] *m.*

Stelle luogo ['luɔgo] *m.*, *(beruflich, räumlich)* posto ['poßto] *m.*

stellen mettere ['mettere] <metto, ho messo>

sterben morire [mo'rire] <muore, è morto/morta>

Stiefel stivale [ßti'wale] *m.*

Stimme voce ['wotsche] *f.*

Stock piano ['pjano] *m.*, im ersten Stock al primo piano [al 'primo 'pjano]

stören disturbare [dißtur'bare] <disturbo, ho disturbato>

stornieren annullare [annul'lare] <annullo, ho annullato>

Stornierungsgebühr tassa di storno ['taßßa di 'ßtorno] *f.*

Strand spiaggia ['ßpjaddscha] *f.*

Straße strada ['ßtrada] *f.*, *(in der Stadt)* via ['wia] *f.*

Straßenbahn tram [tram] *m.*

Streifen striscia ['ßtrischa] *f.*

Strom *(großer Fluss, Gewässer)* fiume [fju'me] *m.*, *(Elektrizität)* corrente elettrica [kor'ränte e'lättrika] *f.*

Strömung corrente [kor'ränte] *f.*

Strumpf *(kurz)* calzino [kal'zino] *m.*, *(lang)* calza ['kalza] *f.*

Strumpfhose collant [kol'lan] *m.*

Stück pezzo ['päzzo] *m.*, *(Scheibe)* fetta ['fetta] *f.*

Student, **Studentin** studente [ßtu'dänte] *m.*, studentessa [ßtuden'teßßa] *f.*

Stuhl sedia ['ßädja] *f.*

Stunde ora ['ora] *f.*, eine viertel Stunde un quarto d'ora [un 'kuarto 'dora]

Sturm tempesta [tem'päßta] *f.*

suchen cercare [tscher'kare] <cerco, ho cercato>, nach etw. suchen cercare qc. [tscher'kare]

Süden sud [ßud] *m.*

Supermarkt supermercato [ßupermer'kato] *m.*

Suppe zuppa ['zuppa] *f.*

Suppenlöffel *(um Suppe damit zu essen)* cucchiaio da minestra [kuk'kjajo da mi'näßtra] *f.*, *(Kelle)* mestolo ['meßtolo] *m.*

süß ♂ ♀ dolce ['doltsche]

Süßstoff dolcificante [doltschifi'kante] *m.*

T

Tabak tabacco [ta'bakko] *m.*

Tag giorno ['dschorno] *m.*, Guten Tag! Buongiorno! [buon'dschorno]

Tagebuch diario [di'arjo] *m.*

Tagesgericht piatto del giorno ['pjatto del 'dschorno] *m.*

täglich ♂ giornaliero [dschorna'ljäro], ♀ giornaliera [dschorna'ljära]

tagsüber di giorno [di 'dschorno]

Tal valle ['walle] *f.*

Tampon tampone [tam'pone] *m.*

Tanga tanga ['tanga] *m.*

Tankstelle distributore [dißtribu'tore] *m.*

Tante zia ['zia] *f.*

Tanz ballo ['ballo] *m.*

tanzen ballare [bal'lare] <ballo, ho ballato>

Tasche borsa ['borßa] *f.*, *(an einem Kleidungsstück)* tasca ['taßka] *f.*

Taschenmesser temperino [tempe'rino] *m.*

Taschenrechner calcolatrice tascabile [kalkola'tritsche taß'kabile] *f.*

Taschentuch fazzoletto [fazzo'letto] *m.*

Tasse tazza ['tazza] *f.*

Tastatur tastiera [taß'tjära] *f.*

taub ♂ sordo ['ßordo], ♀ sorda ['ßorda]

tauchen immergersi [im'märdscherßi] <mi immergo, mi sono immerso/immersa>

Taucherausrüstung attrezzatura da immersione [attrezza'tura da immer'ßjone] *f.*

Taucherbrille maschera da sub ['maßkera da ßub] *f.*

Taxi taxi ['taxi] *m.*

Taxifahrer, **Taxifahrerin** tassista [taß'ßißta] *m./f.*

Technik tecnica ['täknika] *f.*

Tee tè [tä] *m.*

Teelöffel cucchiaino da tè [kukkja'ino da tä] *f.*

Teig impasto [im'paßto] *m.*

Teil *(Anteil)* parte ['parte] *f.*, *(Bestandteil)* pezzo ['päzzo] *m.*

teilen *(aufsplitten)* etw. teilen dividere qc. [di'widere] <divido, ho diviso>

Teilzeit tempo parziale ['tämpo par'zjale] *m.*

Telefon telefono [te'läfono] *m.*

Telefonbuch elenco telefonico [e'länko tele'fɔniko] *f.*

telefonieren *(gerade am Apparat sein)* telefonare [telefo'nare] <telefono, ho telefonato>, Ich muss dringend telefonieren. Devo fare urgentemente una telefonata. ['dewo 'fare urdschänte'mente 'una telefo'nata]

Telefonkarte scheda telefonica ['ßkäda tele'fɔnika] *f.*

Telefonnummer numero telefonico ['numero tele'fɔniko] *m.*

Telefonzelle cabina telefonica [ka'bina tele'fɔnika] *f.*

Teller piatto ['pjatto] *m.*

Tempel tempio ['tämpjo] *m.*

Tennisplatz campo da tennis ['kampo da 'tänniß] *m.*

Teppich tappeto [tap'peto] *m.*

Termin *(für ein Treffen)* appuntamento [appunta'mento] *m.*, *(Ende einer Frist)* scadenza [ßka'dänza] *f.*

Tetanus tetano ['tätano] *m.*

teuer ♂ caro ['karo], ♀ cara ['kara]

Theater teatro [te'atro] *m.*

Theaterstück spettacolo teatrale [ßpet'takolo tea'trale] *f.*

Ticket biglietto [bi'ljetto] *m.*

Tier animale [ani'male] *m.*

Tisch tavolo ['tawolo] *m.*

Tischtennis ping-pong [ping pɔng] *m.*

Titel titolo ['titolo] *m.*

Tochter figlia ['filja] *f.*

Tofu tofu ['tɔfu] *m.*

Toilette toilette [to͜a'lät] *f.*

Toilettenpapier carta igienica ['karta i'dschänika] *f.*

Tollwut rabbia ['rabbja] *f.*

Tomate pomodoro [pomo'dɔro] *m.*

Topf vaso ['waso] *m.*, *(Kochtopf)* pentola ['päntola] *f.*

Töpferwaren vasellame [wasel'lame] *m.*

Tor *(beim Fußball)* goal [gɔl] *m.*, *(Eingang)* portone [por'tone] *m.*

Torte torta ['torta] *f.*

tot ♂ morto ['mɔrto], ♀ morta ['mɔrta]

Touristeninformation informazioni turistiche [informa'zjoni tu'rißtike] *f. Pl.*

tragen portare [por'tare] <porto, ho portato>

Transport trasporto [traß'pɔrto] *m.*

Traube uva ['uwa] *f.*

treffen *(eine Person)* incontrare [inkon'trare] <incontro, ho incontrato>, Wir treffen uns am Flughafen. Ci incontriamo all'aeroporto. [tschi inkon'trjamo alla|äro'pɔrto]

Treppe scala ['ßkala] *f.*

trinken bere ['bere] <bevo, ho bevuto>

Trinkgeld mancia ['mantscha] *f.*, Trinkgeld geben dare la mancia ['dare la 'mantscha]

Trinksauger tettarella [tetta'rälla] *f.*

Trinkwasser acqua potabile ['akku̯a po'tabile] *f.*

trocknen asciugare [aschu'gare] <asciugo, ho asciugato>

tun fare ['fare] <faccio, ho fatto>, jd tut etw. gern qn. fa qc. volentieri [fa wolen'tjäri]

Tür porta ['pɔrta] *f.*

Turm torre ['torre] *f.*

Tüte busta ['bußta] *f.*

U

U-Bahn metropolitana [metropoli'tana] *f.*

Übelkeit nausea ['nau̯sea] *f.*

über *(räumlich, bei Zahlenangaben, drückt aus, dass etw. überschritten wird, sich beziehend auf)* sopra ['ßopra], im Zimmer über uns nella camera sopra alla nostra ['nella 'kamera 'ßopra 'alla 'nɔßtra], Temperaturen über 30° temperature sopra ai 30° [tempera'ture 'ßopra a̯i 'tränta 'gradi], ein Buch über ... un libro su ... [un libro ßu]

Überdosis dose eccessiva ['dɔse ettscheß'ßiwa] *f.*

überfallen *(angreifen)* assalire [aßßa'lire] <assalgo, ho assalito>, *(um zu rauben)* aggredire [aggre'dire] <aggredisco, ho aggredito>

übermorgen dopodomani [dopodo'mani]

Übernachtungsmöglichkeit possibilità di pernottamento [poßßibili'ta di pernotta'mento] *f.*

überraschen sorprendere [ßor'prändere] <sorprendo, ho sorpreso>

überweisen trasferire [traßfe'rire] <trasferisco, ho trasferito>

Überweisung bonifico [bo'nifiko] *m.*

Uhr orologio [oro'lɔdscho] *m.*, zehn Uhr le ore dieci [le 'ore 'djätschi]

Uhrzeit ora ['ora] *f.*

um *(zeitlich: genau)* a [a], *(zeitlich: ungefähr)* verso ['wärso], *(räumlich)* intorno [in'torno], um zu per [per]

umsteigen cambiare [kam'bjare] <cambio, ho cambiato>

umtauschen cambiare [kam'bjare] <cambio, ho cambiato>

umziehen traslocare [traslo'kare] <trasloco, ho traslocato>

und e [e]

Unfall incidente [intschi'dänte] *m.*

uns *(reflexiv)* ci [tschi]

unser ♂ nostro ['nɔßtro], ♀ nostra ['nɔßtra] →*Kurzgrammatik S. 159*

unten in basso [in 'baßßo], nach unten verso il basso ['wärßo il 'baßßo]

unter *(räumlich)* sotto ['ßotto], tra [tra], *(inmitten)* unter Freunden tra amici [tra a'mitschi]

Unterbringung alloggio [al'lɔddscho] *m.*

Untergeschoss seminterrato [ßeminter'rato] *m.*

Unterhemd canottiera [kanot'tjära] *f.*

Unterhose *(für Herren)* mutande [mu'tande] *f. Pl., (für Damen)* mutandine [mutan'dine] *f. Pl.*

Unterricht lezione [le'zjone] *f.*

unterrichten insegnare [inße'njare] <insegno, ho insegnato>

unterschreiben firmare [fir'mare] <firmo, ho firmato>

Unterschrift firma ['firma] *f.*

Untertasse piattino [pjat'tino] *m.*

Urlaub vacanza [wa'kanza] *f.*

USB-Kabel cavo USB ['kawo u 'äßße bi] *m.*

V

Vagina vagina [wa'dschina] *f.*

Vater padre ['padre] *m.*

Vegetarier, Vegetarierin vegetariano [wedscheta'rjano] *m.*, vegetariana [wedscheta'rjana] *f.*

vegetarisch ♂ vegetariano [wedscheta'rjano], ♀ vegetariana [wedscheta'rjana]

verbinden *(zusammenfügen, am Telefon)* passare [paß'ßare] <passo, ho passato>, Können Sie mich mit ... verbinden? Mi può passare ...? [mi puo paß'ßare], *(mit Verbandszeug)* fasciare [fa'schare] <fascio, ho fasciato>

verboten ♂ proibito [pro|i'bito], ♀ proibita [pro|i'bita]

verdienen guadagnare [guada'njare] <guadagno, ho guadagnato>

vergessen dimenticare [dimenti'kare] <dimentico, ho dimenticato>

vergewaltigen violentare [wjo'läntare] <violento, ho violentato>

verheiratet ♂ sposato [ßpo'sato], ♀ sposata [ßpo'sata]

Verkehr traffico ['traffiko] *m.*

Verkehrsmittel öffentliche Verkehrsmittel trasporti pubblici [traß'pɔrti 'pubblitschi] *m.*

Verletzung ferita [fe'rita] *f.*

verlieren perdere ['pärdere] <perdo, ho perso>

Verlobter, Verlobte fidanzato [fidan'zato] *m.*, fidanzata [fidan'zata] *f.*

Vermieter, Vermieterin proprietario [proprje'tarjo] *m.*, proprietaria [proprje'tarja] *f.*

verrückt ♂ pazzo ['pazzo], ♀ pazza ['pazza]

Versichertenkarte tessera sanitaria ['täßßera ßani'tarja] *f.*

Versicherung assicurazione [aßßikura'zjone] *f.*

verstehen capire [ka'pire] <capisco, ho capito>

verstopft *(Abfluss)* ♂ otturato [ottu'rato], ♀ otturata [ottu'rata], *(Toilette)* ♂ intasato [inta'sato], ♀ intasata [inta'sata], *(Verdauung)* ♂ stitico ['ßtitiko], ♀ stitica ['ßtitika]

Verstopfung *(gestörte Verdauung)* stitichezza [ßtiti'kezza] *f.*

versuchen provare [pro'ware] <provo, ho provato>

Vertrag contratto [kon'tratto] *m.*

verwitwet ♂ vedovo ['wedowo], ♀ vedova ['wedowa]

viel *(Adjektiv)* ♂ molto ['molto], ♀ molta ['molta], zu viel ♂ troppo ['trɔppo], ♀ troppa ['trɔppa], *(Adverb)* molto ['molto], zu viel troppo ['trɔppo]

viele *(Pronomen)* molti ['molti]

vielleicht forse ['forße]

viertel quarto ['ku̯arto] *m.*, Viertel vor/nach eins l'una meno un quarto/l'una e un quarto ['luna 'meno un 'ku̯arto/'luna e un 'ku̯arto]

Viertel *(vierter Teil von etw.)* quarto ['ku̯arto] *m.*

Vierteljahr trimestre [tri'mäßtre] *m.*

Visum visto ['wißto] *m.*

voll ♂ pieno ['pjäno], ♀ piena ['pjäna]

voller ♂ pieno di ['pjäno di], ♀ piena di ['pjäna di]

Vollpension pensione completa [pen'ßjone kom'pläta] *f.*

Vollwertkost cibo a base di ingredienti integrali ['tschibo a 'base di ingre'djänti inte'grali] *m.*

Vollzeit tempo pieno ['tämpo 'pjäno] *m.*

von da [da], von Süden dal sud [dal ßud], *(Besitz oder Zugehörigkeit anzeigend)* di [di], die Hauptstadt von Italien la capitale d'Italia [la kapi'tale di'talja]

vor *(räumlich)* davanti a [da'wanti a], *(zeitlich)* prima di ['prima di], vor zehn Minuten dieci minuti fa ['djätschi mi'nuti fa]

Vorfahrt precedenza [pretsche'dänza] *f.*

vorgestern l'altro ieri ['laltro 'järi]

Vormittag mattina [mat'tina] *f.*

vormittags di mattina [di mat'tina]

vorn davanti [da'wanti]

Vorname nome ['nome] *m.*

Vorort sobborgo [ßob'borgo] *m.*

Vorsicht prudenza [pru'dänza] *f.*, Vorsicht! Attenzione! [atten'zjone]

vorsichtig ♂ ♀ prudente [pru'dänte]

Vorspeise antipasto [anti'paßto] *m.*

vorziehen preferire [prefe'rire] <preferisco, ho preferito>

W

wachsen crescere ['kreschere] <cresco, sono cresciuto/cresciuta>

wählen scegliere ['scheljere] <scelgo, ho scelto>, *(am Telefon)* comporre [kom'porre] <comporre, ho composto>

wahr ♂ vero ['wero], ♀ vera ['wera]

Währung valuta [wa'luta] *f.*

Wald bosco ['bɔßko] *m.*

wandern camminare [kammi'nare] <cammino, ho camminato>

wann quando ['ku̯ando]
warm ♂ caldo ['kaldo], ♀ calda ['kalda]
warnen avvertire qn. di qc. [awwer'tire di] <avverto, ho avvertito>
warten aspettare [aßpet'tare] <aspetto, ho aspettato>
Wartezimmer sala d'aspetto ['ßala daß'pätto] *f.*
warum perché [per'ke]
was che cosa [ke 'kɔßa]
Wäscherei lavanderia [lawande'ria] *f.*
Waschmaschine lavatrice [lawa'triːtsche] *f.*
Waschmittel detersivo [deter'ßiwo] *m.*
Wasser acqua ['akku̯a] *f.*
wasserdicht ♂ ♀ impermeabile [imperme'abile]
Wasserfall cascata [kaß'kata] *f.*
Wasserhahn rubinetto [rubi'netto] *m.*
Wechselgeld spiccioli ['ßpittscholi] *m. Pl.*
Wechselkurs cambio ['kambjo] *m.*
wechseln cambiare [kam'bjare] <cambio, ho cambiato>
Wecker sveglia ['swelja] *f.*
Weg strada ['ßtrada] *f.*
wehtun fare male ['fare 'male] <fa, ha fatto>
weiblich ♂ ♀ femminile [femmi'nile]
Weihnachten Natale [na'tale] *m.*, Frohe Weihnachten! Buon Natale! [bu̯ɔn na'tale]
Wein vino ['wino] *m.*
weiß ♂ bianco ['bjanko], ♀ bianca ['bjanka]
Weißwein vino bianco ['wino 'bjanko] *m.*
wenig poco ['pɔko]
weniger *(Komparativ)* meno ['meno]
wer chi [ki]
Werkstatt officina [offi'tschina] *f.*
Wertsachen oggetti di valore [od'dschätti di wa'lore] *m. Pl.*
wertvoll ♂ pregiato [pre'dschato], ♀ pregiata [pre'dschata]
wessen di chi [di ki]
Westen ovest ['ɔweßt] *m.*
Wickelraum locale per il cambio dei pannolini [lo'kale per il 'kambjo 'dei panno'lini] *m.*
Wiedersehen Auf Wiedersehen! Arrivederci! [arriwe'dertschi]
Wiese prato ['prato] *m.*
Wind vento ['wänto] *m.*
Windel pannolino [panno'lino] *m.*
windig ♂ ventoso [wen'toso], ♀ ventosa [wen'tosa]
Windschutzscheibe parabrezza [para'brezza] *m.*
Winter inverno [in'wärno] *m.*
wir noi [noi̯]
wissen sapere [ßa'pere] <so, ho saputo>
wo dove ['dowe]
Woche settimana [ßetti'mana] *f.*
Wochenende fine settimana ['fine ßetti'mana] *m.*
wohnen abitare [abi'tare] <abito, ho abitato>

Wohnung appartamento [apparta'mento] *m.*
Wohnwagen roulotte [ru'lɔt] *f.*
Wohnzimmer soggiorno [sod'dschorno] *m.*
Wort parola [pa'rɔla] *f.*
Wörterbuch vocabolario [wokabo'larjo] *m.*
wunderbar ♂ meraviglioso [merawi'ljoso], ♀ meravigliosa [merawi'ljosa]
Wurst salsiccia [ßal'ßittscha] *f.*
Wüste deserto [de'särto] *m.*

Z

Zahl numero ['numero] *f.*
zahlen pagare [pa'gare] <pago, ho pagato>
Zahlung pagamento [paga'mento] *m.*
Zahlungsweise modalità di pagamento [modali'ta di paga'mento] *f.*
Zahn dente ['dänte] *m.*
Zahnarzt, **Zahnärztin** dentista [den'tißta] *m./f.*
Zahnbürste spazzolino da denti [ßpazzo'lino da 'dänti] *m.*
Zahnpasta dentifricio [denti'fritscho] *m.*
Zahnstocher stuzzicadenti [ßtuttzika'dänti] *m.*
Zange tenaglia [te'nalja] *f.*
Zeh dito (del piede) ['dito (del 'pjäde)] *m.*
Zeit tempo ['tämpo] *m.*, **in letzter Zeit** ultimamente [ultima'mente]
Zeitschrift rivista [ri'wißta] *f.*
Zeitung giornale [dschor'nale] *m.*
Zelt tenda ['tända] *f.*
zelten campeggiare [kamped'dschare] <campeggio, ho campeggiato>
Zeltplatz campeggio [kam'peddscho] *m.*
Zentimeter centimetro [tschen'timetro] *m.*
zentral ♂ ♀ centrale [tschen'trale]
Zentrum centro ['tschäntro] *m.*
Ziege capra ['kapra] *f.*
Zigarette sigaretta [ßiga'retta] *f.*
Zigarre sigaro ['ßigaro] *m.*
Zimmer camera ['kamera] *f.*
Zimmernummer numero di camera ['numero di 'kamera] *m.*
Zitrone limone [li'mone] *m.*
Zoll *(Behörde)* dogana [do'gana] *f.*, *(Abgabe)* imposta doganale [im'poßta doga'nale] *f.*
zu *(vor dem Infinitiv)* da [da], **Ich habe viel zu tun.** Ho molto da fare. [ɔ 'molto da 'fare], *(vor Orts- und Institutionsangaben, eine Richtung angebend)* a [a], *(verschlossen)* ♂ chiuso ['kjuso], ♀ chiusa ['kjusa]
Zucker zucchero ['zukkero] *m.*
zuckerfrei senza zucchero ['ßänza 'zukkero]
zufrieden ♂ soddisfatto [ßoddiß'fatto], ♀ soddisfatta [ßoddiß'fatta]
Zug treno ['träno] *m.*
Zügel redine ['rädine] *f.*
Zündkerze candela di accensione [kan'dela di attschen'ßjone] *f.*

zurück di ritorno [di ri'torno], *(rückwärts)* indietro [in'djätro]
zurückgeben restituire [reßtitu'i:re] <restituisco, ho restituito>
zurückkehren tornare [tor'nare] <torno, sono tornato/tornata>
zusammen insieme [in'ßjäme]
zustimmen acconsentire [akkonßen'tire] <acconsento, ho acconsentito>, einer Sache zustimmen acconsentire a qc. [akkonßen'tire a]
Zwiebel cipolla [tschi'polla] *f.*
zwischen tra [tra]

Italienisch–Deutsch

A

a [a] an, auf, nach, um
abbigliamento [abbilja'mento] *m.* Kleidung
abitare [abi'tare] <abito, ho abitato> wohnen
accanto [ak'kanto] *(räumlich)* daneben accanto a [ak'kanto a] neben
accendino [attschen'dino] *m.* Feuerzeug
acconsentire [akkonßen'tire] <acconsento, ho acconsentito> zustimmen
acconto [ak'konto] *m.* Anzahlung
aceto [a'tscheto] *m.* Essig
♂ **acido** ['atschido], ♀ **acida** ['atschida] *(Geschmack)* sauer
acqua ['akkua] *f.* Wasser acqua potabile ['akkua po'tabile] Trinkwasser
acquavite [akkua'wite] *f.* Schnaps
adattatore [adatta'tore] *m.* Adapter
adesso [a'däßßo] gerade, jetzt
♂ **adulto** [a'dulto], ♀ **adulta** [a'dulta] erwachsen
adulto [a'dulto] *m.*, **adulta** [a'dulta] *f.* Erwachsener, Erwachsene
aereo [a'läreo] *m.* Flugzeug
aeroporto [aläro'pɔrto] *m.* Flughafen
♂ **affamato** [affa'mato], ♀ **affamata** [affa'mata] hungrig
afferrare [affer'rare] <afferro, ho afferrato> packen, ergreifen
affittare [affit'tare] <affitto, ho affittato> mieten
affitto [af'fitto] *m.* Miete
affrancatura [affranka'tura] *f.* Porto
aggredire [aggre'dire] <aggredisco, ho aggredito> angreifen
agosto [a'goßto] *m.* August
aids ['alids] *m.* Aids
aiutare [aju'tare] <aiuto, ho aiutato> helfen
aiuto [a'juto] *m.* Hilfe
albergo [al'bärgo] *m.* Hotel
albero ['albero] *m.* Baum
alcol ['alkol] *m.* Alkohol
alimentari [alimen'tari] *m. Pl.* Lebensmittel
allergia [aller'dschia] *f.* Allergie
alloggio [al'lɔddscho] *m.* Unterbringung
allora [al'lora] *(eine Konsequenz ausdrückend)* dann, also
alluce ['allutsche] *m.* großer Zeh
altezza [al'tezza] *f.* Größe, Höhe
altitudine [alti'tudine] *f.* Höhe
♂ **alto** ['alto], ♀ **alta** ['alta] groß, hoch
altrettanto [altret'tanto] ebenfalls, gleichfalls
♂ **altro** ['altro], ♀ **altra** ['altra] anderer, andere, anderes
alzarsi [al'zarßi] <mi alzo, mi sono alzato/alzata> aufstehen

amare [a'mare] <amo, ho amato> lieben

♂ **amaro** [a'maro], ♀ **amara** [a'mara] bitter

ambulanza [ambu'lanza] *f.* Krankenwagen

ambulatorio [ambula'tɔrjo] *m.* Praxis

amico [a'miko] *m.*, **amica** [a'mika] *f.* Freund, Freundin

amore [a'more] *m.* Liebe

♂ **analcolico** [anal'kɔliko], ♀ **analcolica** [anal'kɔlika] alkoholfrei

analgesico [anal'dschäsiko] *m.* Schmerzmittel

anche ['anke] auch anche se ['anke se] selbst wenn

ancora [an'kora] noch

andare [an'dare] <vado, sono andato/andata> gehen, fahren

anello [a'nällo] *m.* Ring

animale [ani'male] *m.* Tier animale domestico [ani'male do'mäßtiko] Haustier

anno ['anno] *m.* Jahr

annullare [annul'lare] <annullo, ho annullato> stornieren

annuncio [an'nuntscho] *m.* Mitteilung, Annonce

antibiotici [anti'bjɔtitschi] *m. Pl.* Antibiotika

antipasto [anti'paßto] *m.* Vorspeise

♂ **anziano** [an'zjano], ♀ **anziana** [an'zjana] *(nicht mehr jung: Personen)* alt

♂ **aperto** [a'pärto], ♀ **aperta** [a'pärta] offen

apparecchio [appa'rekkjo] *m.* Maschine

appartamento [apparta'mento] *m.* Wohnung

appartenere [apparte'nere] <appartengo, sono appartenuto/appartenuta> gehören

appuntamento [appunta'mento] *m.* Termin

apribottiglie [apribot'tilje] *m.* Flaschenöffner

aprile [a'prile] *m.* April

aprire [a'prire] <apro, ho aperto> öffnen

arancia [a'rantscha] *f.* Orange

argento [ar'dschänto] *m.* Silber

aria ['arja] *f.* Luft

armadietto [arma'djetto] *m.* *(für Gepäck)* Schließfach

armadio ['armadjo] *m.* Schrank

arrivare [arri'ware] <arrivo, sono arrivato/arrivata> ankommen, kommen

arrivo [ar'riwo] *m.* Ankunft

arte ['arte] *f.* Kunst

artigianato [artidscha'nato] *m.* Kunsthandwerk

asciugamano [aschuga'mano] *m.* Handtuch

asciugare [aschu'gare] <asciugo, ho asciugato> trocknen

ascoltare [aßkol'tare] <ascolto, ho ascoltato> zuhören

asilo [a'silo] *m.* Kindergarten

aspettare [aßpet'tare] <aspetto, ho aspettato> warten

aspetto [aß'pätto] *m.* Schein, Anschein

assalire [aßßa'lire] <assalgo, ho assalito> überfallen

assegno turistico [aß'ßenjo tu'ristiko] *m.* Reisescheck

assicurazione [aßßikura'zjone] *f.* Versicherung

assolutamente [aßßoluta'mente] absolut

assorbente [aßßor'bänte] *m.* Damenbinde

attenzione [atten'zjone] *f.* Aufmerksamkeit Attenzione! [atten'zjone] Achtung!

attraverso [attra'wärßo] *(räumlich)* durch

Austria ['aușßtrja] *f.* Österreich

austriaco [auß'tri:ako] *m.*, **austriaca** [auß'tri:aka] *f.* Österreicher, Österreicherin

♂ **austriaco** [auß'tri:ako], ♀ **austriaca** [auß'tri:aka] österreichisch

autista [au'tißta] *m./f.* Fahrer, Fahrerin

autobus ['autobuß] *m.* Bus

autocarro [auto'karro] *m.* Lastwagen

autocorriera [autokor'rjära] *f.* Bus

autodromo [au'tɔdromo] *m.* *(für Autos)* Rennbahn

♂ **automatico** [auto'matiko], ♀ **automatica** [auto'matika] *(Adjektiv)* automatisch

automobile [auto'mɔbile] *f.* Auto

autostrada [auto'ßtrada] *f.* Autobahn

autunno [au'tunno] *m.* Herbst

♂ **avariato** [awa'rjato], ♀ **avariata** [awa'rjata] *(Nahrungsmittel)* schlecht, verdorben

avere [a'were] <ho, ho avuto> haben

avvolgere [aw'wɔldschere] <avvolgo, ho avvolto> *(in Papier, als Geschenk)* einpacken

♂ **azzurro** [az'zurro], ♀ **azzurra** [az'zurra] blau

B

baciare [ba'tschare] <bacio, ho baciato> küssen

bacio ['batscho] *m.* Kuss

bagaglio [ba'galjo] *m.* Gepäck

bagno ['banjo] *m.* Bad

bagnino [ban'jino] *m.*, **bagnina** [ban'jina] *f.* Bademeister, Bademeisterin

balcone [bal'kone] *m.* Balkon

ballare [bal'lare] <ballo, ho ballato> tanzen

ballo ['ballo] *m.* Tanz

bambino [bam'bino] *m.*, **bambina** [bam'bina] *f.* Kind

bambola ['bambola] *f.* Puppe

banana [ba'nana] *f.* Banane

banca ['banka] *f.* Bank

banchina [ban'kina] *f.* Bahnsteig, Gleis

bancomat ['bankomat] *m.* *(Geldautomat)* Automat

banconota [banko'nɔta] *f.* Schein, Banknote

bandiera [ban'djära] *f.* Fahne

barattolo [ba'rattolo] *m.* Dose

♂ **basso** ['baßßo], ♀ **bassa** ['baßßa] niedrig in basso [in 'baßßo] unten

batteria [batte'ria] *f.* Batterie batteria ricaricabile [batte'ria rikari'kabile] Akku

bebè [be'bä] *m.* Baby

♂ **bello** ['bällo], ♀ **bella** ['bälla] *(Adjektiv)* schön

bene ['bäne] gut Va bene! [wa 'bene] In Ordnung!

bere ['bere] <bevo, ho bevuto> trinken

berretto [ber'retto] *m.* Mütze

bevanda [be'wanda] *f.* Getränk

♂ **bianco** ['bjanko], ♀ **bianca** ['bjanka] weiß

biberon [bibe'rɔn] *m.* Babyfläschchen

bicchiere [bik'kjäre] *m.* Glas

bicicletta [bitschi'kletta] *f.* Fahrrad

biglietteria [biljette'ria] *f.* Fahrkartenschalter, *(im Theater, Museum)* Kasse

biglietto [bi'ljetto] *m.* Fahrkarte, Ticket

binario [bi'narjo] *m.* Gleis, Schienen

binocolo [bi'nɔkolo] *m.* Fernglas

biro® ['biro] *f.* Kugelschreiber

birra ['birra] *f.* Bier

biscotto [biß'kɔtto] *m.* Keks

bocca ['bokka] *f.* Mund

bolla ['bolla] *f. (am Fuß, Lufteinschluss)* Blase

♂ ♀ **bollente** [bol'länte] heiß

bollire [bol'lire] <bolle, ha bollito> kochen, sieden

bombola d'ossigeno ['bombola doß'ßidscheno] *f.* Sauerstoffflasche

bonifico [bo'nifiko] *m.* Überweisung

borsa ['borßa] *f.* (Trage)tasche

bosco ['bɔßko] *m.* Wald

botte ['botte] *f.* Fass

bottiglia [bot'tilja] *f.* Flasche

bottone [bot'tone] *m. (an der Kleidung)* Knopf

braccialetto [brattscha'letto] *m.* Armband

braccio ['brattscho] *m.* Arm

♂ ♀ **breve** ['bräwe] kurz, knapp

bronchite [bron'kite] *f.* Bronchitis

♂ **buono** ['bu͜ɔno], ♀ **buona** ['bu͜ɔna] gut

burro ['burro] *m.* Butter

bussola ['bußßola] *f.* Kompass

busta ['bußta] *f.* Tüte

C

cabina telefonica [ka'bina tele'fɔnika] *f.* Telefonzelle

cacao [ka'kao] *m.* Kakao(pulver)

caccia ['kattscha] *f.* Jagd

cadere [ka'dere] <cado, sono caduto/caduta> fallen

caffè [kaf'fä] *m.* Kaffee, Café

calcio ['kaltscho] *m.* Fußball

calcolare [kalko'lare] <calcolo, ho calcolato> rechnen

calcolatrice tascabile [kalkola'tritsche taß'kabile] *f.* Taschenrechner

calcolo ['kalkolo] *m.* Rechnung

♂ **caldo** ['kaldo], ♀ **calda** ['kalda] warm

calza ['kalza] *f.* (Knie)strumpf

calzino [kal'zino] *m.* Socke

cambiare [kam'bjare] <cambio, ho cambiato> umtauschen, wechseln, umsteigen

cambio ['kambjo] *m.* Wechselkurs

camera ['kamera] *f.* Zimmer camera doppia ['kamera 'doppja] Doppelzimmer camera singola ['kamera 'ßingola] Einzelzimmer

camera d'aria ['kamera 'darja] *f.* *(für einen Reifen)* Schlauch

cameriere [kame'rjäre] *m.*, **cameriera** [kame'rjära] *f.* Kellner, Kellnerin

camicetta [kami'tschetta] *f.* Bluse

camicia [ka'mitscha] *f.* Hemd

camion ['kamjon] *m.* Lkw

camminare [kammi'nare] <cammino, ho camminato> *(zu Fuß unterwegs sein)* laufen, wandern

campeggiare [kamped'dschare] <campeggio, ho campeggiato> zelten

campeggio [kam'peddscho] *m.* Zeltplatz

camping [käm'ping] *m.* Campingplatz

campo ['kampo] *m.* Feld

cane ['kane] *m.* Hund cane guida ['kane 'gu͜ida] Blindenhund

canottiera [kanot'tjära] *f.* Unterhemd

cantare [kan'tare] <canto, ho cantato> singen

cantina [kan'tina] *f.* Keller

canzone [kan'zone] *f.* Lied

caparra [ka'parra] *f.* Anzahlung

capello [ka'pello] *m.* *(einzelnes)* Haar

capigliatura [kapilja'tura] *f.* *(Gesamtheit aller Haare auf dem Kopf)* (Kopf)haar

capire [ka'pire] <capisco, ho capito> verstehen

capo ['kapo] *m.* Chef, Chefin

capodanno [kapo'danno] *m.* Silvester

cappotto [kap'pɔtto] *m.* Mantel

capra ['kapra] *f.* Ziege

cardigan ['kardigan] *m.* (Strick)jacke

caricabatterie [karikabatte'rie] *m.* Ladegerät

caricare [kari'kare] <carico, ho caricato> *(Transporter, Waffe, Akku)* laden

♂ **carino** [ka'rino], ♀ **carina** [ka'rina] hübsch

carne ['karne] *f.* Fleisch

♂ **caro** ['karo], ♀ **cara** ['kara] teuer

carota [ka'rɔta] *f.* Karotte

carrozzina [karroz'zina] *f.* *(für Babys, zum Darin-Liegen)* Kinderwagen

carta ['karta] *f.* Papier carta igienica ['karta i'dschänika] Toilettenpapier

cartello stradale [kar'tällo ßtra'dale] *m.* *(Wegweiser)* Schild

cartina [kar'tina] *f.* (Land)karte

cartolina [karto'lina] *f.* (Post)karte

casa ['kaßa] *f.* Haus

cascata [kaß'kata] *f.* Wasserfall

casello [ka'sällo] *m.* Mautstelle, Häuschen an einer Mautstelle
cassa ['kaßßa] *f.* Kasse
castello [kaß'tällo] *m.* Burg, Schloss
♂ **cattivo** [kat'tiwo], ♀ **cattiva** [kat'tiwa] *(charakterlich oder moralisch verwerflich)* schlecht
cavallo [ka'wallo] *m.* Pferd
cavatappi [kawa'tappi] *m.* Korkenzieher
cavo ['kawo] *m.* Kabel cavo USB ['kawo u 'äßße bi] USB-Kabel
cd [tschi'di] *m.* CD
♂ **celibe** ['tschälibe] ledig
cellulare [tschellu'lare] *m.* Handy
cena ['tschena] *f.* Abendessen
centesimo [tschen'täsimo] *m.* Cent
centimetro [tschen'timetro] *m.* Zentimeter
♂♀ **centrale** [tschen'trale] zentral
centro ['tschäntro] *m.* Mitte, Zentrum centro commerciale ['tschäntro kommer'tschale] Einkaufszentrum
cercare [tscher'kare] <cerco, ho cercato> suchen
cerniera lampo [tscher'njära 'lampo] *f.* Reißverschluss
cesto ['tscheßto] *m.* Korb
cetriolo [tschetri'ɔlo] *m.* Gurke
che [ke] *(zeitlich, nach einem Komparativ)* als, *(leitet Nebensätze ein)* dass
chi [ki] wer
chiamare [kja'mare] <chiamo, ho chiamato> anrufen
chiamata [kja'mata] *f.* Anruf
♂ **chiaro** ['kjaro], ♀ **chiara** ['kjara] hell
chiave ['kjawe] *f.* Schlüssel
chiesa ['ki̯eßa] *f.* Kirche
chilogrammo [kilo'grammo] *m.* Kilogramm
chilometro [ki'lɔmetro] *m.* Kilometer
chiocciola ['kjɔttschola] *f.* Schnecke
chiodo ['kjɔdo] *m.* *(aus Metall)* Nagel
chiosco ['kjɔßko] *m.* Kiosk
chiudere ['kjudere] <chiudo, ho chiuso> schließen
♂ **chiuso** ['kjuso], ♀ **chiusa** ['kjusa] zu, verschlossen
ci [tschi] *(reflexiv)* uns
ciao ['tschao] hallo, tschüss
♂ **ciascuno** [tschaß'kuno], ♀ **ciascuna** [tschaß'kuna] jeder, jede, jedes
ciclista [tschi'klißta] *m./f.* Radfahrer, Radfahrerin
♂ **cieco** ['tschäko], ♀ **cieca** ['tschäka] blind
cinema ['tschinema] *m.* Kino
cioccolata [tschokko'lata] *f.* *(zum Trinken)* Kakao
cioccolato [tschokko'lato] *m.* Schokolade
cipolla [tschi'polla] *f.* Zwiebel
circa ['tschirka] gegen, zirka, ungefähr
città [tschit'ta] *f.* Stadt
cittadinanza [tschittadi'nanza] *f.* Staatsangehörigkeit
ciuccio ['tschuttscho] *m.* Schnuller

cliente [kli'änte] *m./f.* *(im Lokal)* Gast
coca ['kɔca] *f.* Cola
cognome [ko'njome] *m.* Familienname, Nachname
coincidenza [ko|intschi'dänza] *f.* Zufall, *(Verkehrsverbindung)* Anschluss
colazione [kola'zjone] *f.* Frühstück
fare colazione ['fare kola'zjone] frühstücken
collana [kol'lana] *f.* Halskette
collant [kol'lan] *m.* Strumpfhose
collegamento [kollega'mento] *m.* *(Reiseverbindung)* Anschluss
collo ['kɔllo] *m.* *(außen)* Hals
colore [ko'lore] *m.* Farbe
colorito [kolo'rito] *m.* Gesichtsfarbe, Teint
♂♀ **colpevole** [kol'pewole] schuldig
coltello [kol'tällo] *m.* Messer
combattere [kom'battere] <combatto, ho combattuto> kämpfen
commissione [kommiß'ßjone] *f.* Kommission
compagno [kom'panjo] *m.*, **compagna** [kom'panja] *f.* Partner, Partnerin
compilare [kompi'lare] <compilo, ho compilato> ausfüllen
compitare [kompi'tare] <compito, ho compitato> buchstabieren
compleanno [komple'anno] *m.* Geburtstag
♂ **completo** [kom'pläto], ♀ **completa** [kom'pläta] ausgebucht
comporre [kom'porre] <comporre, ho composto> *(am Telefon)* wählen
comprare [kom'prare] <compro, ho comprato> kaufen
computer [kom'pjuter] *m.* Computer
comunicato [komuni'kato] *m.* Durchsage
con [kon] mit
concerto [kon'tschärto] *m.* Konzert
conducente [kondu'tschänte] *m./f.* Fahrer, Fahrerin
conferma [kon'ferma] *f.* Bestätigung
confermare [konfer'mare] <confermo, ho confermato> bestätigen
confezione [konfe'zjone] *f.* Packung
cono ['kɔno] *m.* *(für Eiskugeln)* Waffel
conoscere [ko'noschere] <conosco, ho conosciuto> kennen
consolato [konßo'lato] *m.* Konsulat
continente [konti'nänte] *m.* Kontinent, Festland
conto ['konto] *m.* Konto, *(im Restaurant)* Rechnung
contratto [kon'tratto] *m.* Vertrag
contro ['kontro] *(Ablehnung ausdrückend)* gegen
controllare [kontrol'lare] <controllo, ho controllato> kontrollieren, prüfen
controllo [kon'trɔllo] *m.* Kontrolle
♂♀ **conveniente** [konwe'njänte] preiswert
conversazione [konwerßa'zjone] *f.* Gespräch, Unterhaltung

coordinate bancarie [ko|ordi'nate ban'karje] *f. Pl.* Bankleitzahl
coperta [ko'pärta] *f.* Decke
coperto [ko'pärto] *m.* Gedeck
coppetta [kop'petta] *f. (für Eiskugeln)* Becher
coppia ['koppja] *f. (zwei Menschen, die zusammengehören)* Paar, Pärchen
copriletto [kopri'lätto] *m.* Bettbezug
♂ **coraggioso** [korad'dschoso], ♀ **coraggiosa** [korad'dschosa] mutig
corpo ['kɔrpo] *m.* Körper
corrente [kor'ränte] *f.* Strömung corrente elettrica [kor'ränte e'lättrika] Strom
correre ['korrere] <corro, ho corso> *(rennen, zu Fuß unterwegs sein)* laufen
corsa ['korßa] *f.* Fahrt, Tour
corsia [kor'ßia] *f. (einer Straße)* Spur
corso ['korßo] *m.* Kurs
♂ **corto** ['korto], ♀ **corta** ['korta] kurz
cosa ['kɔßa] *f.* Ding che cosa [ke 'kɔßa] was
così [ko'si] *(auf diese Art und Weise)* so
costa ['kɔßta] *f.* Küste
costare [koß'tare] <costa, è costato/costata> kosten
costume [koß'tume] *m.* Badeanzug, Badehose, *(Verkleidung)* Kostüm
credere ['kredere] <credo, ho creduto> glauben
crema ['kräma] *f.* Creme
crescere ['kreschere] <cresco, sono cresciuto/cresciuta> wachsen
♂ **cristiano** [kriß'tjano], ♀ **cristiana** [kriß'tjana] christlich
♂ **crudo** ['krudo], ♀ **cruda** ['kruda] roh
cucchiaino [kukkja'ino] *m.* (Dessert)löffel
cucchiaio [kuk'kjajo] *m.* Löffel
cucina [ku'tschina] *f.* Küche, Herd
cucire [ku'tschire] nähen
cuffia ['kuffja] *f.* Kappe
cugino [ku'dschino] *m.*, **cugina** [ku'dschina] *f.* Cousin, Cousine
cuoco ['ku̯ɔko] *m.*, **cuoca** ['ku̯ɔka] *f.* Koch, Köchin
cuscino [ku'schino] *m.* Kissen

D

da [da] ab, aus, seit, von, zu
dare ['dare] <do, ho dato> geben
data ['data] *f.* Datum
davanti [da'wanti] vorn davanti a [da'wanti a] vor
♂ ♀ **debole** ['debole] schwach debole d'udito ['debole du'dito] schwerhörig
decollare [dekol'lare] <decolla, è decollato> *(Flugzeug)* abfliegen
decollo [de'kɔllo] *m.* Abflug
♂ **delicato** [deli'kato], ♀ **delicata** [deli'kata] mild
♂ **delizioso** [deli'zjoso], ♀ **deliziosa** [deli'zjosa] lecker
denaro [de'naro] *m.* Geld denaro contante [de'naro kon'tante] Bargeld

dente ['dänte] *m.* Zahn

dentifricio [denti'fritscho] *m.* Zahnpasta

dentista [den'tißta] *m./f.* Zahnarzt, Zahnärztin

dentro ['dentro] drinnen, innen

denuncia [de'nuntscha] *f.* (Straf)anzeige

deserto [de'särto] *m.* Wüste

dessert [deß'ßär] *m.* Nachspeise

destinatario [deßtina'tarjo] *m.*, **destinataria** [deßtina'tarja] *f.* Empfänger, Empfängerin

destra ['däßtra] *f.* rechte Seite a destra [a 'däßtra] rechts

detersivo [deter'ßiwo] *m.* Spülmittel, Waschmittel

di [di] *(nach einem Komparativ)* als, *(zur Angabe des Materials)* aus, *(Besitz oder Zugehörigkeit anzeigend)* von di chi [di ki] wessen modalità di pagamento [modali'ta di paga'mento] Zahlungsmodalität di dietro [di 'djätro] hinten

diario [di'arjo] *m.* Tagebuch

dicembre [di'tschämbre] *m.* Dezember

dieta ['djäta] *f.* Diät

dietro ['djätro] hinten, hinter

difetto [di'fätto] *m.* Defekt, Mangel

♂♀ **difficile** [dif'fitschile] schwer, schwierig

difterite [difte'rite] *f.* Diphtherie

dimenticare [dimenti'kare] <dimentico, ho dimenticato> vergessen

dintorni [din'torni] *m. Pl.* Gegend, Umgebung

dipinto [di'pinto] *m.* *(selbstgemalt)* Bild

♂ **diretto** [di'rätto] *m.*, ♀ **diretta** [di'rätta] *f.* direkt

direzione [dire'zjone] *f.* Richtung

♂ **diritto** [di'ritto], ♀ **diritta** [di'ritta] gerade, aufrecht

♂♀ **disabile** [di'sabile] behindert

distributore [dißtribu'tore] *m.* Verteiler, Tankstelle distributore automatico [dißtribu'tore auto'matiko] Automat

disturbare [dißtur'bare] <disturbo, ho disturbato> stören

disturbo [diß'turbo] *m.* *(gesundheitlich)* Beschwerde

dito ['dito] *m.* Finger, Zeh

ditta ['ditta] *f.* Firma

divano [di'wano] *m.* Sofa

diversamente [diwerßa'mente] anders

♂♀ **divertente** [diwer'tänte] lustig

divertimento [diwerti'mento] *m.* Spaß

divieto [di'wjäto] *m.* Verbot divieto di sosta [di'wjäto di 'ßɔßta] Parkverbot

doccia ['dottscha] *f.* Dusche

documento [doku'mento] *m.* Ausweis

dogana [do'gana] *f.* Zoll(behörde)

dolce ['doltsche] *m.* Kuchen

♂♀ **dolce** ['doltsche] süß

dolcificante [doltschifi'kante] *m.* Süßstoff

dolore [do'lore] *m.* Schmerz

♂ **doloroso** [dolo'roso], ♀ **dolorosa** schmerzhaft

domanda [do'manda] *f.* Frage, Bitte
domandare [doman'dare] <domando, ho domandato> fragen, bitten
domani [do'mani] morgen
domenica [do'menika] *f.* Sonntag
donna ['dɔnna] *f.* Frau
dopo ['dopo] *(in einer Reihenfolge später oder weiter hinten)* nach
dopodomani [dopodo'mani] übermorgen
♂ **doppio** ['doppjo], ♀ **doppia** ['doppja] doppelt
dormire [dor'mire] <dormo, ho dormito> schlafen
dorso ['dorßo] *m.* *(eines Objekts oder Tieres)* Rücken
dose eccessiva ['dɔse ettscheß'ßiwa] *f.* Überdosis
dove ['dowe] wo
dovere [do'were] <devo, ho dovuto> müssen, sollen
dritto ['dritto] geradeaus
dunque ['dunkue] *(gefolgt von einer Erläuterung)* also
duomo ['duɔmo] *m.* Dom

E

e [e] und
♂ **economico** [eko'nɔmiko], ♀ **economica** [eko'nɔmika] wirtschaftlich, preisgünstig
edicola [e'dikola] *f.* *(für Zeitschriften)* Kiosk
edificio [edi'fitscho] *m.* Gebäude
e-mail [i'mäil] *f.* E-Mail
emergenza [emer'dschänza] *f.* Notfall
emicrania [emi'kranja] *f.* Migräne
enoteca [eno'täka] *f.* Weinstube, Weinlager
♂ **entrambi** [en'trambi], ♀ **entrambe** [en'trambe] beide
entro ['entro] *(zeitlich)* innerhalb
epatite [epa'tite] *f.* Hepatitis
errore [er'rore] *m.* Fehler
eruzione cutanea [eru'zjone ku'tanea] *f.* Ausschlag
essere ['äßßere] <sono, sono stato/stata> sein
essere umano ['äßßere u'mano] *m.* Mensch
est [äßt] *m.* Osten
estate [eß'tate] *f.* Sommer
♂ **estraneo** [eß'traneo], ♀ **estranea** [eß'tranea] fremd
età [e'ta] *f.* Alter
etichetta [eti'ketta] *f.* Etikett
euro ['äluro] *m.* Euro
Europa [älu'rɔpa] *f.* Europa
europeo [älurɔ'päo] *m.*, **europea** [älurɔ'päa] *f.* Europäer, Europäerin
♂ **europeo** [älurɔ'päo], ♀ **europea** [älurɔ'päa] europäisch

F

fabbrica ['fabbrika] *f.* Fabrik
♂ ♀ **facile** ['fatschile] einfach, leicht
♂ **falso** ['falßo], ♀ **falsa** ['falßa] gefälscht, künstlich
fame ['fame] *f.* Hunger

famiglia [fa'milja] *f.* Familie
fare ['fare] <faccio, ho fatto> machen, tun
farfalla [far'falla] *f.* Schmetterling
farina [fa'rina] *f.* Mehl farina lattea [fa'rina 'lattea] Brei
farmacia [farma'tschia] *f.* Apotheke
fasciare [fa'schare] <fascio, ho fasciato> *(mit Verbandszeug)* verbinden
favore [fa'wore] *m.* Wohlwollen, Gefallen *(wenn man um etw. bittet)* per favore [per fa'wore] bitte
fax [fax] *m.* Fax
faxare [fa'xare] <faxo, ho faxato> faxen
fazzoletto [fazzo'letto] *m.* Taschentuch
febbraio [feb'brajo] *m.* Februar
febbre ['fäbbre] *f.* Fieber
federa ['fädera] *f.* Kissenbezug
fegato ['fegato] *m.* Leber
♂♀ **felice** [fe'litsche] glücklich
felicità [felitschi'ta] *f.* Glück
♂♀ **femminile** [femmi'nile] weiblich
ferie ['färje] *f. Pl.* Ferien
ferita [fe'rita] *f.* Verletzung
fermata (dell'autobus) [fer'mata (del'lautobuß)] *f.* (Bus)haltestelle
ferrovia [ferro'wia] *f.* Bahn ferrovia metropolitana [ferro'wia metropoli'tana] *f.* Nahverkehrszug
festa ['fäßta] *f.* Feier, Party
fetta ['fetta] *f.* Scheibe
fidanzato [fidan'zato] *m.*, **fidanzata** [fidan'zata] *f.* Verlobter, Verlobte
fiera ['fjära] *f.* Messe
figlio ['filjo] *m.*, **figlia** ['filja] *f.* Sohn, Tochter
fila ['fila] *f.* (Menschen)schlange
film [film] *m.* *(im Fernsehen, Kino)* Film
fine ['fine] *f.* Ende, Ausgang fine settimana ['fine ßetti'mana] *m.* Wochenende
finestra [fi'näßtra] *f.* Fenster
♂ **finito** [fi'nito], ♀ **finita** [fi'nita] aus, vorbei
fino (a) ['fino (a)] bis
fiore ['fjore] *m.* Blume
firma ['firma] *f.* Unterschrift
firmare [fir'mare] <firmo, ho firmato> unterschreiben
fiume ['fjume] *m.* Fluss, Strom
forbici ['fɔrbitschi] *f. Pl.* Schere
forcella [for'tschälla] *f.* *(eines Zweirads)* Gabel
forchetta [for'ketta] *f.* *(Essbesteck)* Gabel
forfora ['forfora] *f.* Schuppen
formaggio [for'maddscho] *m.* Käse
formica [for'mika] *f.* Ameise
fornello [for'nällo] *m.* *(um zu backen)* Herd
forno ['forno] *m.* Ofen
forse ['forße] vielleicht
♂♀ **forte** ['fɔrte] stark, laut
fortuna [for'tuna] *f.* *(zufallsbedingt)* Glück
♂ **fortunato** [fortu'nato], ♀ **fortunata** [fortu'nata] *(zufallsbedingt)* glücklich

fotografare [fotogra'fare] <fotografo, ho fotografato> fotografieren

fotografia [fotogra'fia] *f.* Foto

fragola ['fragola] *f.* Erdbeere

♂♀ **francese** [fran'tschese] französisch

francobollo [franko'bollo] *m.* Briefmarke

frase ['frase] *f.* Satz

fratello [fra'tällo] *m.* Bruder

♂ **freddo** ['freddo], ♀ **fredda** ['fredda] kalt

frenare [fre'nare] <freno, ho frenato> bremsen

freno ['freno] *m.* Bremse

frequentare [freku̯än'tare] <frequento, ho frequentato> *(Schulen, Kurse)* besuchen

♂ **frettoloso** [fretto'loso], ♀ **frettolosa** [fretto'losa] eilig

frigorifero [frigo'rifero] *m.* Kühlschrank

frizione [fri'zjone] *f.* Kupplung

frutta ['frutta] *f.* Obst

fumare [fu'mare] <fumo, ho fumato> rauchen

fumatore [fuma'tore] *m.*, **fumatrice** [fuma'tritsche] *f.* Raucher, Raucherin non fumatore [non fuma'tore] Nichtraucher non fumatrice [non fuma'tritsche] Nichtraucherin

fune ['fune] *f.* Seil

fungo ['fungo] *m.* Pilz

funivia [funi'wia] *f.* Seilbahn

fuoco ['fu̯ɔko] *m.* Feuer

fuori ['fu̯ɔri] draußen

G

gallina [gal'lina] *f.* Huhn

gamba ['gamba] *f.* Bein

garage [ga'rasch] *m.* Garage

gassosa [gaß'ßosa] *f.* Limonade

gatto ['gatto] *m.* Katze

♂♀ **gay** [gäi̯] schwul

gelato [dsche'lato] *m.* (Speise)eis

genitori [dscheni'tori] *m. Pl.* Eltern

gennaio [dschen'najo] *m.* Januar

gente ['dschänte] *f.* Leute

♂♀ **gentile** [dschen'tile] nett

Germania [dscher'manja] *f.* Deutschland

ghiaccio ['gjattscho] *m.* Eis

già [dscha] schon

giacca ['dschakka] *f.* Jacke

♂ **giallo** ['dschallo], ♀ **gialla** ['dschalla] gelb

giardiniere [dschardi'njäre] *m.*, **giardiniera** [dschardi'njära] *f.* Gärtner, Gärtnerin

giardino [dschar'dino] *m.* Garten

giocare [dscho'kare] <gioco, ho giocato> spielen

gioielliere [dschojel'ljäre] *m.*, **gioielliera** [dschojel'ljära] *f.* Juwelier, Juwelierin

giornale [dschor'nale] *m.* Zeitung

♂ **giornaliero** [dschorna'ljäro], ♀ **giornaliera** täglich

giornata [dschor'nata] *f.* Tag

giorno ['dschorno] *m.* Tag giorno festivo ['dschorno feß'tiwo] Feiertag di giorno [di 'dschorno] tagsüber

giovane ['dschowane] *m./f.* Jugendlicher, Jugendliche
♂♀ **giovane** ['dschowane] jung
giovedì [dschowe'di] *m.* Donnerstag
gita ['dschita] *f.* Ausflug
giudice ['dschuditsche] *m./f.* Richter, Richterin
giugno ['dschunjo] *m.* Juni
♂ **giusto** ['dschußto], ♀ **giusta** ['dschußta] richtig
goal [gɔl] *m. (beim Fußball)* Tor
gola ['gola] *f.* Hals, Kehle
golf [gɔlf] *m.* Golf
gonna ['gonna] *f.* Rock
governo [go'wärno] *m.* Regierung
grado ['grado] *m.* Grad
grammo ['grammo] *m.* Gramm
granchio ['grankjo] *m.* Krabbe
grandi magazzini ['grandi magaz'zini] *m. Pl.* Kaufhaus
♂ **grasso** ['graßßo], ♀ **grassa** ['graßßa] dick
gratitudine [grati'tudine] *f.* Dank
grazie ['grazje] danke Molte/Tante grazie! ['mɔlte/'tante 'grazje] Vielen Dank!
gridare [gri'dare] <grido, ho gridato> schreien
♂ **grigio** ['gridscho], ♀ **grigia** ['gridscha] grau
♂ **grosso** ['grɔßßo], ♀ **grossa** ['grɔßßa] *(hochgewachsen)* groß
grotta ['grɔtta] *f.* Grotte
guadagnare [gu̯ada'njare] <guadagno, ho guadagnato> verdienen
guanto ['gu̯anto] *m.* Handschuh
♂ **guasto** ['gu̯aßto], ♀ **guasta** ['gu̯aßta] defekt
guerra ['gu̯ärra] *f.* Krieg
guida ['gu̯ida] *f. (Buch)* Reiseführer
guidare [gu̯i'dare] <guido, ho guidato> fahren, lenken, führen
guida turistica ['gu̯ida tu'rißtika] *f.* Reiseführer, Reiseführerin
guinzaglio [gu̯in'zaljo] *m.* (Hunde)leine
gusto ['gußto] *m.* Geschmack

H

handicappato [andikap'pato] *m.*, **handicappata** [andikap'pata] *f.* Behinderter, Behinderte per handicappati [per andikap'pati] behindertengerecht
♂ **handicappato** [andikap'pato], ♀ **handicappata** [andikap'pata] behindert
hotel [o'täl] *m.* Hotel

I

idea [i'däa] *f.* Idee
ieri ['järi] gestern l'altro ieri ['laltro 'järi] *m.* vorgestern
il [il] der, das
illustrazione [illußtra'zjone] *f.* Illustration, Bild
immagine [im'madschine] *f.* Bild, Vorstellung
immergersi [im'märdscherßi] <mi immergo, mi sono immerso/immersa> tauchen
impacchettare [impakket'tare] <impacchetto, ho impacchettato> packen, einpacken

imparare [impa'rare] <imparo, ho imparato> lernen

impasto [im'paßto] *m.* Teig

impermeabile [imperme'abile] *m.* Regenmantel

♂ ♀ **impermeabile** [imperme'abile] wasserdicht

imposta doganale [im'poßta doga'nale] *f. (Abgabe)* Zoll

in [in] in

incidente [intschi'dänte] *m.* Unfall

♀ **incinta** [in'tschinta] schwanger

incominciare [inkomin'tschare] <incomincio, ho incominciato> beginnen, anfangen

incontrare [inkon'trare] <incontro, ho incontrato> treffen

incrocio [in'krotscho] *m.* (Straßen)kreuzung

indietro [in'djätro] zurück, rückwärts

indirizzo [indi'rizzo] *m.* Adresse

infermiere [infer'mjäre] *m.*, **infermiera** [infer'mjära] *f.* Krankenpfleger, Krankenpflegerin, Krankenschwester

informazione [informa'zjone] *f.* Auskunft, Information

informazioni turistiche [informa'zjoni tu'rißtike] *f. Pl.* Touristeninformation

ingresso [in'gräßßo] *m.* Eingang

iniezione [inje'zjone] *f.* Spritze

iniziare [ini'zjare] <inizio, ho iniziato> anfangen, beginnen

inizio [i'nizjo] *m.* Anfang

inoltre [i'noltre] auch, außerdem

insalata [inßa'lata] *f.* Salat

insegna [in'ßenja] *f.* Schild

insegnare [inße'njare] <insegno, ho insegnato> unterrichten

insetto [in'ßätto] *m.* Insekt

insieme [in'ßjäme] zusammen

insolazione [inßola'zjone] *f.* Sonnenstich

insulina [inßu'lina] *f.* Insulin

♂ **intasato** [inta'sato], ♀ **intasata** *(Abfluss, Toilette)* verstopft

♂ ♀ **interessante** [intereß'ßante] interessant

Internet ['internät] *m.* Internet

interno [in'tärno] *m.* Innere all'interno di [allin'tärno di] innerhalb (von)

intervallo [inter'wallo] *m. (im Theater)* Pause

intorno [in'torno] *(räumlich)* (um) herum

inverno [in'wärno] *m.* Winter

invitare [inwi'tare] <invito, ho invitato> einladen

invito [in'wito] *m.* Einladung

io ['io] ich

ippodromo [ip'pɔdromo] *m. (für Pferde)* Rennbahn

iscrivere [iß'kriwere] <iscrivo, ho iscritto> eintragen, anmelden, einschreiben per iscritto [per iß'kritto] schriftlich

isola ['isola] *f.* Insel

Italia [i'talja] *f.* Italien

italiano [ita'ljano] *m.*, **italiana** [ita'ljana] *f.* Italiener, Italienerin

♂ **italiano** [ita'ljano], ♀ **italiana** [ita'ljana] italienisch

itinerario [itine'rarjo] *m.* Route

J

jeans ['dschins] *m. Pl.* Jeans

K

ketchup ['ketschap] *m.* Ketchup

L

la [la] die, das
là [la] dort
labbro ['labbro] *m.* Lippe
lago ['lago] *m.* See
lampone [lam'pone] *m.* Himbeere, Himbeerstrauch
larghezza [lar'gezza] *f.* Breite
♂ **largo** ['largo], ♀ **larga** breit
lato ['lato] *m.* Seite
latte ['latte] *m.* Milch
latticini [latti'tschini] *m. Pl.* Milchprodukte
lattina [lat'tina] *f.* Dose
lattuga [lat'tuga] *f.* (Kopf)salat
lavanderia [lawande'ria] *f.* Wäscherei
lavatrice [lawa'tri:tsche] *f.* Waschmaschine
lavorare [lawo'rare] <lavoro, ho lavorato> arbeiten
lavoro [la'woro] *m.* Arbeit
legale [le'gale] legal
leggere ['läddschere] <leggo, ho letto> lesen
♂ **leggero** [led'dschäro], ♀ **leggera** [led'dschära] *(Gewicht)* leicht
lei [läi] *(Personalpronomen 3. Person: Singular)* sie
Lei [läi] *(Personalpronomen Höflichkeitsform: Singular)* Sie
lentamente [lenta'mente] langsam
lente ['länte] *f.* *(einer Kamera, des Auges)* Linse **lente a contatto** ['länte a kon'tatto] Kontaktlinse
lenticchia [lentik'kja] *f.* *(Hülsenfrucht)* Linse
♂ **lento** ['länto], ♀ **lenta** ['länta] langsam
lenzuolo [len'zu̯ɔlo] *m.* (Bett)laken
♂ **lesbico** ['läsbiko], ♀ **lesbica** ['läsbika] lesbisch
lettera ['lättera] *f.* Buchstabe, Brief
letto ['lätto] *m.* Bett
lezione [le'zjone] *f.* Unterricht(sstunde), Lektion, Vorlesung
♂ **libero** ['libero], ♀ **libera** ['libera] frei
libro ['libro] *m.* Buch
♂♀ **lilla** ['lilla] lila
limone [li'mone] *m.* Zitrone
lingua ['lingu̯a] *f.* *(Ausdrucksweise)* Sprache
liquore [li'ku̯ɔre] *m.* Likör
lisca ['lißka] *f.* Gräte
litro ['litro] *m.* Liter
locale [lo'kale] *m.* Raum, Lokal, Restaurant
♂♀ **locale** [lo'kale] einheimisch, regional
locanda [lo'kanda] *f.* Gasthaus
loro ['loro] *(Personalpronomen 3. Person: Plural)* sie
Loro ['loro] *(Personalpronomen Höflichkeitsform Plural)* Sie
lozione [lo'zjone] *f.* Lotion
luce ['lu:tsche] *f.* Licht
lucentezza [lutschen'tezza] *f.* Hochglanz

luglio ['luljo] *m.* Juli
lui ['lui] er
lumaca [lu'maka] *f.* (Nackt)schnecke
luna ['luna] *f.* Mond
lunedì [lune'di] *m.* Montag
lunghezza [lun'gezza] *f.* Länge
♂ **lungo** ['lungo], ♀ **lunga** ['lunga] lang a lungo [a 'lungo] lange
luogo ['luɔgo] *m.* Ort(schaft), Stelle, Platz

M

ma [ma] aber
macchina ['makkina] *f.* Maschine, Apparat, Auto macchina fotografica ['makkina foto'grafika] Kamera
macellaio [matschel'lajo] *m.*, **macellaia** [matschel'laja] *f.* Metzger, Metzgerin
macelleria [matschelle'ria] *f.* Fleischerei
madre ['madre] *f.* Mutter
maggio [mad'dscho] *m.* Mai
mai [mai] nie
maiale [ma'jale] *m.* Schwein
maionese [majo'nese] *f.* Mayonnaise
♂ **malato** [ma'lato], ♀ **malata** [ma'lata] krank
malattia [malat'tia] *f.* Krankheit
male ['male] schlecht fare male ['fare 'male] <fa, ha fatto> wehtun
mancare [man'kare] <manca, è mancato/mancata> fehlen
mancia ['mantscha] *f.* Trinkgeld
mangiare [man'dschare] <mangio, ho mangiato> essen
mano ['mano] *f.* Hand
marciapiede [martscha'pjäde] *m.* Bürgersteig, Gehweg
mare ['mare] *m.* Meer
marito [ma'rito] *m.* Ehemann
marmellata [marmel'lata] *f.* Marmelade
♂♀ **marrone** [mar'rone] braun
martedì [marte'di] *m.* Dienstag
marzo ['marzo] *m.* März
♂♀ **maschile** [maß'kile] männlich
massaggio [maß'ßaddscho] *m.* Massage
materassino [materaß'ßino] *m.* Luftmatratze, Matte
materasso [mate'raßßo] *m.* Matratze
matita [ma'tita] *f.* Bleistift
matrimonio [matri'mɔnjo] *m.* Ehe
mattina [mat'tina] *f.* Morgen, Vormittag di mattina [di mat'tina] morgens, vormittags
mazza ['mazza] *f.* (Golf)schläger
medicina [medi'tschina] *f.* Medizin medicina naturale [medi'tschina natu'rale] Naturheilkunde
medico ['mädiko] *m./f.* Arzt, Ärztin
medusa [me'dusa] *f.* Qualle
meglio ['mäljo] besser
mela ['mela] *f.* Apfel
melone [me'lone] *m.* Melone
meno ['meno] minus
meno ['meno] weniger
menù [me'nu] *m.* Speisekarte, *(mehrgängiges Gericht, einer Software)* Menü

♂ **meraviglioso** [merawi'ljoso], ♀ **meravigliosa** [merawi'ljosa] wunderbar

mercato [mer'kato] *m.* Markt

mercoledì [merkole'di] *m.* Mittwoch

mese ['mese] *m.* Monat

mestolo ['meßtolo] *m.* Suppenkelle

mestruazione [meßtru̯a'zjone] *f.* Menstruation

metà [me'ta] *f.* Hälfte

metallo [me'tallo] *m.* Metal

metro ['mätro] *m.* Meter, Maßstab, Maßband metro quadrato ['mätro ku̯a'drato] Quadratmeter

metropolitana [metropoli'tana] *f.* U-Bahn

mettere ['mettere] <metto, ho messo> legen, stellen

mezzo ['mäzzo] *m.* Mitte

♂ **mezzo** ['mäzzo], ♀ **mezza** ['mäzza] halber, halbe, halbes

mezzogiorno [mezzo'dschorno] *m.* Mittag a mezzogiorno [a mezzo'dschorno] mittags

mi [mi] mich, mir

microonde [mikro'onde] *m.* Mikrowelle

miele ['mjäle] *m.* Honig

♂ ♀ **migliore** [mi'ljore] besser

militare [mili'tare] *m.* Militär

minuto [mi'nuto] *m.* Minute

♂ **mio** ['mio], ♀ **mia** ['mia] mein, meine

mischiare [miß'kjare] <mischio, ho mischiato> mischen

misura [mi'sura] *f.* Maß

mittente [mit'tänte] *m.* Absender

mobile ['mɔbile] *m.* Möbel, Möbelstück

moda ['mɔda] *f.* Mode

modulo ['mɔdulo] *m.* Formular

moglie ['molje] *f.* Ehefrau

molto ['molto] sehr, viel

♂ **molto** ['molto], ♀ **molta** ['molta] viel

momento [mo'mento] *m.* Moment

moneta [mo'neta] *f.* Münze

montagne [mon'tanje] *f. Pl.* Gebirge

monte ['monte] *m.* Berg

morbillo [mor'billo] *m.* Masern

morire [mo'rire] <muore, è morto/morta> sterben

♂ **morto** ['mɔrto], ♀ **morta** ['mɔrta] tot

moschea [moß'käa] *f.* Moschee

motocicletta [mototschi'kletta] *f.* Motorrad

motore [mo'tore] *m.* Motor

multa ['multa] *f.* Bußgeld

musica ['musika] *f.* Musik

♂ **mussulmano** [mußßul'mano], ♀ **mussulmana** [mußßul'mana] muslimisch

mutande [mu'tande] *f. Pl. (für Herren)* Unterhose

mutandine [mutan'dine] *f. Pl. (für Damen)* Unterhose

N

nascere ['naschere] <nasco, sono nato/nata> geboren werden

naso ['naso] *m.* Nase

Natale [na'tale] *m.* Weihnachten

natura [na'tura] *f.* Natur

nausea ['na͜usea] *f.* Übelkeit

nave ['nawe] *f.* Schiff
nazionalità [nazjonali'ta] *f.* Nationalität
♂ **nebbioso** [neb'bjoso], ♀ **nebbiosa** [neb'bjosa] neblig
♂ **necessario** [netscheß'ßarjo], ♀ **necessaria** [netscheß'ßarja] nötig
negozio [ne'gɔzjo] *m.* Geschäft, Laden
♂ **nero** ['nero], ♀ **nera** ['nera] schwarz
♂ **nessun(o)** [neß'ßun(o)], ♀ **nessuna** [neß'ßuna] keiner, kein, keine
neve ['newe] *f.* Schnee
niente ['njänte] nichts
no [nɔ] nein
noce ['notsche] *f.* Nuss
noi [noi] wir
noleggiare [noled'dschare] <noleggio, ho noleggiato> leihen
nome ['nome] *m.* Name
non [non] nicht
nonni ['nɔnni] *m. Pl.* Großeltern
nonno ['nɔnno] *m.*, **nonna** ['nɔnna] *f.* Großvater, Großmutter
nord [nɔrd] *m.* Norden
♂♀ **normale** [nor'male] normal
♂ **nostro** ['nɔßtro], ♀ **nostra** ['nɔßtra] unser, unsere
notizia [no'tizja] *f.* Nachricht
notte ['nɔtte] *f.* Nacht di notte [di 'nɔtte] nachts
novembre [no'wämbre] *m.* November
♀ **nubile** ['nubile] ledig
numero ['numero] *m.* Nummer, Zahl, (Schuh)größe numero di carta di credito ['numero di 'karta di 'kredito] Kreditkartennummer numero di conto ['numero di 'konto] Kontonummer numero telefonico ['numero tele'fɔniko] Telefonnummer
nuotare [nuo'tare] <nuoto, ho nuotato> schwimmen
♂ **nuovo** ['nuɔwo], ♀ **nuova** ['nuɔwa] neu

O

occhio ['ɔkkjo] *m.* Auge
♂ **occupato** [okku'pato], ♀ **occupata** [okku'pata] *(Toilette, Umziehkabine, Telefonleitung)* besetzt
oceano [o'tschäano] *m.* Ozean
offerta [of'färta] *f.* Angebot
officina [offi'tschina] *f.* Werkstatt
offrire [of'frire] <offro, ho offerto> anbieten
oggi ['ɔddschi] heute
♂♀ **ogni** ['onji] *(vor dem Nomen)* jeder, jede, jedes
olio ['ɔljo] *m.* Öl
ombrello [om'brällo] *m.* Regenschirm
♂♀ **omosessuale** [omoßeßßu'ale] homosexuell
♂ **opaco** [o'pako], ♀ **opaca** [o'paka] matt
opera ['ɔpera] *f.* Oper
opinione [opi'njone] *f.* Meinung
oppure [op'pure] oder
ora ['ora] *f.* Stunde, Uhrzeit

orario [o'rarjo] *m.* Fahrplan
ordinare [ordi'nare] <ordino, ho ordinato> bestellen
ordine ['ordine] *m.* Ordnung
orecchino [orek'kino] *m.* Ohrring
orecchio [o'rekkjo] *m.* Ohr
orologio [oro'lɔdscho] *m.* Uhr
ospedale [oßpe'dale] *m.* Krankenhaus
ospite ['ɔßpite] *m./f.* Gast
osso ['ɔßßo] *m.* Knochen
ostello della gioventù [o'ßtällo 'della dschowen'tu] *m.* Jugendherberge
osteria [oßte'ria] *f.* Kneipe, Schenke
ottico ['ɔttiko] *m.*, **ottica** ['ɔttika] *f.* Optiker, Optikerin
ottobre [ot'tobre] *m.* Oktober
♂ **otturato** [ottu'rato], ♀ **otturata** [ottu'rata] *(Abfluss)* verstopft
ovest ['ɔweßt] *m.* Westen

P

pacchetto [pak'ketto] *m.* Päckchen
pacco ['pakko] *m.* Paket
padella [pa'dälla] *f.* Pfanne
padre ['padre] *m.* Vater
paese [pa'ese] *m.* Land
pagamento [paga'mento] *m.* Zahlung
pagare [pa'gare] <pago, ho pagato> zahlen, bezahlen
pagina ['padschina] *f.* Seite
paio ['pajo] *m.* *(Schuhe, Socken etc.)* Paar
palazzo [pa'lazzo] *m.* Palast
palla ['palla] *f.* Ball
pancetta [pan'tschetta] *f.* (Schweine)speck
pancia ['pantscha] *f.* Bauch
pane ['pane] *m.* Brot
pane nero ['pane 'nero] *m.* Schwarzbrot
panetteria [panette'ria] *f.* Bäckerei
panettiere [panet'tjäre] *m.*, **panettiera** [panet'tjära] *f.* Bäcker, Bäckerin
panino [pa'nino] *m.* Brötchen, Semmel
panna ['panna] *f.* Sahne
pannolino [panno'lino] *m.* Windel
pantaloni [panta'loni] *m. Pl.* Hose
parabrezza [para'brezza] *m.* Windschutzscheibe
parapendio [parapen'dio] *m.* Gleitschirmfliegen
parcheggiare [parked'dschare] <parcheggio, ho parcheggiato> parken
parco ['parko] *m.* Park
parlamento [parla'mento] *m.* Parlament
parlare [par'lare] <parlo, ho parlato> sprechen
parola [pa'rɔla] *f.* Wort
parrucchiere [parruk'kjäre] *m.*, **parrucchiera** [parruk'kjära] *f.* Friseur, Friseurin
parte ['parte] *f.* Teil
partenza [par'tänza] *f.* Abfahrt
partire [par'tire] <parto, sono partito/partita> abfahren
partito [par'tito] *m.* *(in der Politik)* Partei

passaporto [paßßa'pɔrto] *m.* (Reise)pass
passare [paß'ßare] <passo, ho passato> *(zusammenfügen, am Telefon)* verbinden
passeggiata [paßßed'dschata] *f.* Spaziergang
passeggino [paßßed'dschino] *m.* *(für Kleinkinder, zum Darin-Sitzen)* Kinderwagen
pasta ['paßta] *f.* Nudeln, süßes Gebäck
pasticceria [paßtittsche'ria] *f.* Konditorei
pasticcino [paßtit'tschino] *m.* Petit Four, feines, süßes Gebäckstück
patata [pa'tata] *f.* Kartoffel
patente [pa'tänte] *f.* Führerschein
pausa ['pau̯sa] *f.* Pause
paziente [pa'zjänte] *m./f.* Patient, Patientin
♂ **pazzo** ['pazzo], ♀ **pazza** ['pazza] verrückt
pedaggio [pe'daddscho] *m.* Maut
pedale [pe'dale] *m.* Pedal
pelle ['pälle] *f.* Leder
pene ['päne] *m.* Penis
penna ['penna] *f.* Kugelschreiber
pensare [pen'ßare] <penso, ho pensato> denken, meinen
pensionato [penßjo'nato] *m.*, **pensionata** [penßjo'nata] *f.* Rentner, Rentnerin
pensione [pen'ßjone] *f.* *(für Gäste)* Pension pensione completa [pen'ßjone kom'pläta] Vollpension mezza pensione ['mäzza pen'ßjone] Halbpension
pentola ['päntola] *f.* (Koch)topf
pepe ['pepe] *m.* Pfeffer
per [per] für, nach per fare qc. [per 'fare] um etw. zu tun
pera ['pera] *f.* Birne
percentuale [pertschen'tu̯ale] *f.* Prozent
perché [per'ke] *(Fragewort)* warum, *(Konjugation)* da, denn
perdere ['pärdere] <perdo, ho perso> verlieren
permettere [per'mettere] <permetto, ho permesso> erlauben
però ['pero] aber
♂ ♀ **pesante** [pe'sante] *(Gewicht, schwierig)* schwer
pesce ['pesche] *m.* Fisch
peso ['peso] *m.* Gewicht
pettinare [petti'nare] <pettino, ho pettinato> kämmen
pettine ['pättine] *m.* Kamm
petto ['pätto] *m.* Brust
pezzo ['päzzo] *m.* Stück, Teil
piacere [pja:'tschere] <mi piace, mi è piaciuto/piaciuta> mögen
piano ['pjano] *m.* Etage, Stock
piano ['pjano] langsam
pianta ['pjanta] *f.* Pflanze, Plan, Karte
pianterreno [pjanter'reno] *m.* Erdgeschoss
piattino [pjat'tino] *m.* Untertasse
piatto ['pjatto] *m.* Gericht, Teller piatto principale ['pjatto printschi'pale] Hauptspeise piatto pronto ['pjatto 'pronto] Fertiggericht

♂ **piatto** ['pjatto], ♀ **piatta** ['pjatta] flach
piazza ['pjazza] *f. (in Straßenbezeichnungen, vor Gebäuden)* Platz
♂ ♀ **piccante** [pik'kante] *(Geschmack)* scharf
♂ **piccolo** ['pikkolo], ♀ **piccola** ['pikkola] klein
pidocchio [pi'dɔkkjo] *m.* Laus
piede ['pjäde] *m.* Fuß in piedi [in 'pjädi] auf
♂ **pieno** ['pjäno], ♀ **piena** ['pjäna] voll pieno/piena di ['pjäno/'pjäna di ...] voller ...
pietra ['pjätra] *f.* Stein
pillola ['pillola] *f.* Pille, Tablette
ping-pong [ping pɔng] *m.* Tischtennis
pioggia ['pjɔddscha] *f.* Regen
piovere ['pjɔwere] <piove, è piovuto> regnen
pipa ['pipa] *f. (zum Rauchen)* Pfeife
piscina [pi'schina] *f.* Schwimmbad
piscinetta [pischi'netta] *f.* Planschbecken
pista ['pißta] *f.* Spur, Bahn pista ciclabile ['pißta tschi'klabile] Radweg
più [pju] mehr, plus più presto [pju 'präßto] früher più tardi [pju 'tardi] später
plastica ['plaßtika] *f.* Plastik
pneumatico [pneu'matiko] *m.* Reifen
poco ['pɔko] wenig, bisschen da poco [da 'pɔko] billig
poi [pɔi] dann, daraufhin
polizia [poli'zia] *f.* Polizei
pollice ['pɔllitsche] *m.* Daumen
polline ['pɔlline] *m.* Pollen
pollo ['pollo] *m.* Hähnchen
polmone [pol'mone] *m.* Lunge
poltrona [pol'trona] *f.* Sessel
pomeriggio [pome'riddscho] *m.* Nachmittag di pomeriggio [di pome'riddscho] nachmittags
pomodoro [pomo'dɔro] *m.* Tomate
pompa ['pompa] *f.* Pumpe
porro ['pɔrro] *m.* Lauch
porta ['pɔrta] *f.* Tür
portare [por'tare] <porto, ho portato> tragen, bringen, mitbringen, mitnehmen
portone [por'tone] *m. (beim Fußball, Eingang)* Tor
♂ ♀ **possibile** [poß'ßibile] möglich
possibilità [poßßibili'ta] *f.* Möglichkeit, Gelegenheit, Chance
posta ['pɔßta] *f.* Post
posto ['poßto] *m.* Platz, Stelle, Ort posto a sedere ['poßto a ße'dere] Sitzplatz
potere [po'tere] <posso, ho potuto> dürfen, können
♂ **povero** ['pɔwero], ♀ **povera** ['pɔwera] arm
pranzo ['pranzo] *m.* Mittagessen
prato ['prato] *m.* Wiese
preferire [prefe'rire] <preferisco, ho preferito> vorziehen
♂ **pregiato** [pre'dschato], ♀ **pregiata** [pre'dschata] wertvoll
prego ['prägo] *(wenn man etw. anbietet)* bitte

prelevare [prele'ware] <prelevo, ho prelevato> *(Geld vom Konto)* abheben

premere ['prämere] <premo, ho premuto> *(Knopf)* drücken

premio ['prämjo] *m.* *(in einer Lotterie etc.)* Preis

prendere ['prändere] <prendo, ho preso> nehmen

prenotare [preno'tare] <prenoto, ho prenotato> buchen, reservieren

prenotazione [prenota'zjone] *f.* Buchung, Reservierung

preservativo [preserwa'tiwo] *m.* Kondom

presso ['präßßo] *(in der Nähe von, gleich daneben)* bei

presto ['präßto] schnell, bald, früh

prezzo ['präzzo] *m.* Preis

prigione [pri'dschone] *f.* Gefängnis

primavera [prima'wära] *f.* Frühling

prima ['prima] zuerst, vorher
prima di ['prima di] vor

♂ **primo** ['primo], ♀ **prima** ['prima] erster, erste, erstes

problema [pro'bläma] *m.* Problem

professione [profeß'ßjone] *f.* Beruf

profumo [pro'fumo] *m.* Parfum

progetto [pro'dschätto] *m.* Plan, Vorhaben

programma [pro'gramma] *m.* Programm

♂ **proibito** [pro|i'bito], ♀ **proibita** [pro|i'bita] verboten

pronto! ['pronto] *(am Telefon)* hallo!

♂ **pronto** ['pronto], ♀ **pronta** ['pronta] fertig

proprietario [proprje'tarjo] *m.*, **proprietaria** [proprje'tarja] *f.* Vermieter, Vermieterin

♂ **proprio** ['prɔprjo], ♀ **propria** ['prɔprja] eigener, eigener, eigenes

prosciutto [pro'schutto] *m.* Schinken

prospetto [pro'ßpätto] *m.* Prospekt

♂ **prossimo** ['prɔßßimo], ♀ **prossima** ['prɔßßima] nächster, nächste, nächstes

proteggere [pro'täddschere] <proteggo, ho protetto> (be)schützen

proteggislip [pro'täddschi slip] *m.* Slipeinlage

protestare [proteß'tare] <protesto, ho protestato> protestieren

protezione [prote'zjone] *f.* Schutz
protezione solare [prote'zjone ßo'lare] Sonnenschutz

provare [pro'ware] <provo, ho provato> probieren, versuchen, kosten

♂ ♀ **prudente** [pru'dänte] vorsichtig

prudenza [pru'dänza] *f.* Vorsicht

prurito [pru'rito] *m.* Jucken

♂ **pubblico** ['pubbliko], ♀ **pubblica** ['pubblika] öffentlich

pulire [pu'lire] <pulisco, ho pulito> putzen, reinigen

♂ **pulito** [pu'lito], ♀ **pulita** [pu'lita] sauber, *(Person)* gepflegt

pulitura [puli'tura] *f.* Reinigung

pullman ['pulman] *m.* Reisebus

pullover [pul'lɔwer] *m.* Pullover
pulsante [pul'ßante] *m.* Taste, Knopf
pungere ['pundschere] <pungo, ho punto> stechen
punto ['punto] *m.* Punkt **punto cardinale** ['punto kardi'nale] Himmelsrichtung **in punto** [in 'punto] pünktlich
♂♀ **puntuale** [puntu'ale] pünktlich
puntura d'insetto [pun'tura din'ßätto] *f.* Insektenbiss
♂ **puro** ['puro], ♀ **pura** ['pura] rein
purtroppo [pur'trɔppo] leider

Q

quadro ['ku̯adro] *m.* Gemälde
♂ **qualcuno** [ku̯al'kuno], ♀ **qualcuna** [ku̯al'kuna] jemand
qualità [ku̯ali'ta] *f.* Qualität
qualunque [ku̯a'lunku̯e] jeder, jede, jedes, jeder/jede/jedes Beliebige
quando ['ku̯ando] als, wann
quarantena [ku̯aran'tena] *f.* Quarantäne
quarto ['ku̯arto] *m.* Viertel **un quarto d'ora** [un 'ku̯arto 'dora] eine Viertelstunde **un quarto di vino** [un 'ku̯arto di 'wino] ein Viertel Wein
quasi ['ku̯asi] fast
♂ **questo** ['ku̯eßto], ♀ **questa** ['ku̯eßta] dies, dieser, diese, dieses
qui [ku̯i] hier(her), da(her)
quindi ['ku̯indi] also

R

rabbia ['rabbja] *f.* Tollwut
racchetta [rak'ketta] *f.* *(für Tennis, Federball)* Schläger
raccomandare [rakkoman'dare] <raccomando, ho raccomandato> empfehlen
raccontare [rakkon'tare] <racconto, ho raccontato> erzählen
radersi ['raderßi] <mi rado, mi sono rasato> sich rasieren
radio ['radjo] *f.* Radio
raffreddare [raffred'dare] <raffreddo, ho raffreddato> kühlen
ragazzo [ra'gazzo] *m.*, **ragazza** [ra'gazza] *f.* Junge, Mädchen, junger Mann, junge Frau, *(in Partnerschaften)* Freund, Freundin
ragno ['ranjo] *m.* Spinne
raramente [rara'mente] selten
♂ **raro** ['raro], ♀ **rara** ['rara] selten
rasoio [ra'sojo] *m.* Rasierer
ratto ['ratto] *m.* Ratte
♂ **realistico** [rea'lißtiko], ♀ **realistica** [rea'lißtika] realistisch
reclamo [re'klamo] *m.* Beschwerde, Reklamation
redine ['rädine] *f.* Zügel
regalo [re'galo] *m.* Geschenk
religione [reli'dschone] *f.* Religion
remo ['rämo] *m.* Ruder
replica ['räplika] *f.* Erwiderung, Wiederholung, Nachbildung
restituire [reßtitu'iːre] <restituisco, ho restituito> zurückgeben, zurückerstatten
rete ['rete] *f.* Netz

ricambiare [rikam'bjare] <ricambio, ho ricambiato> erwidern
ricciolo [rit'tscholo] *m.* Locke
♂ **ricco** ['rikko], ♀ **ricca** ['rikka] reich
ricetta [ri'tschätta] *f.* Rezept
ricevere [ri'tschewere] <ricevo, ho ricevuto> bekommen, erhalten, *(Arzt)* Sprechstunde haben
ricevuta [ritsche'wuta] *f.* Quittung
richiesta [ri'kjäßta] *f.* Anfrage, Antrag
riciclare [ritschi'klare] <riciclo, ho riciclato> recyceln
ricordare qn./qc. [rikor'dare] <ricordo, ho ricordato> sich an jdn/etw. erinnern, jds/einer Sache gedenken
ridere ['ridere] <rido, ho riso> lachen
riduzione [ridu'zjone] *f.* Ermäßigung
rimanere [rima'nere] <rimango, sono rimasto/rimasta> bleiben
rimorchiare [rimor'kjare] <rimorchio, ho rimorchiato> abschleppen
ringraziare [ringra'zjare] <ringrazio, ho ringraziato> danken
riparare [ripa'rare] <riparo, ho riparato> reparieren
riparazione [ripara'zjone] *f.* Reparatur
♂ **ripido** ['ripido], ♀ **ripida** ['ripida] steil
riscuotere [riß'ku̯ɔtere] <riscuoto, ho riscosso> kassieren, einnehmen, *(Scheck, Gutschein)* einlösen
riserva [ri'ßärwa] *f.* Reserve, Vorrat riserva naturale [ri'ßärwa natu'rale] Reservat
riservare [riser'ware] <riservo, ho riservato> reservieren
riso ['riso] *m.* Reis
risparmiare [rißpar'mjare] <risparmio, ho risparmiato> (ein)sparen
rispondere [riß'pondere] <rispondo, ho risposto> antworten, widersprechen, entsprechen, *(bei einem Anruf)* drangehen
risposta [riß'poßta] *f.* Antwort
ristorante [rißto'rante] *m.* Restaurant
ritirare [riti'rare] <ritiro, ho ritirato> zurückziehen, zurücknehmen, abholen
ritorno [ri'torno] *m.* Rückkehr, Wiederkehr di ritorno [di ri'torno] zurück
rivista [ri'wißta] *f.* Zeitschrift
roccia ['rɔttscha] *f.* Fels
♂ **romantico** [ro'mantiko], ♀ **romantica** [ro'mantika] romantisch
rosa ['rɔsa] *f.* Rose
♂♀ **rosa** ['rɔsa] rosa
rosé [ro'sä] *m.* Rosé
rossetto [roß'ßetto] *m.* Lippenstift
♂ **rosso** ['roßßo], ♀ **rossa** ['roßßa] rot
rotatoria [rota'tɔrja] *f.* Kreisverkehr
♂ **rotondo** [ro'tondo], ♀ **rotonda** [ro'tonda] rund

♂ **rotto** ['rotto], ♀ **rotta** ['rotta] kaputt, zerbrochen, *(Knochen)* gebrochen
roulotte [ru'lɔt] *f.* Wohnwagen
rovine [ro'wine] *f. Pl.* Ruine
rubare [ru'bare] <rubo, ho rubato> stehlen, rauben
rubinetto [rubi'netto] *m.* Wasserhahn
ruggine ['ruddschine] *f.* Rost
♂ **rumoroso** [rumo'roso], ♀ **rumorosa** [rumo'rosa] laut
ruota ['ruɔta] *f.* Rad, Scheibe
ruscello [ru'schällo] *m.* Bach

S

sabato ['ßabato] *m.* Samstag
sabbia ['ßabbja] *f.* Sand
sala ['ßala] *f.* Saal sala d'aspetto ['ßala da'ßpätto] Wartezimmer, Wartesaal sala da pranzo ['ßala da 'pranzo] Speisesaal
♂ **salato** [ßa'lato], ♀ **salata** [ßa'lata] salzig
sale ['ßale] *m.* Salz
salire [ßa'lire] <salgo, sono salito/salita> steigen, aufsteigen, ansteigen, einsteigen
salsa ['ßalßa] *f.* Soße
salsiccia [ßal'ßittscha] *f.* Wurst
saltare [ßal'tare] <salto, ho saltato> springen
salumeria [ßalume'ria] *f.* Wurstwarengeschäft
salutare [ßalu'tare] <saluto, ho salutato> grüßen
salute! [ßa'lute] prost!
salute [ßa'lute] *f.* Gesundheit
saluto [ßa'luto] *m.* Gruß
salvare [ßal'ware] <salvo, ho salvato> retten
sandalo ['ßandalo] *m.* Sandale
sangue ['ßangue] *m.* Blut
♂ **sano** ['ßano], ♀ **sana** ['ßana] gesund
sapere [ßa'pere] <so, ho saputo> wissen, kennen, können
sapone [ßa'pone] *m.* Seife
sarto ['ßarto] *m.*, **sarta** ['ßarta] *f.* Schneider, Schneiderin
sasso ['ßaßßo] *m.* (Kiesel)stein
sauna ['ßauna] *f.* Sauna
♂ **sazio** ['ßazjo], ♀ **sazia** ['ßazja] satt
♂ **sbagliato** [sba'ljato], ♀ **sbagliata** [sba'ljata] falsch
♂♀ **scadente** [ßka'dänte] schlecht
scadenza [ßka'dänza] *f.* Fälligkeit, *(von Produkten)* Verfallsdatum
scaffale [ßkaf'fale] *m.* Regal
scala ['ßkala] *f.* Treppe scala mobile ['ßkala 'mɔbile] Rolltreppe
scarafaggio [ßkara'faddscho] *m.* Kakerlake
scarpa ['ßkarpa] *f.* Schuh
scegliere ['scheljere] <scelgo, ho scelto> (aus)wählen, vorziehen
scelta ['schelta] *f.* (Waren)angebot
scendere ['schendere] <scendo, sono sceso/scesa> hinuntergehen, hinabsteigen, aussteigen, absteigen
scheda ['ßkäda] *f.* Zettel scheda telefonica ['ßkäda tele'fɔnika] Telefonkarte
schiena ['ßkjäna] *f.* Rücken

sci [schi] *m.* Ski

sciarpa ['scharpa] *f.* Schal

sciovia [schio'wia] *m.* Skilift

scivolare [schiwo'lare] <scivolo, sono scivolato/scivolata> rutschen, ausrutschen, abrutschen

scodella [ßko'dälla] *f.* Schüssel

sconto ['ßkonto] *m.* Rabatt

scontrino [ßkon'trino] *m.* Beleg, Kassenzettel

scottatura [ßkotta'tura] *f.* Sonnenbrand

♂ **scritto** ['ßkritto], ♀ **scritta** ['ßkritta] schriftlich

scrivere ['ßkriwere] <scrivo, ho scritto> schreiben Come si scrive? ['kome ßi 'ßkriwe] Wie schreibt man das?

scultura [ßkul'tura] *f.* Skulptur

scuola ['ßkuɔla] *f.* Schule

♂ **scuro** ['ßkuro], ♀ **scura** ['ßkura] dunkel

scusa ['ßkusa] *f.* Entschuldigung, Ausrede

scusare [ßku'sare] <scuso, ho scusato> entschuldigen Mi scusi! [mi 'ßkusi] Entschuldigung!

scusarsi [ßku'sarßi] <mi scuso, mi sono scusato/scusata> sich entschuldigen

se [ße] ob, wenn, falls

secondo [ße'kondo] *m.* Sekunde

sedia ['ßädja] *f.* Stuhl

seggiolone [ßeddscho'lone] *m.* Hochstuhl

self-service [ßälf-'ßärwiß] *m.* Selbstbedienung

sella ['ßälla] *f.* Sattel

semaforo [ße'maforo] *m.* Ampel

sembrare [ßem'brare] <sembra, è sembrato/sembrata> aussehen, scheinen

seminterrato [ßeminter'rato] *m.* Untergeschoss

sempre ['ßämpre] immer (noch), ständig

senape ['ßänape] *f.* Senf

sentire [ßen'tire] <sento, ho sentito> hören, sich anhören, zuhören

senza ['ßänza] ohne, ohne zu senza piombo ['ßänza 'pjombo] bleifrei

♂ **separato** [ßepa'rato], ♀ **separata** [ßepa'rata] geschieden

sera ['ßera] *f.* Abend di sera [di 'ßera] abends

serata [ße'rata] *f.* Abend

serpente [ßer'pänte] *m.* Schlange

serratura [ßerra'tura] *f.* Schloss

servizio [ßer'wizjo] *m.* Dienst, Dienstleistung servizio informazioni [ßer'wizjo informa'zjoni] (Telefon)auskunft

sesso ['ßäßßo] *m.* Sex

seta ['ßeta] *f.* Seide

sete ['ßete] *f.* Durst

settembre [ßet'tämbre] *m.* September

settimana [ßetti'mana] *f.* Woche

shampoo ['schampo] *m.* Shampoo

si [ßi] sich, man

sì [ßi] ja

♂ **sicuro** [ßi'kuro], ♀ **sicura** [ßi'kura] sicher

sigaretta [ßiga'retta] *f.* Zigarette

sigaro ['ßigaro] *m.* Zigarre
significare [ßinjifi'kare] <significa, ha significato> bedeuten
signor [ßi'njor] *m.*, **signora** [ßi'njora] *f.* Herr, Frau, Dame
signore [ßi'njore] *m.* Herr
♂ **silenzioso** [ßilen'zjoso], ♀ **silenziosa** [ßilen'zjosa] leise
sinistra [ßi'nißtra] *f.* linke Seite a sinistra [a ßi'nißtra] links
skateboard [ßkäit'board] *m.* Skateboard
skipass [ßki'paß] *m.* Skipass
smettere ['smettere] <smetto, ho smesso> aufgeben, abbrechen, aufhören, *(Kleidung)* ablegen
♂ **snello** ['snällo], ♀ **snella** ['snälla] schlank
snowboard ['snoubo͜ard] *m.* Snowboard
sobborgo [ßob'borgo] *m.* Vorort
♂ **soddisfatto** [ßoddiß'fatto], ♀ **soddisfatta** [ßoddiß'fatta] zufrieden
soggiorno [ßod'dschorno] *m.* Aufenthalt, Wohnzimmer
solamente [ßola'mente] allein
soldato [ßol'dato] *m.*, **soldatessa** [ßolda'teßßa] *f.* Soldat, Soldatin
sole ['ßole] *m.* Sonne
♂ **soleggiato** [ßoled'dschato], ♀ **soleggiata** [ßoled'dschata] sonnig
♂ **solito** ['ßɔlito], ♀ **solita** ['ßɔlita] gewöhnlich, üblich di solito [di 'ßɔlito] meist
♂ **solo** ['ßolo], ♀ **sola** ['ßola] allein
solo ['ßolo] nur
soluzione [ßolu'zjone] *f.* Lösung
sommare [ßom'mare] <sommo, ho sommato> addieren
sopra ['ßopra] oben, über
soprannome [ßopran'nome] *m.* Spitzname
♂ **sordo** ['ßordo], ♀ **sorda** ['ßorda] taub
sorella [ßo'rälla] *f.* Schwester
sorprendere [ßor'prändere] <sorprendo, ho sorpreso> überraschen
sorridere [ßor'ridere] <sorrido, ho sorriso> lächeln
sosta ['ßɔßta] *f.* Aufenthalt, Zwischenstopp
sotto ['ßotto] unter, hinter
souvenir [ßuwe'nir] *m.* Souvenir
spalla ['ßpalla] *f.* Schulter
spazio ['ßpazjo] *m.* Platz, Raum
spazzatura [ßpazza'tura] *f.* Müll
specchio ['ßpäkkjo] *m.* Spiegel
specialista [ßpetscha'lißta] *m./f.* Spezialist, Spezialistin
specialità [ßpetschali'ta] *f.* Spezialität, Fachgebiet
spedire [ßpe'dire] <spedisco, ho spedito> senden, schicken
spegnere ['ßpänjere] <spengo, ho spento> löschen, ausgehen, verlöschen
spesso ['ßpeßßo] oft
♂ **spesso** ['ßpeßßo], ♀ **spessa** ['ßpeßßa] dick
spettacolo [ßpet'takolo] *m.* Show spettacolo teatrale [ßpet'takolo tea'trale] Theaterstück
spiaggia ['ßpjaddscha] *f.* Strand

spiccioli ['ßpittscholi] *m. Pl.* Kleingeld, Wechselgeld

spiegare [ßpje'gare] <spiego, ho spiegato> erklären

spinaci [ßpi'natschi] *m. Pl.* Spinat

splendere ['ßpländere] <splende, –> glänzen, funkeln, *(Sonne)* scheinen

♂ **sporco** ['ßpɔrko], ♀ **sporca** ['ßpɔrka] schmutzig

sport ['ßpɔrt] *m.* Sport

sportivo [ßpor'tiwo] *m.*, **sportiva** [ßpor'tiwa] *f.* Sportler, Sportlerin

♂ **sposato** [ßpo'sato], ♀ **sposata** [ßpo'sata] verheiratet

spumante [ßpu'mante] *m.* Sekt

squama ['ßkuama] *f. (vom Fisch)* Schuppe

stadio ['ßtadjo] *m.* Stadion

staffa ['ßtaffa] *f.* Steigbügel

stagione [ßta'dschone] *f.* Jahreszeit

stampa ['ßtampa] *f.* Druck, Ausdruck, Presse

stampante [ßtam'pante] *f.* Drucker

stampare [ßtam'pare] <stampo, ho stampato> drucken, ausdrucken

stampella [ßtam'pälla] *f.* Krücke, Kleiderbügel

♂ **stanco** ['ßtanko], ♀ **stanca** ['ßtanka] müde

stare ['ßtare] <sto, sono stato> sein, sich befinden, stehen stare sdraiato/sdraiata ['ßtare sdra'jato/sdra'jata] liegen stare seduto/seduta ['ßtare ße'duto/ße'duta] sitzen Come stai? ['kome ßtai] Wie geht es dir?

stato ['ßtato] *m.* Staat stato civile ['ßtato tschi'wile] Familienstand

statua ['ßtatua] *f.* Statue

stazione [ßta'zjone] *f.* Bahnhof

stitichezza [ßtiti'kezza] *f. (gestörte Verdauung)* Verstopfung

♂ **stitico** ['ßtitiko], ♀ **stitica** ['ßtitika] *(Verdauung)* verstopft

stivale [ßti'wale] *m.* Stiefel

stomaco ['ßtɔmako] *m.* Magen

strada ['ßtrada] *f.* Straße, Weg

♂ **straniero** [ßtra'njero], ♀ **straniera** [ßtra'njera] *(von einem anderen Land oder Volk)* fremd

♂ **stretto** ['ßtretto], ♀ **stretta** ['ßtretta] schmal

strillare [ßtril'lare] <strillo, ho strillato> brüllen, schreien

stringa ['ßtringa] *f.* Schnürsenkel

stringere ['ßtrindschere] <stringo, ho stretto> drücken, zusammendrücken

striscia ['ßtrischa] *f.* Streifen

studente [ßtu'dänte] *m.*, **studentessa** [ßtuden'teßßa] *f.* Student, Studentin

studiare [ßtu'djare] <studio, ho studiato> *(für eine Prüfung)* lernen

stufa ['ßtufa] *f. (um zu heizen)* Ofen

stuoia ['ßtuɔja] *f.* Matte

stuzzicadenti [ßtuttzika'dänti] *m.* Zahnstocher

su [ßu] auf, über

subito ['ßubito] sofort, gleich

♂ **successivo** [ßuttscheß'ßiwo], ♀ **successiva** [ßuttscheß'ßiwa] später

succo ['ßukko] *m.* Saft
sud [ßud] *m.* Süden
sudare [ßu'dare] <sudo, ho sudato> schwitzen
sugo ['ßugo] *m.* Soße
♂ **suo** ['ßuo], ♀ **sua** ['ßua] sein, seine →*Kurzgrammatik S. 159*
♂ **Suo** ['ßuo], ♀ **Sua** ['ßua] Ihr, Ihre →*Kurzgrammatik S. 159*
♂ **suocero** ['ßu̯ɔtschero] *m.*, **suocera** ['ßu̯ɔtschera] *f.* Schwiegervater, Schwiegermutter
suonare [ßu̯o'nare] <suono, ho suonato> *(ein Instrument)* spielen
superalcolici [ßuperal'kɔlitschi] *m. Pl.* Spirituosen
supermercato [ßupermer'kato] *m.* Supermarkt
sveglia ['swelja] *f.* Wecker
sviluppare [swilup'pare] <sviluppo, ho sviluppato> entwickeln
sviluppo [swi'luppo] *m.* Entwicklung
svincolo ['swinkolo] *m.* Autobahnkreuz
Svizzera ['swizzera] *f.* Schweiz
svizzero ['swizzero] *m.*, **svizzera** ['swizzera] *f.* Schweizer, Schweizerin
♂ **svizzero** ['swizzero], ♀ **svizzera** ['swizzera] Schweizer
♂ **svizzero tedesco** ['swizzero te'deßko], ♀ **svizzera tedesca** ['swizzera te'deßka] schweizerdeutsch

T

tabaccaio [tabak'kajo] *m.*, **tabaccaia** [tabak'kaja] *f.* Tabakwarenhändler, Tabakwarenhändlerin
tabacco [ta'bakko] *m.* Tabak
tafano [ta'fano] *m.* Bremse, Stechfliege
taglia ['talja] *f.* Größe, Körperbau
tagliare [ta'ljare] <taglio, ho tagliato> (ab)schneiden
tagliaunghie [talja'ungje] *m.* Nagelknipser
♂♀ **tagliente** [ta'ljänte] *(Klinge)* scharf
tailleur [ta'jör] *m.* *(Jackett und Rock)* Kostüm
talvolta [tal'wɔlta] manchmal
tampone [tam'pone] *m.* Tampon
tanga ['tanga] *m.* Tanga
tappeto [tap'peto] *m.* Teppich
tappo ['tappo] *m.* Korken
tardi ['tardi] spät
♂ **tardo** ['tardo], ♀ **tarda** ['tarda] spät
tasca ['taßka] *f.* *(an einem Kleidungsstück)* Tasche
tassista [taß'ßißta] *m./f.* Taxifahrer, Taxifahrerin
tastiera [taß'tjära] *f.* Tastatur
tavolo ['tawolo] *m.* Tisch
taxi ['taxi] *m.* Taxi
tazza ['tazza] *f.* Tasse
tè [tä] *m.* Tee
teatro [te'atro] *m.* Theater
tecnica ['täknika] *f.* Technik
♂ **tedesco** [te'deßko], ♀ **tedesca** [te'deßka] deutsch

tedesco [te'deßko] *m.*, **tedesca** [te'deßka] *f.* Deutscher, Deutsche
telefonare [telefo'nare] <telefono, ho telefonato> *(gerade am Apparat sein)* telefonieren telefonare a qn. [telefo'nare a] mit jdm telefonieren, jdn anrufen
telefono [te'läfono] *m.* Telefon
televisione [telewi'sjone] *f.* Fernsehen
temperamatite [tämperama'tite] *m.* Anspitzer
temperino [tempe'rino] *m.* Taschenmesser
tempesta [tem'päßta] *f.* Sturm
tempio ['tämpjo] *m.* Tempel
tempo ['tämpo] *m.* Zeit tempo libero ['tämpo 'libero] Freizeit tempo parziale ['tämpo par'zjale] Teilzeit tempo pieno ['tämpo 'pjäno] Vollzeit un tempo [un 'tämpo] früher
tenaglia [te'nalja] *f.* Zange
tenda ['tända] *f.* Zelt
tenere [te'nere] <tengo, ho tenuto> halten, behalten, aufbewahren
termine ['tärmine] *m.* Schluss
terzo ['tärzo] *m.* Drittel
tessera ['täßßera] *f.* Ausweis, Mitgliedsausweis tessera bancomat ['täßßera 'bankomat] EC-Karte, Scheckkarte tessera sanitaria ['täßßera ßani'tarja] Versichertenkarte
testa ['täßta] *f.* Kopf
tetano ['tätano] *m.* Tetanus
tettarella [tetta'rälla] *f.* Trinksauger
tetto ['tetto] *m.* Dach
ti [ti] dich
♂ **timido** ['timido], ♀ **timida** ['timida] schüchtern
tintoria [tinto'ria] *f.* *(Geschäft, Vorgang des Reinigens)* Reinigung
titolo ['titolo] *m.* Titel
tofu ['tɔfu] *m.* Tofu
toilette [toa'lät] *f.* Toilette
topo ['tɔpo] *m.* Maus
tornare [tor'nare] <torno, sono tornato/tornata> zurückkehren
torre ['torre] *f.* Turm
torta ['torta] *f.* Torte
tosse ['toßße] *f.* Husten
tovagliolo [towa'ljɔlo] *m.* Serviette
tra [tra] zwischen, unter, in
traffico ['traffiko] *m.* Verkehr
traghetto [tra'getto] *m.* Fähre
tram [tram] *m.* Straßenbahn
tramonto [tra'monto] *m.* Sonnenuntergang
♂ **tranquillo** [tran'kuillo], ♀ **tranquilla** [tran'kuilla] ruhig
trasferire [traßfe'rire] <trasferisco, ho trasferito> überweisen
traslocare [traslo'kare] <trasloco, ho traslocato> umziehen, versetzen, verlegen
trasmettere [tras'mettere] <trasmetto, ho trasmesso> übertragen, vererben, senden
trasportare [traßpor'tare] <trasporto, ho trasportato> transportieren
trasporto [traß'pɔrto] *m.* Transport
trattoria [tratto'ria] *f.* (Gast)wirtschaft

treno ['träno] *m.* Zug treno locale ['träno lo'kale] Nahverkehrszug
trimestre [tri'mäßtre] *m.* Vierteljahr
♂ **troppo** ['trɔppo], ♀ **troppa** ['trɔppa] zu viel
trovarsi [tro'warßi] <mi trovo, mi sono trovato/trovata> sich befinden
tu [tu] du
tubo ['tubo] *m.* *(zum Wässern)* Schlauch
♂ **tuo** ['tuo], ♀ **tua** ['tua] dein, deine
♂ **tutti** ['tutti], ♀ **tutte** ['tutte] alle

U

ufficio [uf'fitscho] *m.* Büro ufficio postale [uf'fitscho poß'tale] Post
♂ ♀ **uguale** [u'gu̯ale] gleich
♂ **ultimo** ['ultimo], ♀ **ultima** ['ultima] letzter, letzte
♂ **un** [un], ♂ **uno** [uno], ♀ **una** ['una] ein, eine
unghia ['ungja] *f.* *(am Finger oder Zeh)* Nagel
♂ **uno** ['uno], ♀ **una** ein, eine
uomo ['u̯ɔmo] *m.* Mensch, Mann
uovo ['u̯ɔvo] *m.* Ei
♂ ♀ **urgente** [ur'dschänte] eilig, dringend
usare [u'sare] <uso, ho usato> benutzen, verwenden, gebrauchen
uscita [u'schita] *f.* Ausfahrt, Ausgang
uva ['uwa] *f.* Traube

V

vacanza [wa'kanza] *f.* Urlaub, Ferien
vagina [wa'dschina] *f.* Vagina
vagone [wa'gone] *m.* Wagen, Waggon vagone ristorante [wa'gone rißto'rante] Speisewagen
♂ **valido** ['wa:lido], ♀ **valida** ['wa:lida] gültig
valigia [wa'lidscha] *f.* Koffer
valle ['walle] *f.* Tal
valuta [wa'luta] *f.* Währung
vasellame [wasel'lame] *m.* Töpferwaren, Geschirr
vaso ['waso] *m.* Topf, Gefäß, Vase
♂ **vecchio** ['wäkkjo], ♀ **vecchia** ['wäkkja] alt
vedere [we'dere] <vedo, ho visto> sehen, ansehen
♂ **vedovo** ['wedowo], ♀ **vedova** ['wedowa] verwitwet
vegetariano [wedscheta'rjano] *m.*, **vegetariana** [wedscheta'rjana] *f.* Vegetarier, Vegetarierin
♂ **vegetariano** [wedscheta'rjano], ♀ **vegetariana** [wedscheta'rjana] vegetarisch
♂ ♀ **veloce** [we'lotsche] schnell
velocemente [welotsche'mente] schnell
velodromo [we'lɔdromo] *m.* Radrennbahn
venerdì [wener'di] *m.* Freitag
venire [we'nire] <vengo, sono venuto/venuta> kommen
vento ['wänto] *m.* Wind

ahlen

meri

0	zero ['zäro]
1	uno ['uno]
2	due ['due]
3	tre [tre]
4	quattro ['ku̯attro]
5	cinque ['tschinku̯e]
6	sei ['ßäi]
7	sette ['ßätte]
8	otto ['ɔtto]
9	nove ['nɔwe]
10	dieci ['djätschi]
11	undici ['unditschi]
12	dodici ['doditschi]
13	tredici ['treditschi]
14	quattordici [ku̯at'torditschi]
15	quindici ['ku̯inditschi]
16	sedici ['ßeditschi]
17	diciassette [ditschaß'ßätte]
18	diciotto [di'tschɔtto]
19	diciannove [ditschan'nɔwe]
20	venti ['wenti]
21	ventuno [wen'tuno]
22	ventidue [wenti'due]
23	ventitré [wenti'tre]
24	ventiquattro [wenti'ku̯attro]
25	venticinque [wenti'tschinku̯e]

♂ **ventoso** [wen'toso], ♀ **ventosa** [wen'tosa] windig
♂ ♀ **verde** ['werde] grün
verdura [wer'dura] *f.* Gemüse
♂ **vero** ['wero], ♀ **vera** ['wera] wahr
verso ['wärso] gegen, in Richtung, in der Nähe von
vescica [we'schika] *f.* *(Organ)* Blase
vestito [weß'tito] *m.* Kleid
via ['wia] *f.* Straße
viaggiare [wjad'dschare] <viaggio, ho viaggiato> reisen
viaggio ['wjaddscho] *m.* Reise, Fahrt
vicino [wi'tschino] bei
♂ **vicino** [wi'tschino], ♀ **vicina** [wi'tschina] nah vicino a [wi'tschino a] nah an/bei
villaggio [wil'laddscho] *m.* Dorf
vino ['wino] *m.* Wein vino bianco ['wino 'bjanko] Weißwein vino rosso ['wino 'roßßo] Rotwein
violentare [wjo'läntare] <violento, ho violentato> vergewaltigen
visita ['wisita] *f.* Besichtigung, Besuch visita guidata ['wisita gui'data] Führung
visitare [wisi'tare] <visito, ho visitato> besichtigen, besuchen
viso ['wiso] *m.* Gesicht
visto ['wißto] *m.* Visum
vita ['wita] *f.* Leben
vite ['wite] *f.* Rebe
vivere ['wiwere] <vivo, ho vissuto> leben
vocabolario [wokabo'larjo] *m.* Wörterbuch, Wortschatz
voce ['wotsche] *f.* Stimme
voglia ['wɔlja] *f.* Lust
voi [woi] *(Personalpronomen)* ihr →*Kurzgrammatik S. 156*, *(Personalpronomen Höflichkeitsform Plural)* Sie →*Kurzgrammatik S. 156*, *(Reflexivpronomen)* euch →*Kurzgrammatik S. 163*
volare [wo'lare] <volo, ho volato> fliegen
volentieri [wolen'tjäri] gern
volere [wo'lere] <voglio, ho voluto> wollen, mögen
volo ['wolo] *m.* Flug volo diretto ['wolo di'rätto] Direktflug
volta ['wɔlta] *f.* Mal una volta ['una 'wɔlta] einmal
♂ **vuoto** ['wuɔto], ♀ **vuota** ['wuɔta] leer

Y

yogurt ['jɔgurt] *m.* Joghurt

Z

zaino ['zaino] *m.* Rucksack
zampa ['zampa] *f.* Bein
zanzara [zan'zara] *f.* Moskito, Stechmücke
zanzariera [zanza'rjära] *f.* Moskitonetz
zio ['zio] *m.*, **zia** ['zia] *f.* Onkel, Tante
zona ['zɔna] *f.* Gebiet, Zone, Gegend
zucchero ['zukkero] *m.* Zucker
zuppa ['zuppa] *f.* Suppe

Alles gepackt?

♂ **ventoso** [wen'toso], ♀ **ventosa** [wen'tosa] windig

♂ ♀ **verde** ['werde] grün

verdura [wer'dura] *f.* Gemüse

♂ **vero** ['wero], ♀ **vera** ['wera] wahr

verso ['wärso] gegen, in Richtung, in der Nähe von

vescica [we'schika] *f.* *(Organ)* Blase

vestito [weß'tito] *m.* Kleid

via ['wia] *f.* Straße

viaggiare [wjad'dschare] <viaggio, ho viaggiato> reisen

viaggio ['wjaddscho] *m.* Reise, Fahrt

vicino [wi'tschino] bei

♂ **vicino** [wi'tschino], ♀ **vicina** [wi'tschina] nah vicino a [wi'tschino a] nah an/bei

villaggio [wil'laddscho] *m.* Dorf

vino ['wino] *m.* Wein vino bianco ['wino 'bjanko] Weißwein vino rosso ['wino 'roßßo] Rotwein

violentare [wjo'läntare] <violento, ho violentato> vergewaltigen

visita ['wisita] *f.* Besichtigung, Besuch visita guidata ['wisita gu̯i'data] Führung

visitare [wisi'tare] <visito, ho visitato> besichtigen, besuchen

viso ['wiso] *m.* Gesicht

visto ['wißto] *m.* Visum

vita ['wita] *f.* Leben

vite ['wite] *f.* Rebe

vivere ['wiwere] <vivo, ho vissuto> leben

vocabolario [wokabo'larjo] *m.* Wörterbuch, Wortschatz

voce ['wotsche] *f.* Stimme

voglia ['wɔlja] *f.* Lust

voi [wo̯i] *(Personalpronomen)* ihr *→Kurzgrammatik S. 156*, *(Personalpronomen Höflichkeitsform Plural)* Sie *→Kurzgrammatik S. 156*, *(Reflexivpronomen)* euch *→Kurzgrammatik S. 163*

volare [wo'lare] <volo, ho volato> fliegen

volentieri [wolen'tjäri] gern

volere [wo'lere] <voglio, ho voluto> wollen, mögen

volo ['wolo] *m.* Flug volo diretto ['wolo di'rätto] Direktflug

volta ['wɔlta] *f.* Mal una volta ['una 'wɔlta] einmal

♂ **vuoto** ['wu̯ɔto], ♀ **vuota** ['wu̯ɔta] leer

Y

yogurt ['jɔgurt] *m.* Joghurt

Z

zaino ['za̯ino] *m.* Rucksack

zampa ['zampa] *f.* Bein

zanzara [zan'zara] *f.* Moskito, Stechmücke

zanzariera [zanza'rjära] *f.* Moskitonetz

zio ['zio] *m.*, **zia** ['zia] *f.* Onkel, Tante

zona ['zɔna] *f.* Gebiet, Zone, Gegend

zucchero ['zukkero] *m.* Zucker

zuppa ['zuppa] *f.* Suppe

Alles gepackt?

Zahlen
Numeri

Q01	0	zero ['zäro]
Q02	1	uno ['uno]
Q03	2	due ['due]
Q04	3	tre [tre]
Q05	4	quattro ['ku̯attro]
Q06	5	cinque ['tschinku̯e]
Q07	6	sei ['ßäi]
Q08	7	sette ['ßätte]
Q09	8	otto ['ɔtto]
Q10	9	nove ['nɔwe]
Q11	10	dieci ['djätschi]
Q12	11	undici ['unditschi]
Q13	12	dodici ['doditschi]
Q14	13	tredici ['treditschi]
Q15	14	quattordici [ku̯at'torditschi]
Q16	15	quindici ['ku̯inditschi]
Q17	16	sedici ['ßeditschi]
Q18	17	diciassette [ditschaß'ßätte]
Q19	18	diciotto [di'tschɔtto]
Q20	19	diciannove [ditschan'nɔwe]
Q21	20	venti ['wenti]
Q22	21	ventuno [wen'tuno]
Q23	22	ventidue [wenti'due]
Q24	23	ventitré [wenti'tre]
Q25	24	ventiquattro [wenti'ku̯attro]
Q26	25	venticinque [wenti'tschinku̯e]